Staat – Souveränität – Nation

Beiträge zur aktuellen Staatsdiskussion

Herausgegeben von
R. Voigt
Netphen, Deutschland

S. Salzborn
Göttingen, Deutschland

Weitere Bände in dieser Reihe:
http://www.springer.com/series/12756

Zu einem modernen Staat gehören Staatsgebiet, Staatsgewalt und Staatsvolk (Georg Jellinek). In Gestalt des Nationalstaates gibt sich das Staatsvolk auf einem bestimmten Territorium eine institutionelle Form, die sich über die Jahrhunderte bewährt hat. Seit seiner Etablierung im Gefolge der Französischen Revolution hat der Nationalstaat Differenzen in der Gesellschaft auszugleichen vermocht, die andere Herrschaftsverbände gesprengt haben. Herzstück des Staates ist die Souveränität (Jean Bodin), ein nicht souveräner Herrschaftsverband ist kein echter Staat (Hermann Heller). Umgekehrt ist der Weg von der eingeschränkten Souveränität bis zum Scheitern eines Staates nicht weit. Nur der Staat ist jedoch Garant für Sicherheit, Freiheit und Wohlstand der Menschen. Keine internationale Organisation könnte diese Garantie in ähnlicher Weise übernehmen.

Bis vor wenigen Jahren schien das Ende des herkömmlichen souveränen Nationalstaates gekommen zu sein. An seine Stelle sollten supranationale Institutionen wie die Europäische Union und – auf längere Sicht – der kosmopolitische Weltstaat treten. Die Zustimmung der Bürgerinnen und Bürger zu weiterer Integration schwindet jedoch, während gleichzeitig die Eurokratie immer mehr Macht anzuhäufen versucht. Die demokratische Legitimation politischer Entscheidungen ist zweifelhaft geworden. Das Vertrauen in die Politik nimmt ab.

Wichtige Orientierungspunkte (NATO, EU, USA) haben ihre Bedeutung für die Gestaltung der Politik verloren. In dieser Situation ist der souveräne Nationalstaat, jenes „Glanzstück occidentalen Rationalismus" (Carl Schmitt), der letzte Anker, an dem sich die Nationen festhalten (können). Dabei spielt die Frage nur eine untergeordnete Rolle, ob die Nation „gemacht" (Benedict Anderson) worden oder ursprünglich bereits vorhanden ist, denn es geht nicht um eine ethnisch definierte Nation, sondern um das, was Cicero das „Vaterland des Rechts" genannt hat.

Die „Staatsabstinenz" scheint sich auch in der Politikwissenschaft ihrem Ende zu nähern. Und wie soll der Staat der Zukunft gestaltet sein? Dieser Thematik will sich die interdisziplinäre Reihe Staat – Souveränität – Nation widmen, die Monografien und Sammelbände von Forschern und Forscherinnen aus unterschiedlichen Disziplinen einem interessierten Publikum vorstellen will. Das besondere Anliegen der Herausgeber der Reihe ist es, einer neuen Generation von politisch interessierten Studierenden den Staat in allen seinen Facetten vorzustellen.

Rüdiger Voigt
Samuel Salzborn

Massimo Mori
(Hrsg.)

Vom Naturzustand zur kosmopolitischen Gesellschaft

Souveränität und Staat bei Kant

 Springer VS

Herausgeber
Massimo Mori
Universität Turin, Italien

Staat – Souveränität – Nation
ISBN 978-3-658-15149-2   ISBN 978-3-658-15150-8   (eBook)
DOI 10.1007/978-3-658-15150-8

Die Deutsche Nationalbibliothek verzeichnet diese Publikation in der Deutschen National-
bibliografie; detaillierte bibliografische Daten sind im Internet über http://dnb.d-nb.de abrufbar.

Springer VS

Lektorat: Jan Treibel, Stefanie Loyal

Gedruckt auf säurefreiem und chlorfrei gebleichtem Papier

Springer VS ist Teil von Springer Nature
Die eingetragene Gesellschaft ist Springer Fachmedien Wiesbaden GmbH
Die Anschrift der Gesellschaft ist: Abraham-Lincoln-Strasse 46, 65189 Wiesbaden, Germany

Inhalt

Teil III Politik. Die Durchsetzung der Souveränität

BEMERKUNG
Kant-Zitate werden im Text ausgewiesen. Zitiert wird nach der Akademie-Ausgabe der *Gesammelten Schriften Kants*, herausgegeben von der Königlich-Preußischen Akademie der Wissenschaften, Berlin 1902 ff. Die römische Zahl vor dem Komma bezeichnet den Band dieser Ausgabe; die Seitenangabe steht hinter dem Komma.
Kants Werke werden nicht abgekürzt. Einzige Ausnahme: R = *Reflexion/en*

Einleitung

1

Massimo Mori

1 Eine jüngere Geschichte

Kants politische Philosophie blieb lange Zeit unberücksichtigt. Wie andere angrenzende Aspekte des kantischen Denkens, etwa die Rechts- und die Geschichtsphilosophie, wurde sie lange Zeit als ein marginaler, nicht vollständig in das transzendentale Denken eingebundener Bereich des Systems angesehen. Als Hermann Cohen, Karl Vorländer, Max Adler und andere zu Beginn des 20. Jahrhunderts anfingen, Kants Denken im Rahmen politischer Überlegungen zu verwenden, bezogen sie sich auf seine moralischen, statt auf die historisch-politischen Werke. Erst nach dem Zweiten Weltkrieg begann sich das Bild Kants als eines theoretischen Vorbilds des Liberalismus zu festigen, das – wenngleich mit entgegengesetzter Bewertung – sowohl von liberaler als auch von marxistischer Seite geteilt wurde. Von liberaler Seite erblickte man in ihm einen Verteidiger des Rechtsstaats, der Lockes Denken fortsetzte und ergänzte, während die marxistische Strömung sein Denken auf das theoretische Paradigma des bürgerlichen Staates im Gegensatz zum wahrhaft demokratischen Modell Rousseaus zurückführte. Doch erst John Rawls Buch *A theory of justice* (1971) lenkte die Aufmerksamkeit endgültig auf die Potenzialitäten der kantischen Philosophie für die politische Forschung, obgleich es sich nicht unmittelbar mit Kants Staatslehre befasste. Dennoch wirkte Rawls Buch als Katalysator für das wachsende wissenschaftliche Interesse an Kants Staatsphilosophie in historischer wie in systematischer Hinsicht. Im Verlauf eines Jahrzehnts erschienen wichtige Monografien zur politischen Theorie (Reiss 1977; Riley 1983; Williams 1983), während der Weg für eine systematische Erforschung des kantischen Rechtsbegriffs in seinem Zusammenhang mit dem Staat und der Geschichte geebnet wurde (Kersting 1984). Gleichzeitig führten diese Beiträge zu einer Aufwertung der *Metaphysischen Anfangsgründe der Rechtslehre* – dem ersten Teil der *Metaphysik der Sitten* –, wo Kant sein rechtliches und politisches Denken

1

am systematischsten dargestellt hat. Diese Schrift, die lange Zeit – genau wie die ganze *Metaphysik* – als ein lückenhaftes, verworrenes Alterswerk galt, rückte nicht nur in historischer und systematischer Perspektive, sondern auch mit Blick auf die philologische Rekonstruktion (Ludwig 1988) in den Mittelpunkt der Kantforschung. Um 1995, dem zweihundertjährigen Jubiläum des Erscheinens von Kants Schrift *Zum ewigen Frieden*, entstand schließlich eine umfängliche Forschungsliteratur, die zwar hauptsächlich um die Frage des Friedens und der internationalen Beziehungen kreiste, sich jedoch zwangsläufig auch auf das Problem der Staatphilosophie erstreckte. Bisweilen ging aus der Untersuchung des *Ewigen Friedens* die Erarbeitung einer systematischen Theorie der Politik hervor (Gerhardt 1995). Insbesondere wurde dem Souveränitätsbegriff große Aufmerksamkeit geschenkt, was für die vorliegende Arbeit von besonderer Bedeutung ist. Die für die Definition der zwischenstaatlichen Beziehungen unabdingbare Anwendung dieses Begriffs auf den internationalen Bereich setzte offensichtlich zunächst eine Bedeutungsbestimmung der inneren Souveränität voraus. Diese Untersuchungen wirken bis heute nach.

2   Problemstellung

Der vorliegende Band konzentriert sich auf die Themen der kantischen Staats- und Souveränitätsauffassung und will die Gesamtergebnisse der oben genannten Untersuchungen widerspiegeln. Dies wird dadurch unterstrichen, dass einige der Beiträge von Autoren verfasst wurden, die selbst einen bedeutenden Anteil an der Wiederentdeckung des juristischen und politischen Denkens Kants hatten. Aus Gründen der Darstellung wurde ein relativ einheitlicher Weg für die Präsentation dieser Ergebnisse gewählt, der die Gründe, die Entstehung, die Entwicklung und die zum Teil problematischen Resultate von Kants politischem Denken beschreibt.

Die erste Abteilung untersucht die rechtlichen Voraussetzungen der kantischen Staatsauffassung, denn die Definition des Rechts geht derjenigen der Politik und des Staates voraus. Kant begreift das Recht als „wohlgeordnete Freiheit", also als ein System der Vereinbarkeit der individuellen Freiheiten. Muss dieses System auf idealer Ebene durch die Vernunft bzw. genauer: durch die transzendentale reine Vernunft definiert werden, so muss seine Wirksamkeit durch eine staatliche Gesetzgebung garantiert sein. Hier stellt sich das Problem, das in der naturrechtlichen Tradition, der Kant zugehörte, als Problem des Übergangs vom Naturzustand zur bürgerlichen Gesellschaft darstellte. Um diesen Übergang zu skizzieren, der die Funktion des Staates gegenüber den Untertanen/Bürgern betrifft, nimmt Kant auf zwei Vorbilder Bezug: auf Hobbes und Rousseau. Hobbes bezieht sich bei der Beschreibung des Übergangs vom Naturzustand zur bürgerlichen Gesellschaft auf das Grundkriterium der Sicherheit: Der Staat muss den andauernden Krieg abschaffen, der – wenigstens potenziell – im Naturzustand herrscht und das Leben aller, die darin verbleiben, bedroht. Rousseau, der Kant viel weitreichender beeinflusste als Hobbes, setzt dagegen auf das Kriterium der Freiheit und der Teilnahme am Staat. Sein Problem besteht darin, einen Staat zu bilden, der zwar über die notwendige Zwangsgewalt verfügt, um die Sicherheit zu garantieren, dem Individuum jedoch dieselbe Freiheit lässt, die es im Naturzustand genoss, bzw. eine noch größere Freiheit verleiht, da sie durch die Teilnahme an der von allen Bürgern geteilten souveränen Macht gesteigert wird.

Die zweite Abteilung kreist um den Staatsbegriff, insbesondere um die staatliche Souveränität, und setzt genau bei den Folgen der sich kreuzenden Einflüsse Rousseaus und Hobbes auf Kant an. Die unterschiedlichen Forderungen, von denen diese Autoren ausgehen, spiegeln sich nämlich wider in einer grundlegend anderen Auffassung des Staates (bzw. der bürgerlichen Gesellschaft, denn vorerst fallen die beiden Begriffe in eins). Aus dem Sicherheitsbedürfnis ergibt sich das Grundmerkmal des Hobbes'schen Staates, nämlich die absolute Unbezwingbarkeit der souveränen Macht, die eine unverzichtbare Bedingung für die Ausschaltung jeder Konfliktgefahr zwischen den Parteien darstellt. Dagegen beinhaltet das Kriterium der politischen Freiheit bei Rousseau die Forderung nach Teilhabe des Volkes an der Souveränität, auch wenn das Volk nicht als Zusammenleben autonomer Individuen verstanden werden kann, sondern als die Gesamtheit des politischen Körpers. In heutigen Worten könnte man sagen, dass Hobbes dem Staat eine autoritäre Funktion zuweist, um die staatliche Einheit und Regierbarkeit zu gewährleisten, während bei Rousseau die Forderung nach demokratischer Machtbeteiligung überwiegt. In Kants Staatsauffassung kommen beide Forderungen zum Tragen. Die Forderung nach Sicherheit – oder Regierbarkeit dank einer autoritären Macht – äußert sich in der radikalen Leugnung des Widerstandsrechts. Dagegen kommt die Forderung nach Teilhabe des Volkes an der Souveränität, also nach demokratischer Mitbeteiligung, in der republikanischen Verfassungslehre zum Ausdruck. Nicht zufällig zeugen die verschiedenen Interpretationen von Kants politischem Denken von der Möglichkeit, das Schwergewicht auf den einen oder auf den anderen der genannten Aspekte zu legen.

Da die Verwirklichung des positiven Rechts nach Kant auch den Bereich der internationalen Beziehungen einbeziehen muss, stellt sich das Problem, das Vertragsmodell, das Kant genau wie Hobbes und Rousseau zur Lösung der Staatsgründungsfrage heranzieht, von der zwischenmenschlichen auf die zwischenstaatliche Ebene auszuweiten. Auch hier würde die Vernunft es fordern, dass die internationalen Beziehungen durch ein „peremptorisches" Recht geregelt würden, welches die gleiche Zwangsgewalt besäße wie das Recht, das die Beziehungen zwischen den Individuen innerhalb des Staates regelt. Doch Kant ist sich darüber im Klaren, dass der Organismus, der die internationalen Beziehungen verrechtlicht, aufgrund des Begriffes der staatlichen Souveränität nur ein Analogon desjenigen sein kann, der die Individuen zwingt, sich einer gemeinsamen Autorität zu unterwerfen. In der kulturellen Sicht des 18. Jahrhunderts kennt der Begriff der staatlichen Souveränität anscheinend keine Beschränkung, ohne seine Bedeutung völlig einzubüßen: Entweder ist die Souveränität total oder sie ist keine. Es kann nicht überraschen, dass Kant die Überwindung dieser Souveränitätsidee Schwierigkeiten bereitet, da nicht einmal die großen Projekte der internationalen Friedenssicherung im 20. Jahrhundert – der Völkerbund und die Organisation der Vereinten Nationen – sie in Frage stellen werden.

Die dritte Abteilung befasst sich mit der Politik als „ausübende Rechtslehre", d. h. als menschliche Tätigkeit, die das Recht unter zeit-räumlichen Bedingungen, also in den jeweiligen konkreten Formen der politischen Souveränität, realisieren soll. Erforscht werden hier die systematischen Beziehungen zwischen der Politik und den beiden Gebieten – der Geschichte und der Moralität – die trotz ihrer engen Verbindung zur Verrechtlichung der menschlichen Verhältnisse über eine strikt rechts- und politikbezogene Betrachtung hinausgehen.

Im Einklang mit den Positionen der Aufklärung erarbeitet Kant eine teleologische Sicht der Geschichte als eines Fortschreitens des Menschen zu seiner kulturellen und sittlichen – und somit auch rechtlich-politischen – Bestimmung. Auf juridischer Ebene führt der Geschichtsverlauf über die Verwirklichung von drei Zielen: die Stiftung der vollkommenen Staatsform, d. h. der republikanischen Verfassung, was die Beziehungen zwischen den Individuen anbelangt; die Einrichtung eines internationalen Friedensbundes im Hinblick auf die Beziehungen zwischen den Nationen; und die Verwirklichung des „kosmopolitischen Rechts" bezüglich der Beziehungen zwischen den Individuen und den Staaten. Gleichzeitig verwebt sich diese Geschichts- und Rechtsauffassung mit Kants Programm der Aufklärung als Ausgang aus der Unmündigkeit und Fähigkeit zur Entwicklung des „Selbstdenkens". Doch die Pflicht jedes Menschen, sich um ein selbstständiges Denken zu bemühen, kann nur erfüllt werden, wenn die rechtlichen und politischen Voraussetzungen bestehen, die dessen Entfaltung ermöglichen, nämlich Denkfreiheit und Öffentlichkeit der politischen Entscheidungen. Daher Kants leidenschaftliche Teilnahme an der politischen Debatte über den Revolutionsprozess in Frankreich, den er bei aller theoretischen Vorsicht weitgehend befürwortete.

Schließlich kann die Geschichte, wenn man sie als einen teleologischen Prozess fasst, in dem Natur und Freiheit – gemäß dem Modell der *Kritik der Urteilskraft* – in Richtung auf die Verwirklichung eines Zieles zusammengehen, als Sittengeschichte begriffen werden. Ihr Zusammenhang mit dem Recht und der Moral wird enger. Der Fortschritt ist nicht länger das bloße Ergebnis eines natürlichen Prozesses, wie in den frühen geschichtsphilosophischen Schriften, sondern ein moralischer Imperativ; die Rechtslehre wird zum praktischen Ziel, vielmehr zum höchsten politischen Gut. Dies macht jedoch einen neuen Politikbegriff erforderlich. An die Stelle der alten (und falschen) Vorstellung von der Politik als einem Herrschaftsmittel, in dem die Moral dem materiellen Zweck unterworfen ist, tritt eine neue (und wahre) Politikauffassung als „ausübende Rechtslehre", also als Rechtsverwirklichung in der konkreten Wirklichkeit aufgrund allgemeiner praktischer Prinzipien entsprechend denen der Moral. Da die Allgemeinheit des Rechts in der Besonderheit der historischen Gegebenheit, in ihrer raum-zeitlichen Bestimmtheit, realisiert werden muss, setzt die Politik als „ausübende Rechtlehre" jedoch einen langen Vermittlungsprozess voraus. Oft muss das Endziel aufgeschoben und vorläufig das akzeptiert werden, was sich noch nicht verändern lässt. Das an sich asymptotische Ideal kann nur teilweise, wenngleich fortschreitend, verwirklicht werden.

3 Ein einheitliches Denken?

Der oben erwähnte einheitliche Weg der Darstellung bedeutet jedoch nicht, dass sich aus Kants Gedanken zum Staat und zur Souveränität eine monolithische Theorie ergibt. Schon der Einfluss zweier so unterschiedlicher Denker wie Hobbes und Rousseau impliziert, wie gesagt, eine gedankliche Spannung, die nicht immer aufgelöst wird. Sie schlägt sich in einer Reihe von Ambivalenzen nieder, die vor allem die Souveränitätsauffassung und in ihrem Rahmen insbesondere die Lehre der Gewaltenteilung und der Repräsentation betreffen, die zu den Grundmerkmalen der republikanischen Verfassung zählen. Ähnlichen Ambivalenzen begegnet man bei der Definition des internationalen Rechts – das heißt der Auffassung der Souveränität nach außen – wobei Kant zu schwanken scheint zwischen dem Vorschlag eines Völkerstaats in perfekter Analogie zum Staat der Individuen auf überstaatlicher Ebene und dem eines Völkerbunds, der sich auf eine Konföderation freier Staaten beschränkt. Vor solchen begrifflichen Spannungen darf sich der Leser nicht fürchten. Ebenso wenig sollte es ihn überraschen, wenn in den Beiträgen zum Sammelband zu ein und derselben Frage von den einzelnen Autoren unterschiedliche Standpunkte vertreten werden. Nur eine kurzsichtige, rückständige Geschichtsschreibung hält es für notwendig, bei den Autoren, mit denen sie sich befasst, eine perfekte Systematik aufzufinden, so dass sie sogar jeden gedanklichen Widerspruch bzw. jede Ungereimtheit negiert oder unbedingt eine versöhnende Lösung finden will, wenn die Spannungen unleugbar sind. Auf jeden Autor wirken verschiedene philosophische Einflüsse ein, die teilweise nicht übereinstimmende Denkansprüche zum Ausdruck bringen, obgleich sie historisch-genealogisch allesamt erklärbar sind. Derlei Spannungen sind nicht beunruhigend, sondern wertvoll. Historisch betrachtet verdeutlichen sie die vielfältige Zirkulation der Ideen, mit denen ein Autor in Berührung gekommen ist, und in theoretischer Perspektive enthüllen sie die Komplexität der Probleme und regen zu neuen Lösungen an. Dieser Bedingung entziehen sich auch die größten Autoren der Geschichte des menschlichen Denkens nicht. Zu ihnen zählt zweifellos Kant.

Literatur

Gerhardt, V. (1995). *Immanuel Kants Entwurf «Zum ewigen Frieden». Eine Theorie der Politik.* Darmstadt: Wissenschaftliche Buchgesellschaft.

Kersting, W. (1984). *Wohlgeordnete Freiheit. Immanuel Kants Rechts-und Staatsphilosophie.* Frankfurt a. M.: Suhrkamp.

Ludwig, B. (1988). *Kants Rechtslehre.* Hamburg: Meiner.

Rawls, J. (1971). *A Theory of Justice.* Cambridge (MA): Belknap Press of Harvard University Press.

Reiss, H. (1977). *Kants politisches Denken.* Bern/Frankfurt a. M./Las Vegas: Lang.

Riley, P. (1983). *Kant's Political Philosophy.* Totowa (N.J.): Rowman & Littlefield.

Williams, H. (1983). *Kant's Political Philosophy.* New York: St. Martin's Press.

Teil I

Recht.
Der Weg zur Souveränität

„Wohlgeordnete Freiheit". Der Aufbau der Rechtsphilosophie[1]

2

Wolfgang Kersting

1 Einleitung

Rechtsmetaphysische Theorien teilen die Überzeugung, dass es ein objektives, übergeschichtlich gültiges und allgemein verbindliches Rechtsprinzip gibt, das der menschlichen Erkenntnis zugänglich ist und eine jedermann verpflichtende, unverrückbare Grenze zwischen Recht und Unrecht zieht. Der Jurist weiß, was zu einer bestimmten Zeit in einem bestimmten Land Rechtens ist, seine Gesetzeskenntnis enthält aber kein Wissen über das Recht an sich, über das Prinzip des Rechts und der Gerechtigkeit. Will der Jurist wissen, ob die Gesetze seines Landes gerecht sind, muss er den Rechtsphilosophen befragen. Denn die Empirie hilft nicht weiter, wenn nach den normativen Grundlagen jeder positiven Gesetzgebung, insbesondere auch nach den Geltungsvoraussetzungen der Gesetzgebungskompetenz selbst, gefragt wird. Eine empirische Rechtslehre ist darum, so Kants harscher Vergleich, wie der Kopf aus Phädrus' Fabel: möglicherweise schön anzuschauen, jedoch bestimmt ohne Gehirn (vgl. VI, 230).

Kant hat seine Rechtsphilosophie nie als Gerechtigkeitstheorie bezeichnet. Gleichwohl ist sie eine. Gerechtigkeitstheorien entwickeln verbindliche Prinzipien zur Beurteilung und Gestaltung gesellschaftlicher und politischer Einrichtungen, Prinzipien, mit deren Hilfe sich der Unterschied zwischen Recht und Unrecht, Gerechtigkeit und Ungerechtigkeit erkennen lässt. Nichts anderes macht das Vernunftrecht Kants. Aber es begnügt sich nicht damit. Und dadurch unterscheidet es sich von gegenwärtigen Gerechtigkeitstheorien. Sein Theorieprogramm geht über die Formulierung von ein oder zwei Prinzipien weit hinaus. Vor dem Hintergrund der zeitgenössischen deutschen Naturrechtstradition einerseits und des neuzeitlichen Kontraktualismus andererseits entwickelt es eine überaus diffe-

---

[1] Dieser Strukturskizze der Kantischen Rechtsphilosophie liegt folgende Gesamtdarstellung zugrunde: Kersting 1984; Kersting 2007; vgl. auch: Kersting 2004.

renzierte normative Theorie der rechtlichen Ordnung der zwischenmenschlichen Angelegenheiten, die auf die Exposition des vernunftrechtlichen Grundprinzips eine Theorie des Privatrechts, des Staatsrechts und des Völkerrechts folgen lässt, die durch eine Fülle unterschiedlichster Argumente miteinander verbunden sind. Deren wichtigstes ist fraglos Kants Argument von der rechtlichen Notwendigkeit einer staatlichen Rechtsordnung. Es weist nach, dass die Vernunft selbst nach der Einrichtung des Staates verlangt. Man kann es als Argument von der Selbstpositivierung der Rechtsvernunft bezeichnen.

2   Das Rechtsgesetz der reinen Vernunft

Das vernunftrechtliche Grundprinzip Kants ist ein allgemeines formales Gesetz der Handlungsfreiheit. Recht definiert sich daher als „der Inbegriff der Bedingungen, unter denen die Willkür des einen mit der Willkür des anderen nach einem allgemeinen Gesetze der Freiheit zusammen vereinigt werden kann". Entsprechend lautet das allgemeine Rechtsprinzip: „Eine jede Handlung ist recht, die oder nach deren Maxime die Freiheit der Willkür eines jeden mit jedermanns Freiheit nach einem allgemeinen Gesetze zusammen bestehen kann" (VI, 230). Kants allgemeines Rechtsprinzip konzentriert sich ausschließlich auf die Frage der formalen Verträglichkeit der Freiheit des einen mit der Freiheit der anderen. Als Inbegriff der Beschränkung des individuellen Freiheitsgebrauchs auf die Bedingungen der Allgemeinheit, Gleichheit und Wechselseitigkeit formuliert es die Konsistenzbeziehung äußerer Freiheit, die Koexistenzbedingung freier Individuen, die Bedingung gleicher Freiheit für alle. Die von ihm zwischen den Individuen errichtete unsichtbare Grenze rechtlicher Verletzlichkeit wird durch die Universalisierbarkeit des individuellen Freiheitsgebrauchs markiert. Freilich bleibt dieser Freiheitsgebrauch aus der Perspektive des Rechtsgesetzes selbst abstrakt und unbestimmt. Der ganze Bereich der rechtsrelevanten Freiheitsermöglichungen und Freiheitseinschränkungen durch Sachengebrauch bleibt ausgespart. Da aber die Willkür des einen die Willkür des anderen vordringlich auch im Rahmen des Gebrauchs äußerer Gegenstände tangiert, ist es rechtssystematisch notwendig, in den abstrakten freiheitsrechtlichen Intersubjektivitätsentwurf der Vernunft eine im vernunftrechtlichen Freiheitsverständnis selbst begründete apriorische Regelung des Gegenstandsgebrauchs einzufügen. Das vernunftbegründete Rechtssystem muss das allgemeine Rechtsgesetz durch apriorische Regeln des rechtlichen Erwerbs und Besitzes von Gegenständen des Willkürgebrauchs erweitern.

Die durch die vernunftrechtliche Ausgangsprämisse bereits selbst als notwendig ausgewiesenen systematischen Ergänzungen reichen über die Ausdehnung der rechtlich–gesetzlichen Harmonisierung der Willkürfreiheit auf den Bereich des Sachengebrauchs aber noch hinaus. Es bedarf auch einer vernunftrechtlichen Begründung des Gesetzgebungsrechts, einer apriorischen Begründung der Kompetenz zur gesetzlichen Bestimmung der allgemeinen vernunftrechtlichen Rechtsform. Diese Ergänzung ist notwendig, da in dem rechtlichen Grundprinzip selbst der Hinweis auf das Kriterium der Verträglichkeit nach einem allgemeinen Gesetz enthalten ist. Dieses allgemeine Gesetz, von dem in dem Rechtsgesetz wie in der Rechtsdefinition gleichermaßen die Rede ist, ist nicht dieses selbst. Daher muss in einer systematischen Argumentation gezeigt werden, dass sich auf der Grundlage des Vernunftrechts selbst dieser Übergang von der allgemeinen und abstrakten rechtlichen Intersubjektivitätsform zu ihrer gesetzlichen Bestimmung als rechtlich notwendig ergibt. Nur so können die semantischen Verpflichtungen des Eröffnungszuges der Kantischen Rechtsmetaphysik systematisch eingelöst werden.

Soviel lässt sich aber bereits jetzt sagen: das allgemeine Gesetz, das den universell freiheitskompatiblen äußeren Willkürgebrauch allgemein und in Bezug auf äußere Willkürgegenstände reguliert, ist selbst ein Gesetz der Freiheit. Es reguliert nicht nur die Freiheit, es entstammt auch der Freiheit. Denn es ist seinerseits nur dann eine legitime Freiheitseinschränkung, wenn es als selbstgegebenes Gesetz der durch es in ihren Freiheitsmöglichkeiten eingeschränkten Rechtspersonen gelten kann. Mit dem Kriterium des verträglichen Freiheitsgebrauchs unter einem allgemeinen Gesetz weist das Prinzip des Rechts selbst bereits auf seine notwendige Vervollständigung durch das Prinzip des vereinigten gesetzgebenden Willens und das System des öffentlichen Rechts hin. Der Rechtspersonalität der Individuen ist von Anfang an die Bürgerherrscherrolle eingeschrieben. Mit der Exposition des basalen Rechtsverhältnisses ist schon die staatsrechtliche Festlegung volkssouveränitärer Herrschaft erfolgt. Rechtspersonalität impliziert politische Autonomie. Die Rechtsperson kann nur als Bürger in die Wirklichkeit treten.

Das Rechtsgesetz bestimmt die Freiheit des einzelnen relativ zu der Freiheit aller anderen und definiert als vernunftrechtliches Grundgesetz der Koexistenzordnung der in äußeren, räumlichen Verhältnissen miteinander lebenden Menschen genau den Raum, den ein jeder als den eigenen erfüllen und gegen Grenzverletzungen verteidigen darf. Jede Unrechtshandlung ist Zwang, aber nicht jede Zwang ausübende Handlung ist unrecht. Sie ist es dann nicht, wenn sie der Abwehr einer Unrechtshandlung dient, wenn sie gegen Gewalt gerichtet ist, das Negative ihrerseits negiert. Als „Hindernis eines Hindernisses der Freiheit" (VI, 231) stimmt sie mit dieser überein und ist daher recht. Folglich ist die Zwangsbefugnis als Erlaubnis zur Verteidigung des eigenen gesetzlichen Freiheitsraumes Bestandteil des Rechtsbegriffs selbst, mit diesem „nach dem Satze des Widerspruchs verknüpft" (VI, 231). Ist der Zwang als Mittel der Verhinderung freiheitsverletzender Handlungen erlaubt, dann rückt das wohlverstandene Eigeninteresse in das Zentrum der Rechtsverwirklichung. Denn die gesellschaftliche Wirksamkeit des Rechtszwangs gründet in der Hoffnung auf die Einsicht der Bürger, zur Vermeidung zu erwartender negativer Nebenfolgen einer erwogenen Unrechtshandlung freiwillig auf diese zu verzichten. Entscheidend ist aber, daß Zwang in Aussicht gestellt und gegebenenfalls auch angewandt werden darf, die Durchsetzung eines Rechtsanspruchs sich nicht auf einen möglicherweise folgenlosen Appell beschränken muss, sondern sich der Zwangsandrohung und -ausübung rechtmäßig bedienen kann. Der Zwang gibt dem Recht Macht; und das Recht gibt dem Zwang Legitimität.

Zur Illustrierung der vom allgemeinen Rechtsgesetz entworfenen Sozialordnung hat Kant immer wieder auf die gesetzlichen Strukturen der Naturordnung verwiesen. Zwischen den grundlegenden rechtlichen Verhältnissen und der physikalischen Welt besteht für ihn ein isomorphes Verhältnis, das es erlaubt, die Vernunftrechtsordnung als Analogon der Naturordnung zu verstehen. Natur ist für Kant wesentlich eine mit den Begriffen und Prinzipien der Naturphilosophie Newtons gedeutete selbsterhaltungsfähige Wechselwirkungsgemeinschaft der Körper. Und genauso wie sich die Gemeinschaft der Substanzen als „nexus reciprocus" (XVII, 582) organisiert und nach dem Gesetz der Gleichheit von Wirkung und Gegenwirkung, von *actio* und *reactio* erhält, ist auch die Vernunftordnung des Rechts als sich selbst tragender Zwangsmechanismus eines wechselseitigen Sich-in-die-Schranken-Verweisens konstruierbar, als Zustand einer gleichverteilten Ausgrenzungskraft, mit der sich die einzelnen Freiheitsparzellen gegeneinander abschotten und sich so in ihrer gleichen Größe erhalten. Man kann daher sagen, dass dem Kantischen Rechtsbegriff ein Newtonsches Ordnungsmodell korrespondiert: Die sich um keine besonderen empirischen Bestimmungen und geschichtlichen Bedingungen kümmernde, allein der Vernunft entstammende Freiheitsordnung verbindet die abstrakten menschlichen Individuen durch einen strikte Gleichheit garantierenden Freiheit-Zwang-Mechanismus zu einer sich selbst erhaltenden äußeren Koexistenzgemeinschaft.

Sozialgeschichtlich gesehen ist Kants Vernunftrecht das rechtsphilosophische Spiegelbild der Rechtsordnungsbedürfnisse der sich aus den beengenden Verhältnissen des feudalen Zeitalters emanzipierenden bürgerlichen Gesellschaft. Während die Sozialordnung des Feudalismus eine hierarchische Vertikalordnung ungleicher Freiheiten war, ist die bürgerliche Gesellschaft eine universalistische demokratische Horizontalordnung gleicher Freiheit. Gemeinsam ist beiden, der demokratischen Horizontalordnung der bürgerlichen Rechtspersonen und des Newtonschen Systems der Wechselwirkung, der anti–hierarchische Charakter, der Dezentralismus, die

Azephalie. Beide sind auf Selbsterhaltung ausgelegte Ordnungen, die von jedem Außenhalt, von jeder Fremderhaltung unabhängig sind. Reziprozität, als inneres Stabilisierungselement, eliminiert Gott als letzten Zweck der Schöpfung und als erste Ursache ihrer Existenz und Erhaltung ebenso wie den autokratischen Stifter und leviathanischen Gesetzgeber. Mit der Ersetzung der hierarchischen Abhängigkeitslogik durch die reziprozitätsbasierte Selbsterhaltungslogik werden beide Systeme notwendigerweise reflexiv, müssen sich selbst zu Gegenstand ihres Handelns und Interesses machen, müssen alle erforderlichen materiellen und immateriellen Erhaltungsleistungen selbst erbringen, die „sich selbst durch die Mechanik ihrer Kräfte bestimmende Materie" (I, 224) ebenso wie die in Raum und Zeit lebenden vernünftigen Menschen. Diese rufen sich als Selbstzweck aus, setzen damit nicht nur ihrer unvermeidbaren wechselseitigen Instrumentalisierung Kompatibilitätsschranken, sondern distanzieren sich auch von einem Gott, der von der Theologie mit dem Prädikat des höchsten Zweckes ausgestattet ist und grenzenlos über sie verfügt. Wesen, deren Dasein den höchsten Zweck in sich selbst tragen, werden auch für einen Gott unantastbar. Dieselbe Unverfügbarkeit kommt den Menschen auch in rechtlicher Hinsicht zu. Somit waren sie in vernunftrechtlicher Hinsicht immer schon in der Position, die in der Geschichte von den diversen Gewalthabern besetzt wird. Das besagt aber, dass jede gesetzliche Ordnung menschlichen Zusammenlebens legitim nur in Übereinstimmung mit dem Prinzip der Selbstverfügung errichtet werden kann. Nur dem allgemeinen vereinigten Willen aller kann die gesetzgebende Befugnis rechtlich zukommen. Buchstabiert man die Implikationen des Reziprozitätsgedankens aus, dann zeigt sich, dass die Idee des allgemeinen Willens und des *contractus originarius* dem Rechtsbegriff selbst bereits von vornherein eingezeichnet sind. Wenn das Recht der Institutionalisierung bedarf und darum nach staatlichen Strukturen, nach der Errichtung eines *status civilis* verlangt, kann diese nur dann in Übereinstimmung mit dem Begriff des Rechts stehen, wenn sie als Institution des allgemeinen Willens aller Rechtspersonen gedacht wird.

Die horizontale, sich selbst im Gleichgewicht haltende, sich selbst stabilisierende und darum fremderhaltungsunbedürftige Zwangsordnung ist die Darstellung des von Kant so genannten strikten Rechtsbegriffs. Von dem strikten Rechtsbegriff ist der Begriff des moralischen Rechts zu unterscheiden. Freilich zeigt sich dieser Unterschied nicht einer ausschließlich äußeren Betrachtung. Es ist vielmehr ein Unterschied, der sich nur einem Perspektivenwechsel offenbart. Der strikte Rechtsbegriff beschreibt eine Rechtsordnung von außen; die in ihm abgebildete Freiheitswelt ist genau das, was ein rechtssoziologischer oder rechtshistorischer Betrachter einer durch hinreichend effektive Zwangsäquilibristik in empirische Geltung gesetzten vernunftrechtliche Ordnung zu Gesicht bekäme. Seine Beschreibung des Rechts würde aber notwendigerweise unvollständig sein, denn das Recht hat auch eine verbindlichkeitstheoretische Innenseite. Diese ist von außen unsichtbar und kann als notwendiger Bestandteil eines vollständigen Rechtsbegriffs empirisch nicht erfasst werden. Diese verbindlichkeitstheoretische Innenseite stellt nun der moralische Rechtsbegriff heraus. Aus seiner Betrachtungsperspektive erhebt das Recht einen richtigkeitsbegründeten Verbindlichkeitsanspruch. Dieser Perspektivendualismus ist auf jedes empirische Rechtssystem anwendbar. Jedes Recht ist von außen unter sei es historischer, sei es soziologischer Fragestellung beschreibbar; jedes ist aber auch eingebunden in kulturelle Selbstverständigungs- und Rechtfertigungsprozesse, stellt einen Wahrheitsanspruch und verlangt die Anerkennung der Bürger. Die Bürger betrachten das Recht unter der Teilnehmerperspektive; für sie steht das Recht unter einer Richtigkeits- und Anerkennungsdifferenz. Die Sprache der rechtsbeurteilenden Teilnehmung ist eine gänzlich andere als die Sprache der rechtsbeschreibenden Beobachtung. Dieser Perspektivendualismus gilt auch für das Vernunftrecht. Aus der Beobachterperspektive zeigt es sich als ein geschichtsentrücktes abstraktes Gesellschaftsmodell, das dem Modell einer sich durch innere Äquilibristik selbst stabilisierenden und darum fremderhaltungsunbedürftigen Naturordnung verpflichtet ist. Aus der Teilnehmerperspektive hingegen zeigt sich die moralische Innenseite des Rechts, offenbart sich der Verbindlichkeitsanspruch des Vernunftrechts. Freilich, und hier zeigt sich der Unterschied zwischen dem Vernunftrecht und jeder positiven Rechtsordnung: Teilnehmer innerhalb einer vernunftrechtlich verfassten Ordnung sind wir *immer schon*, einfach darum, weil wir als Vernunftwesen mit anderen unserer Art auf einer begrenzten Fläche leben müssen. Daher haben wir auch nicht die Wahl, uns der Verbindlichkeit des Rechtsgesetzes der Vernunft zu entziehen. Mit unserer Geburt sind wir ihm für das ganze Leben unterstellt.

Im Rechtsgesetz der Vernunft ist das Recht der Menschheit begründet. Dieses fundamentale Menschenrecht betrachtet jeden Menschen *qua talis* als Subjekt der äußeren Vernunftgesetzgebung und berechtigt ihn mithin, alle anderen nach Maßgabe des Rechtsgesetzes zu verbinden und die Freiheit eines jeden durch die eigene gesetzlich einzuschränken. Die Pflicht, den Naturzustand zu verlassen, sich mit allen zu einer allgemeinen Gesetzgebung zu vereinigen und ein System der öffentlichen Gerechtigkeit einzurichten, wird in der Kantischen Rechtsmetaphysik ausschließlich mit dem Privatrecht verbunden, den vernunftrechtlichen Prinzipien des äußeren Mein und Dein. Dem Rechtsgesetz selbst, dem inneren Mein und Dein und dem angeborenen Freiheitsrecht, also allen dem Privatrecht vorausgehenden und es begründenden vernunftrechtlichen Fundamentalprinzipien, spricht Kant keinerlei systematische Bedeutung für eine vernunftrechtliche Staatsbegründung zu. Diese systematische Auszeichnung des Privatrechts ist jedoch nicht gerechtfertigt. Nicht erst die rechtliche Ungesichertheit des äußeren Mein und Dein führt zu der vernunftrechtlichen Forderung des Staates: dass der Naturzustand zu verlassen sei, verlangt bereits das angeborene Freiheitsrecht selbst. Mehr noch: angesichts der systematischen Vorrangigkeit des inneren Mein und Dein gegenüber dem äußeren Mein und Dein, der Vorrangigkeit der Rechtsperson gegenüber ihren rechtlichen Besitzverhältnissen kommt einem im angeborenen Freiheitsrecht selbst verankerten Staatsgründungsgebot sogar systematische Vorrangigkeit zu. Das von Kant explizit aus dem Privatrecht abgeleitete Postulat des öffentlichen Rechts kann nicht mehr sein als eine systematische Ergänzung der bereits mit dem Menschheitsrecht selbst notwendig verknüpften Rechtspflicht, den Naturzustand zu verlassen. Kants Marginalisierung des Rechtsgesetzes und des angeborenen Freiheitsrechts muss revidiert werden. Nur so kann die von ihm aus dem Gleichgewicht gebrachte systematische Architektonik der Rechtsmetaphysik wieder restabilisiert werden.

Warum auch sollte dem angeborenen Freiheitsrecht keine Pflicht zum Staat entsprechen, wenn doch offenkundig ist, dass das „angeborene Mein und Dein" das „meum vel tuum internum" (VI, 237) ebenfalls genau die Mängel aufweist, die im Falle des äußeren Mein und Dein die Rechtsvernunft veranlasst, den Menschen die rechtliche Pflicht aufzuerlegen, den Naturzustand zu verlassen und einen Rechtszustand zu errichten, in dem das Recht eines jeden gegen jedermann gesichert zu werden vermag. Im Naturzustand ist das innere Mein und Dein nicht minder unbestimmt und nicht minder ungesichert als das äußere Mein und Dein. Hobbes wusste das: bei ihm verlassen die Menschen den Naturzustand nicht, um ihren Besitz zu sichern, sondern um ihr Leben und ihre Freiheit zu retten. Das allgemeine Rechtsgesetz bedarf der staatlichen Gesetzgebung zur genauen Bestimmung des Verlaufs der freiheitsrechtlichen Verletzlichkeitsgrenzen ebenso wie die Prinzipien des äußeren Mein und Dein. *Neminem laede* – so lautet die grundlegende Rechtspflicht. Aber was als Rechtsläsion gilt, ist im Fall des angeborenen, inneren Mein und Dein nicht evidenter als im Fall des erwerblichen, äußeren Mein und Dein. Hier wie dort bedarf es einer legislatorischen Fortbestimmung der abstrakten vernunftrechtlichen Prinzipien, hier wie dort bedarf es eines Gerichtswesens, das nach Maßgabe der geltenden Gesetze Recht spricht, hier wie dort bedarf es staatlicher Rechtssicherungsgewalt. Auch das innere Mein und Dein ist im Naturzustand nur provisorisches Recht, unsicheres, ungewisses Recht. Das Vernunftrecht erweist sich nicht erst nach seiner privatrechtlichen Ausweitung als institutionalisierungsbedürftig, ist nicht erst nach der Ausdehnung des Rechtsgesetzes auf die Besitzverhältnisse auf die grundlegenden staatlichen Funktionen der Gesetzgebung, Jurisdiktion und Rechtsdurchsetzung angewiesen, um aus dem begrifflichen Dasein in die gesellschaftliche Wirklichkeit zu treten. Dem Vernunftrecht ist von Anfang an die rechtliche Notwendigkeit des Staates eingeschrieben. Das Postulat des öffentlichen Rechts ist der Sache nach bereits im Rechtsgesetz selbst verankert.

Auch die rechtliche Notwendigkeit, die Gesetzgebung dem vereinigten Willen aller zu übertragen, ist schon in dem Rechtsprinzip enthalten. Das Recht der Menschheit ist ein Recht auf einen durch allgemeine Gesetze definierten und gesicherten Freiheitsgebrauch. Ihm korrespondiert nicht nur die Pflicht des *neminem laedere*, sondern eben auch die des *suum cuique tribuere*, nämlich in einen Zustand einzutreten, „worin jedermann das Seine gegen jeden anderen gesichert sein kann" (VI, 237). Und die systematische Pointe dieser fundamentalen vernunftrechtlichen Verpflichtung ist, dass sich die Pflicht des *neminem laedere* nur angemessen erfüllen lässt, wenn man die Pflicht des *suum cuique tribuere* erfüllt, wenn man an der Errichtung und Erhaltung eines staatlichen Systems der Rechtssicherheit mitwirkt. Das Menschheitsrecht ist immer auch zugleich ein Recht auf Institutionalisierung der Bedingungen, die seine sichere Wahrnehmung garantieren. Diese Institutionalisierung bietet der Staat. Das ist aus vernunftrechtlicher Perspektive seine Definition, das ist seine Aufgabe: der Staat ist die Wirklichkeits– und Wirksamkeitsbedingung des Vernunftrechts. Er ist darum dem Vernunftrecht nicht äußerlich. Er ist der Ort der Institutionalisierung des Vernunftrechts. Ohne ihn würde das Vernunftrecht keine Realität in Raum und Zeit erhalten. Im Idealfall gleicht die im Staat ermöglichte Institutionalisierung des Vernunftrechts dem, was geschichtliche Wirklichkeit geworden wäre, wenn sich das Vernunftrecht selbst institutionalisiert, selbst verstaatlicht hätte, wenn die Errichtung und Ausübung der staatlichen Herrschaft ausschließlich den vernunftrechtlichen Prinzipien der Etablierung eines Systems öffentlicher Gerechtigkeit folgen würde. Dann ist der Staat eine Demokratie oder, wie Kant sagt, eine Republik, in der politische Autonomie erreicht ist, in der das Volk vermittels seiner Repräsentanten über sich selbst herrscht und die Freiheit aller Bürger ausschließlich durch allgemeine und gerechte Gesetze eingeschränkt ist. Legt man die Implikationen des Menschheitsrechts auseinander, entdeckt sich das jedermann kraft seiner Menschheit zustehende, angeborene Recht auf eine durch allgemeine Gesetze bestimmte und beschützte Freiheit als Recht auf eine Republik.

Die gesetzliche Freiheit der Individuen hängt aber nicht allein von der inneren Stabilität des Staates selbst ab, sondern auch von der rechtlichen Festigkeit der äußeren Beziehungen ihres Staates zu den anderen Staaten. Daher reicht der Institutionalisierungsanspruch des angeborenen Freiheitsrecht noch über die Errichtung einer Republik, über die Etablierung einer vollkommenen bürgerlichen Verfassung hinaus. Entfaltet das jedem Menschen als Menschen zukommende Freiheitsrecht seine normativen Implikationen und Verwirklichungskonsequenzen vollständig, dann entdeckt es sich als Recht auf innerstaatliche und zwischenstaatliche Sicherheit und Gerechtigkeit. Wenn man Kants Rechtsmetaphysik bis zu ihrem Schlussargument gefolgt ist, erkennt man, dass die ganze Folge der normativen Entfaltungen und institutionellen Erweiterungen im Rechtsgesetz von Anfang an enthalten ist. Mit dem ersten Eröffnungszug des Vernunftrechts ist alles folgende bereits gesetzt.

3   Der Staat der Vernunft

Im systematischen Zentrum der praktischen Philosophie Kants steht die Lehre von der Selbstgesetzgebung der reinen praktischen Vernunft. Mit ihr gibt Kant der praktischen Philosophie ein revolutionär neues geltungstheoretisches Fundament. Bislang suchte man die Grundlagen und Prinzipien der praktischen Philosophie in objektiven Ideen des Guten und der Gerechtigkeit, in einer normativen Verfassung des Kosmos, im Willen Gottes oder der Wesensnatur des Menschen. Kant hat die epistemologische Fragwürdigkeit dieser Legitimationsinstanzen der metaphysischen Tradition deutlich gemacht und aufgezeigt, dass sie bei der Begründung allgemeingültiger praktischer Gesetze versagen, dass die menschliche Vernunft nur solchen Regeln und Normen absolute praktische Notwendigkeit und Verbindlichkeit zugestehen kann, die ihrer eigenen Gesetzgebung entstammen. Wir sind allein den Gesetzen der Vernunft unterworfen: Mit dieser Erkenntnis befreit uns Kant von der Herrschaft des theologischen Absolutismus und den Bindungen eines teleologischen Naturrechts. Alle Traditionsgestalten substantieller Vernunft müssen vor dem Emanzipationsprojekt der Aufklärung zurückweichen. Mit dieser Erkenntnis hebt uns Kant jedoch auch aus den prosaischen Niederungen der Klugheitslehre und des generalisierten Egoismus. Sowenig sich die praktische Vernunft in die substantiellen, material-ethischen Orientierungssysteme der metaphysischen Tradition integrieren und mit der konventionellen Sittlichkeit der Herkunftswelt versöhnen lässt, sowenig lässt sie sich auf Zweckrationalität, auf die Entscheidungsregeln instrumenteller, strategischer oder funktionalistischer Vernunft reduzieren. Anders als seine Zeitgenossen greift Kant bei der Bestimmung des moralisch-rechtlichen Grundgesetzes nicht auf die empirische Menschennatur, das menschliche Glücksbedürfnis oder das allen Lebewesen gemeinsame Selbsterhaltungsinteresse zurück. Das Konzept der Autonomie der praktischen Vernunft verlegt jeder argumentativen Verwendung von Naturzwecken, Wesensbestimmungen, sittlichen Überlieferungen und menschlichen Interessen in der Moralphilosophie wie in der Rechtsphilosophie den Weg. Normative Erkenntnis wird ausschließlich in dem formalen Gesetz der reinen praktischen Vernunft, im Universalisierungsgrundsatz begründet.

Kants begründungstheoretische Innovation hat tiefgreifende Auswirkungen auf die Standardlegitimation der neuzeitlichen Rechts- und Staatsphilosophie, auf das kontraktualistische Argument. Eine sich auf die reine gesetzgebende praktische Vernunft gründende Rechtsmetaphysik kann nicht nahtlos an den staatsphilosophischen Kontraktualismus eines Hobbes, Locke oder Rousseau anknüpfen. Das staatsphilosophische Vertragsargument der Vorgänger Kants ist ein Argument der klugen Freiwilligkeit und Nutzenmaximierung. Es verschränkt die Dimensionen des geltungstheoretischen Voluntarismus und der instrumentell-strategischen Rationalität. Die Begründungsvernunft der praktischen Philosophie Kants hingegen zielt auf die unmittelbare Negation beider: den von ihr gesetzten Rechtfertigungsstandards der praktischen Notwendigkeit und kategorischen Gültigkeit kann weder ein Klugheitsargument noch der Geltungsvoluntarismus des gewöhnlichen Kontraktualismus gerecht werden. Der in der Kantischen Rechtsmetaphysik entwickelte Beweis von der rechtlichen Notwendigkeit des Staates macht das kontraktualistische Legitimationsargument entbehrlich. Aufgrund der in allen vernunftrechtlichen Bestimmungen des inneren und des äußeren Mein und Dein eingeschlossenen Verpflichtung, sich einem System der öffentlichen Gerechtigkeit zu unterwerfen, ist der Kantische Rechtsapriorismus bereits mit dem ersten argumentativen Eröffnungszug schon dort, wo der konstruktive Empirismus des gewöhnlichen Kontraktualismus erst mithilfe des Vertrags hingelangen kann. In der Kantischen Rechtsmetaphysik hat ein staatsschöpferischer interessegeleiteter Wille keinen Platz. Der Vertrag bekommt darum eine andere Funktion zugewiesen. Er dient nicht mehr der Legitimation staatlicher Herrschaft, sondern er beschreibt die vernunftrechtlich notwendige Form der politischen Vergesellschaftung. Kants Vertrag ist die apriorische Rechtsform der Vereinigung aller zu einem allgemeinen gesetzgebenden Willen. Oder, was dasselbe besagt: Er ist die Vernunftrechtsform der Erzeugung positiven richtigen Rechts.

3.1   Naturzustand, Privatrecht und Rechtsnotwendigkeit des Staates

Kant hat den Naturzustand als „Ideal des hobbes" bezeichnet und damit dem Philosophen seine Reverenz erwiesen, der als erster den in der abendländischen theologischen und heilsgeschichtlichen Literatur geläufigen Naturzustandstopos in systematischer Absicht zum Fundament eines staatsphilosophischen Beweisprogramms gemacht hat. Dem Naturzustandstheorem kommt nach Kant folgende Begründungsfunktion zu: „Es wird hier das recht im Stande der Natur und nicht das factum erwogen. Es wird bewiesen, daß es nicht willkührlich sey, aus dem Stande der Natur herauszugehen, sondern nothwendig nach Regeln des Rechts" (XIX, R 6593). Der Naturzustand ist unter den Prämissen Kantischen Philosophierens eine von allen empirischen Annahmen und anthropologischen Bestimmungen losgelöste rechtstheoretische Konstruktion, die aus der Betrachtung des Rechts unter vorstaatlichen Bedingungen die Einsicht in die rechtlich-praktische Notwendigkeit der Errichtung eines bürgerlichen Zustandes und der Unterwerfung aller unter zwangsbewehrte öffentliche Gesetze gewinnt. Er ist ein Gedankenexperiment, das die Erkenntnis zu vermitteln hat, die Kant in § 42 der *Rechtslehre* so zusammenfasst: „Aus dem Privatrecht im natürlichen Zustande geht nun das Postulat des öffentlichen Rechts hervor: du sollst im Verhältnisse eines unvermeidlichen Nebeneinanderseins mit allen anderen aus jenem heraus in einen rechtlichen Zustand, d. i. den einer austheilenden Gerechtigkeit, übergehen" (VI, 307).

Exeundum e statu naturali: das ist das Fazit jeder neuzeitlichen Naturzustandstheorie. Gleichwohl ist der in der oben skizzierten Reflexion skizzierte Beweis von keinem Naturzustandstheoretiker vor Kant geliefert worden. Dem strengen „Ideal des hobbes" konnten weder Rousseau noch Locke und schon gar nicht Hobbes selbst gerecht werden. Vor Kant hat kein politischer Philosoph die Notwendigkeit der Staaterrichtung als Forderung der reinen praktischen Vernunft begründet; keine Naturzustandstheorie außer der Kantischen hat je die allen gemeinsame Quintessenz als Inhalt einer Rechtspflicht a priori interpretiert. Für Hobbes, Locke und die anderen Kontraktualisten erweist sich der Staat als pragmatisch und bedingt notwendig. Da ein anarchischer und gewaltbeherrschter Zustand dem fundamentalen Selbsterhaltungs- und Sicherheitsinteresse widerspricht, jede rationale Lebensführung verhindert und keine sinnvolle Nutzung des Freiheitsgrundrechts und des Eigentums erlaubt, ist es nur konsequent und jedem verständigen Egoisten einsichtig, einen Zustand herbeizuführen, in dem jeder seines Lebens sicher sein wird und ungestört seine Grundrechte und seine Güter genießen kann. Der Staat ist im Rahmen der Argumentation eines Hobbes und Locke ein im wohlbedachten Nützlichkeitsurteil der Individuen fundiertes Sicherheitsinstrument, eine zweckdienliche Erfindung der instrumentellen Vernunft. Die Klugheit, nicht die Rechtsverbindlichkeit weist den Weg vom Naturzustand zum Rechtszustand. Dass die Staaterrichtung von einer vernunftrechtlichen „lex justitiae" (VI, 236), von einem „Gesetz der Gerechtigkeit" gefordert wird, ist dem Kontraktualismus vor Kant fremd. Eine Pflicht zur bürgerlichen Gesellschaft, zum Staat, ist im Kontext der Philosophie eines Hobbes oder Locke nicht begründbar. Daraus folgt, dass keine politische Philosophie der Neuzeit der Autorität des Staates größeren legitimationstheoretischen Kredit verschafft als die Kantische Rechtsmetaphysik. In dem Maße, in dem die reine Rechtsvernunft die Nützlichkeitserwägungen der Klugheit verbindlichkeitstheoretisch überragt, in dem Maße übertrifft der vernunftbegründete Staat auch den nur nützlichen Staat an Autorität und Dignität.

Die wenigen inhaltlichen Aussagen Kants zum Naturzustand variieren im wesentlichen das Hobbessche Argument von der Rationalität des offensiven Misstrauens, das unter Naturzustandsbedingungen notwendig allgemein werden muss und als durchgängiger Bestimmungsgrund menschlichen Verhaltens Elend und allseitige Furcht erzeugt. Selbstbehauptung unter Naturzustandsbedingungen verlangt, jeden als potentielle Gefahr einzustufen, und muss daher die Bereitschaft kultivieren, jedem möglichen Angriff zuvorzukommen. Man muss im Naturzustand „jederzeit in Kriegsrüstung seyn" (XIX, R 7646). Kants Deutung dieser Konfliktsituation weicht jedoch gänzlich von der Hobbesschen Naturzustandsauslegung ab. Kant betrachtet nicht das „factum" menschlichen Lebens unter vorstaatlichen Bedingungen, rückt nicht das Selbsterhaltungsrisiko des Naturzustandes in den Mittelpunkt. Er bemüht keine anthropologischen Grundbefindlichkeiten, um die Unerträglichkeit eines Zusammenlebens unter Naturzustandsbedingungen zu demonstrieren. Kant betrachtet das „recht im Stande der Natur" (XIX, R 6593). Sein Naturzustand ist ein Zustand des reinen Privatrechts, ein Gedankenexperiment, das den Beweis liefern soll, dass die vernunftrechtlichen Prinzipien des angeborenen Freiheitsrechts und des äußeren Mein und Dein grundsätzlich nicht hinreichen, um mögliche auftauchende Konflikte gewaltfrei zu lösen und allen Menschen Rechtssicherheit zu garantieren. Das Recht, das aus Vernunftgründen sein soll, kann im Naturzustand nicht wirklich werden. Und dafür sind nicht die Menschen verantwortlich, dafür ist auch nicht die durch Endlichkeit und Knappheit charakterisierte Natur verantwortlich, dafür ist allein die Unbestimmtheit der Vernunftrechtsprinzipien verantwortlich. Wenn die Gründe der Rechtlosigkeit des Naturzustandes im Vernunftrecht selbst liegen, muss die Herstellung eines Zustandes gesetzlich bestimmten und staatlich gesicherten Rechts auch zum Inhalt einer Vernunftrechtsforderung werden.

In Kants Begründung der Rechtsnotwendigkeit des Staates lassen sich zwei Argumentationsstränge unterscheiden. Der erste führt zu einem Argument, das ich Positivierungsargument nenne. Der zweite entwickelt ein Argument, das Geltungsargument heißen soll. Das Positivierungsargument gilt für Rechtsgesetz und Privatrecht gleichermaßen. Der von ihm vorgebrachte Grund für die Rechtsnotwendigkeit des Staates ist also nicht privatrechtsspezifisch. Das Geltungsargument ist hingegen privatrechtsspezifisch und steht in unauflöslichem Zusammenhang mit der rechtlich prekären Wahrnehmung der Okkupationsbefugnis unter Naturzustandsbedingungen.

3.2   Das Positivierungsargument

Der Naturzustand privatisiert das Vernunftrecht. Ein jeder hat das Recht, ursprünglich zu erwerben und dabei so zu verfahren, wie er es für richtig hält. Ein jeder hat auch das Recht, die Verletzungsgrenzen des angeborenen Freiheitsrechts eigenmächtig zu bestimmen. Das aber führt notwendig zu Rechtskontroversen, die mangels eines kompetenten, von allen Parteien gleichermaßen anerkannten Richters, aber auch mangels allgemeingültiger, allgemein anerkannter und zwangsbewehrter Gesetze selbst bei den Gutartigsten Gewalt auf den Plan rufen würden. In einem Zustand widerstreitender privater Vernunftrechtsauslegung und Vernunftrechts-durchsetzung kann das vernunftnotwendige Recht nicht Wirklichkeit gewinnen; muss es ohnmächtig, schemenhaft, unsichtbar bleiben. Sichtbar ist nur die Gewalt; sie verdeckt das Recht. Erst dann kann die Gewalt aus dem Leben der Menschen entfernt werden, wenn das Recht in Gesetze gegossen wird, wenn die Freiheit der Menschen gesetzlich geordnet wird. Es ist um des Rechtes selbst willen notwendig, einen Zustand einzurichten, in dem der Krieg der Privatjustiz durch eine Kooperation von öffentlicher allgemeiner Gesetzgebung, öffentlicher Rechtsprechung und unwiderstehlicher, mit dem Gewaltmonopol ausgestatteter Rechtsdurchsetzung beendet wird und das Recht Wirklichkeit und Wirksamkeit gewinnt.

Da die Konfliktträchtigkeit des Naturzustandes bei Kant in Rechtsbegriffen dargestellt wird, keine anthropologische Konsequenz ist, sondern eine Folge der mangelnden Regulierungsfähigkeit der apriorischen Bestimmungen des Vernunft-rechts, kann Kant sagen, dass das reine Privatrecht im Naturzustand gleichsam seiner eigenen Unvollkommenheit ansichtig wird und die Notwendigkeit seiner gesetzgeberischen Fortbestimmung einsieht. Insofern geht eben „aus dem Privat-recht im natürlichen Zustande […] das Postulat des öffentlichen Rechts hervor". Das noch nicht peremtorisch gemachte Vernunftrecht ist ein Recht, das auf den Staat und damit auf Positivierung hindrängt, das aber gleichwohl im vorstaatlichen Zustand Geltung besitzt. Es gibt für Kant außerhalb des Staates Recht. Das allge-meine Rechtsgesetz ist wie die vernunftrechtliche Regel über das Dein und Mein, die Erlaubnis der Rechtsvernunft zur *acquisitio originaria* und *occupatio prima* geltendes Recht, das eine generelle Orientierung der Willkür und einen vorstaat-lichen rechtlichen Diskurs, die Anwendung normativer Prädikate auf empirische Handlungen, ermöglicht. Aber dieser Orientierung mangelt es an allgemein aner-kannter Bestimmtheit und unwiderstehlicher, friedenstiftender Durchsetzbarkeit. Besitzstreitigkeiten werden daher auftauchen, die mit Gewalt ausgetragen werden. Die Rechtsprinzipien des Mein und Dein vermögen keine sicheren Eigentumstitel zu generieren; das Privatrecht versinkt in der gewaltträchtigen Gesetzlosigkeit des Naturzustandes. Daher bedarf es des Übergangs vom Naturzustand zum Rechts-zustand. Hinter diesem Übergang, dem Postulat des öffentlichen Rechts, steckt das rechtstheoretisch bedeutsame Argument von der immanent vernunftrechtlich nachweisbaren Notwendigkeit der Positivierung des Vernunftrechts durch die Gesetzgebung des gemeinschaftlichen Willens. Allein diese bietet einen vernunft-rechtskonformen Weg der gesetzlichen Bestimmung des reinen Rechtsformen des inneren und äußeren Mein und Dein. Das Vernunftrecht erweist sich also nicht nur als positivierungsbedürftig, es enthält auch selbst explizite Rechtsvorschriften für die Einrichtung des Verfahrens seiner Positivierung. Der die Willensvereinigung rechtlich organisierende Vertrag ist selbst vernunftrechtlich notwendig.

Kant hat unglücklicherweise das „Postulat des öffentlichen Rechts" eng an die Aporetik des natürlichen Privatrechts gebunden. Der von ihm entwickelte rechtliche Notwendigkeitsbeweis des Staates ist jedoch keinesfalls privatrechtsspezifisch. Kant hat die Begründungskapazität des vernunftrechtlichen Fundamentalprinzips unterschätzt. Es ist nicht im Mindesten plausibel, die nach den Rechtssicherheitsleistungen des Staates rufende Konfliktstruktur des Naturzustandes ausschließlich als Folge von Besitzstreitigkeiten anzusehen. Das „Postulat des öffentlichen Rechts" lässt sich bereits aus dem reinen Rechtsgesetz im natürlichen Zustande gewinnen, denn die zur rechtlichen Sicherung der angeborenen Freiheit notwendigen Gesetze können ebenfalls nur der Selbstgesetzgebung des sich zur Gesetzgebung vereinigenden Willens aller entstammen. Es ist nicht erforderlich, auf die mangelnde Bestimmtheit der apriorischen Regelung des Sachengebrauchs hinzuweisen, um einen Rechtsgrund für das Verlassen des Naturzustandes zu finden. Die Pflicht zum Staat hat ein solides menschenrechtliches Fundament: Wenn es das Recht eines jeden ist, in seiner Freiheit nur durch allgemeine Regeln eingeschränkt zu werden, dann impliziert dieses Recht ein Recht auf die Bedingungen, unter denen diese allgemeinen Regeln formuliert und durchgesetzt werden können, also ein Recht auf die Verwirklichungsbedingungen von rechtlicher Freiheit.

3.3 Das Geltungsargument

Neben diesem allgemeinen vernunftrechtlichen Argument von der rechtlichen Notwendigkeit des Staates findet sich bei Kant auch ein besonderer, privatrechtsspezifischer Staatsbeweis, in dem allgemein gesetzgebender Willen und Eigentum geltungstheoretisch unauflöslich verschränkt werden. Er gründet einerseits in der vernunftrechtlichen Pflicht, Verhältnisse herbeizuführen, die es überhaupt ermöglichen, dass Brauchbares Eigentum werden kann, und andererseits in der mit der Okkupationsbefugnis verbundenen rechtlichen Auflage, das Appropriierte durch einen einzurichtenden allgemeinen gesetzgebenden Willen, also durch den Zusammenschluss aller, rechtlich sanktionieren und in Übereinstimmung mit den Gesetzen des allgemeinen Willens rechtlich bestimmen zu lassen. Der Modalitätssprung von den provisorischen Rechts- und Besitzverhältnissen im Naturzustand zu peremtorischen Rechts- und Besitzverhältnissen im Zivilzustand beinhaltet nicht nur einen Sicherheitszuwachs, er umfasst auch eine geltungstheoretische Qualitätssteigerung. Kein Philosoph hat jemals Eigentum und Staat so eng miteinander verknüpft wie Kant. Für den Autor des *Leviathan* ist das Eigentum eine vom Staat geschaffene, allein positiv-rechtliche Institution, begründet in der souveränen Entscheidung der politischen Macht. Es kann im Rahmen der praktische Wahrheitsfragen strikt ablehnenden, nur funktionalistische Rechtfertigungen zulassenden politischen Philosophie Hobbes' nur unter dem Aspekt der innerstaatlichen Friedenssicherung in Betracht kommen, als ein geeignetes Instrument der vom Leviathan-Staat zu verfolgenden Strategie der Naturzustandsbefriedung. In der liberalen Theorie Lockes verhält es sich umgekehrt: das Eigentum ist nicht Instrument des Staates im Rahmen einer übergeordneten, von allen Eigentumsbezügen freien politischen Aufgabe, sondern der Staat ist Instrument des Eigentums, zu dessen Sicherung allein in die Welt gerufen. In rechtlicher Hinsicht ist der Lockesche Staat dem Eigentumsbegriff äußerlich; es ist einer vollrechtlichen Bestimmtheit allein im Rahmen des natürlichen Rechts fähig, das bei Locke nicht selbst zu seiner Positivierung drängt, sondern nur an einer effektiveren Lösung seiner Durchsetzungsprobleme interessiert ist. Bei Kant nun tritt an die Stelle des eigentumsunabhängigen Staats Hobbes' einerseits und des staatsunabhängigen Eigentums Lockes andererseits die geltungstheoretische Verschränkung von Eigentum und Staat, die beide Begriffe in ein Verhältnis der wechselseitigen systematischen Abhängigkeit setzt. Kants Eigentumstheorie setzt den in der staatlichen Gemeinschaft wirksam werdenden allgemeinen vereinigten Willen in den Rang eines eigentumstheoretischen Geltungsgrundes. Der vollständige Rechtsbegriff des Eigentums enthält den allgemeinen gesetzgebenden vereinigten Willen aller als konstitutiven Bedeutungsbestandteil. Der Staat gründet im Eigentum, und das Eigentum drängt zum Staat, nicht nur um seiner Sicherheit, sondern auch um seiner rechtlichen Vervollständigung willen.

3.4 *Contractus originarius*

Ist es nach Regeln des Rechts notwendig, aus dem Stande der Natur herauszutreten, dann ist es rechtlich notwendig, im Staat zu sein, dann ist der Staat selbst rechtlich notwendig. Der Staat, das meint das Bestehen einer äußeren Gesetzgebung und eines öffentlichen gesetzlichen Zwanges, das meint das geordnete Zusammenspiel der Institutionen der Legislative, Jurisdiktion und Exekutive, in dem durch öffentliche Gesetze bestimmt wird, was im allgemeinen, und durch eine öffentliche Justiz entschieden wird, was im besonderen, im strittigen Fall Rechtens ist, und wo beides, Gesetz und Urteil unwiderstehlich durchgesetzt werden können. Insofern diese institutionalisierte Rechtsverwirklichung jedermann das ihm rechtlich

Zustehende, also das Seine, ermöglicht und sichert, wird sie von Kant als System
der öffentlichen distributiven Gerechtigkeit verstanden.

Der obligationstheoretische Voluntarismus der traditionellen neuzeitlichen
Vertragslehre ist mit Kants metaphysischer Orientierung, mit der geltungstheoretischen Strenge seines Konzepts der praktischen Vernunftgesetzgebung nicht vereinbar.
Fragt der im Staat lebende Mensch den herkömmlichen Vertragstheoretiker nach
dem Grund des ihm von den Institutionen abverlangten Gehorsams, so wird er von
dem Philosophen auf den Vertrag als den selbstgewählten klugen Ausweg aus der
Unerträglichkeit schrankenloser natürlicher Freiheit hingewiesen. Fragt der Bürger
dagegen Kant, so wird vor ihm der Freiheitsordnungsentwurf der gesetzgebenden
Rechtsvernunft entfaltet, und er wird einsehen, dass im Staat zu leben zum nicht
abzuschüttelnden Rechtsschicksal des Zeit- und Raumbewohners Mensch gehört.

Die Staatsvertragslehre der Neuzeit legt den Rechtsgrund aller staatlichen Herrschaft in den freien Willen der Individuen. So dringend auch immer der Naturzustand nach seiner Überwindung verlangt, so wenig dem Individuum eine Wahl, eine
vernünftige Alternative zum Staat bleibt, der Staatsbegründungsvertrag wird von den
neuzeitlichen Theoretikern übereinstimmend als eine nötigungsfreie, also freiwillig
und eben darum bindende Willenserklärung aufgefasst. Der Staatsvertrag kann und
will seine Herkunft aus dem privatrechtlichen Vorstellungsbereich nicht verleugnen.
Sein normatives Profil gleicht dem eines beliebigen privatrechtlichen Vertrages
aufs Haar. So sehr auch immer die Naturzustandstheorie die Unvermeidlichkeit
staatlicher Herrschaft belegt und als Rekonstruktion rationaler Motivbildung die
guten Gründe für ein Leben im Staat entwickelt, diese Unvermeidlichkeit ist nicht
in Rechtsbegriffe gefasst, diese guten Gründe entstammen nicht der vernunftrechtlichen Gesetzgebung. Indem Kant das in der neuzeitlichen Philosophie der Politik
vorherrschende Paradigma der instrumentellen Vernunft durch die Orientierung
am Konzept praktischer Vernünftigkeit ersetzt, verliert auch der Vertrag des
Kontraktualismus den Charakter privatrechtlicher Normalität und wird zu einem
Vertrag *sui generis*, zu einem Vertrag „von so eigenthümlicher Art, daß [...] er sich
[...] von allen anderen wesentlich unterscheidet".

Der Kantische Vertrag beschreibt den vernunftrechtlichen Konstitutionsakt
der bürgerlichen Gemeinschaft, den idealen Rechtsgrund staatlicher Herrschaft.
Der Vertrag markiert keinen Anfang staatlicher Existenz. Wenn Kant von einem
„ursprünglichen Vertrag" spricht, dann streicht er durch dieses Beiwort den rein
rationalen Status dieses Begriffs heraus. 'Ursprünglich' meint nicht: 'uranfänglich'; 'uranfänglich' und 'ursprünglich' stehen zueinander wir 'empirisch' und
'rational'. Das Uranfängliche verweist auf Zeitliches, steht in der Zeit als unvor-
denklicher Beginn einer Zeitreihe. Ursprüngliches hingegen verweist auf Grund
und Begründendes; es beginnt keine Geschichte, sondern es trägt ein Argument.

Kants Rechtsmetaphysik tilgt aus dem Vertragskonzept – ebenso wie schon aus dem Naturzustandstheorem – alle empirischen und geschichtlichen Spuren und Assoziationen und verwandelt so den kontraktualistischen Gründungsakt staatlicher Herrschaft in eine notwendige praktische Vernunftidee, die als staatsrechtliche Konstitutionsnorm systematisch in der Prinzipienfolge der reinen Rechtsvernunft verortet ist. Der Vertrag ist nicht die Geschichtsurkunde des Staats, sondern dessen Vernunfturkunde. Der Vertragsstaat ist „die Form des Staates überhaupt, d. i. der Staat in der Idee, wie er nach reinen Rechtsprincipien sein soll, welcher jeder wirklichen Vereinigung zu einem gemeinen Wesen (also im Inneren) zur Richtschnur (*norma*) dient" (VI, 31).

Stellt man den Weg, der aus dem Naturzustand herausführt und das Recht aus seiner Bedrohung durch die gewalterzeugende Mannigfaltigkeit subjektiver Vernunftrechtsinterpretationen befreit, selbst als einen ungeschichtlichen, durchgängig von Rechtsprinzipien bestimmten vor, stellt man sich also eine Staatsgründung nach reinen Vernunftbegriffen vor, dann wird der ursprüngliche Vertrag als Stiftungsprinzip des Rechtszustandes zugleich auch dessen Stiftungsereignis sein. Nach Vernunftbegriffen betrachtet ist der Vertrag, der einvernehmliche Zusammenschluss aller zu einem gesetzgebenden und allgemeingültigen Willen der einzige rechtmäßige Weg, den Naturzustand zu verlassen, der Vergesellschaftungspflicht zu entsprechen und dem unbedingten Rechts- und Freiheitszweck zu genügen. Mit der ursprünglichen, angeborenen Rechtsposition jedes Mensch ist das vertragliche Einigungsverfahren auf der Basis strikter Gleichheit als einzig mögliche Prozedur der Gewinnung einer allgemeinen gesetzgebenden Instanz von vornherein festgelegt. Nur ein alle gleichermaßen und mit gleichem Recht beteiligender allgemeiner Wille, also ein aus einer streng den Strukturprinzipien der Gleichheit, Symmetrie und Reziprozität verpflichteten vertraglichen Einigung aller entstehender allgemeiner Wille kann Gesetze erzeugen, die notwendig gerecht sind, und folglich legitim Herrschaft ausüben.

Jedoch klaffen die vernünftige Entstehung von politischer Allgemeinheit und die geschichtliche Entstehung von Staaten auseinander. Der geschichtliche Staat folgt nicht der offenkundig rousseauistischen Grammatik des reinen Staatsrechts; der geschichtliche Staat ist gewalterzeugt. Wenn Kant davon spricht, dass der ursprüngliche Vertrag die Norm für jede wirkliche staatliche Vereinigung sei, dann bedeutet das, dass jeder geschichtliche Staat, gleichgültig, wie er im einzelnen entstanden sein mag, gehalten ist, sich in seiner inneren Herrschaftsorganisation dem Modell des Vertragsstaates anzupassen, seine Herrschaft so zu organisieren, als ob sie dem gemeinschaftlichen Willen einer vertraglich entstandenen Vereinigung entstammen würden. Hinsichtlich der geschichtlichen Welt ist der ursprüngliche Vertrag „Richtschnur, principium, exemplar des Staatsrechts" (XIX, R 7738); er formuliert das „ideal der Gesetzgebung, Regirung und öffentlichen Gerechtigkeit" (XIX, R 7734). Er bestimmt, wie der geschichtliche Staat sein soll. Der Vertrag entdeckt sich damit als das staatsrechtliche Gegenstück zum kategorischen Imperativ, als staatsrechtliches Universalisierungsprinzip. Wie der kategorische Imperativ als Moralprinzip die Gesetzmäßigkeit der Maximen zu beurteilen gestattet, so vermag der ursprüngliche Kontrakt als Prinzip der öffentlichen Gerechtigkeit die Rechtmäßigkeit positiver Gesetze zu bestimmen. Die Bürger besitzen in ihm ein allgemeingültiges Kriterium zur Bewertung des Gerechtigkeitsgrades der über sie ausgeübten Herrschaft: nur solche Herrschaftsausübung kann vor dem Verfassungsrichterstuhl der Rechtsvernunft, vor dem gemeinsamen Willen der Vertragsvereinigung bestehen, die sich als Durchsetzung rechtmäßiger Gesetze versteht und so den Vertragswillen zur Geltung bringt.

Das Gerechtigkeit verbürgende oder zumindest Ungerechtigkeit anzeigende Kriterium ist logischer Natur und verlangt lediglich ein dem Anwendungsverfahren des kategorischen Imperativs analoges Gedankenexperiment. Der empirische Gesetzgeber soll in seinem Kopf Demokratie simulieren, soll sich fragen, ob jeder Bürger Mitgesetzgeber des in Rede stehenden Gesetzes sein kann, ob er in dieser Rolle denkbar ist. Nun wird ein Gesetz dann notwendigerweise nicht die Zustimmung aller auf sich vereinigen können, wenn die von ihm bewirkte Freiheitseinschränkung nicht jeden in gleicher Weise tritt, oder umgekehrt, wenn es Freiheiten ungleich verteilt und die nach ihm mögliche Freiheit nicht allgemein und wechselseitig möglich ist. Die öffentlichen Gesetze werden genau dann mit Notwendigkeit dem Vertragsprinzip widersprechen, wenn sie selbst die Bedingungen verletzen; unter denen der Vertrag allein entstanden sein kann und die ihn als den einzig möglichen vernunftrechtskonformen Konstitutionsakt des Rechtszustandes bestimmen, und die daher zu realisieren die bürgerlicher Gesellschaft beauftragt und der sie organisierende allgemeine gesetzgebende Wille verpflichtet ist: und das sind die Momente der Freiheit, Gleichheit und Wechselseitigkeit.

Der kategorische Imperativ ist die Operationsregel des Universalismus der Moral; der ursprüngliche Kontrakt ist die Operationsregel des Universalismus des Rechts. Die Diskriminierungsleistung dieser Universalisierungsoperation kann sich allein auf formale und negative Kriterien stützen, in deren Mittelpunkt der Gleichheitsgesichtspunkt steht. Das gilt für das Erkenntnisverfahren des kategorischen Imperativs ebenso wie für das staatsrechtliche Vertragsverfahren. Der kategorische Imperativ dient keinesfalls, wie Kant in der Grundlegungsschrift behauptet, als zuverlässiger Kompass für die Erkenntnis aller Pflichten. Weder lassen sich unvollkommene Pflichten gegen anderen, noch die unvollkommene Pflichten gegen sich selbst mit seiner Hilfe identifizieren. Und auch vollkommene Pflichten gegen sich selbst sind mit dem kategorischen Imperativ nicht erkennbar.

Denn all diese Pflichten sind teleologisch begründet, stützen sich auf unaufgebbare Naturzwecke. Kants Beispiele aus der Grundlegungsschrift zeigen dann auch, wie unter der Oberfläche des Widerspruchskriteriums verborgene Naturzwecke heimlich wirken. Mit der *Metaphysik der Sitten* hat Kant diese Überschätzung der epistemologischen Leistungsfähigkeit des moralischen Imperativs der frühen Grundlegungsschrift korrigiert. Dort werden die unvollkommenen Pflichten in der Tugendlehre behandelt, die auf ein eigenes material-teleologisches Prinzip gestellt wird. Und die vollkommene Pflicht gegen sich selbst (*Honeste vive*) wird unmittelbar, ohne Rückgriff auf den kategorischen Imperativ, im Rahmen der Diskussion der Ulpianischen Trias eingeführt. In der Tat taugt der kategorische Imperativ aufgrund seiner Formalität ausschließlich zur Identifizierung von Rechtspflichten. Er zeichnet solche Handlungsregeln als moralisch unzulässig ist, die durch ihre angenommene gesetzliche Geltung selbst vereitelt werden. Und das sind Handlungsweisen, die nur darum erfolgversprechend sein können, weil in die Gesellschaft im allgemeinen solche Handlungsweisen ächtet und nicht befolgt. Der kategorische Imperativ ist also das Erkenntnisprinzip solcher Handlungsweisen, die parasitär von der moralischen Disziplin eines hinreichend großen Teils der Gemeinschaft zehren, von denen man selbst wollen muss, dass die anderen sie nicht befolgen, damit man sie als Erfolgsstrategie benutzen kann. Der Betrüger ist am erfolgreichsten, wenn er von vertrauensvollen Menschen umgeben ist. Und keiner verteidigt leidenschaftlicher das Prinzip des Privateigentums als der Dieb. Weder der Betrüger noch der Dieb können vernünftigerweise wünschen, dass alle anderen auch Betrüger und Diebe sind. Darum genau verlangt der kategorische Imperativ, nur nach solchen Maximen zu handeln, die z u g l e i c h als Gesetz gewollt werden können. Offensichtlich kann der Betrüger, kann der Dieb gerade nicht z u g l e i c h seine Ziele verfolgen und die gesetzliche Geltung des Stehlens und Betrügens wollen. Dieselbe Logik der Gleichheit und Wechselseitigkeit bestimmt auch das staatsrechtliche Vertragskriterium. Es zeichnet Gesetze als rechtlich unzulässig aus, die Gleiches nicht gleich, und Ungleiches nicht ungleich behandeln, die zu einer Ungleichverteilung von Belastungen und Befreiungen, Beschränkungen und Ermöglichungen führen.

3.5   Republik und Republikanisierung

Im Gegensatz zu Rousseau zeichnet Kant keine empirische Herrschaftsorganisation als einzig legitim aus. Das Problem der personalen Herrschaftsbesetzung ist im Rahmen seiner Philosophie nur von nebensächlicher Bedeutung. Wichtig ist nicht, ob einer herrscht, ob einige herrschen oder ob alle herrschen, wichtig ist, wie geherrscht wird, wichtig sind die Maximen der Herrschaftsausübung, wichtig ist die, wie Kant sagt, Regierungsart. Diese ist „entweder republikanisch d. i. der Freyheit und Gleichheit angemessen oder despotisch ein sich an diese Bedingungen nicht bindender Wille" (XXIII, 166). Weder Republikanismus noch Despotismus verlangen nach einer besonderen Staatsform.

Beide Regierungsarten sind prinzipiell mit jeder Herrschaftsform verträglich. In jeder Staatsform kann der Geist des ursprünglichen Vertrages wirksam werden oder verhöhnt werden. Allein die Qualität der Herrschaftsausübung, die Art, „wie der Staat von seiner Machtvollkommenheit Gebrauch macht" (VIII, 352), ist entscheidend: ob die staatliche Macht sich in den Dienst der Realisierung der Prinzipien der reinen Republik stellt oder die ihr von der vernunftrechtlichen Verfassung gezogenen Grenzen verletzt. Die reine republikanische Verfassung gewinnt als Grundgesetz der reinen Rechtsgesellschaft angesichts der geschichtlich vorgefundenen Macht des Staates, die sich in ein bestimmten, von kontingenten Bedingungen abhängigen Herrschaftsform präsentiert, den Status eine herrschaftseingrenzenden Regelsystems. Nicht auf die Ablösung der überkommenen Herrschaftsformen ist Kants vernunftrechtlicher Konstitutionalismus unmittelbar aus, sondern auf deren innere Verwandlung durch Republikanisierung. Republikanismus, das bedeutet Republik in fremder Gestalt, das bedeutet Eindringen des Geistes des ursprünglichen Vertrages in das ihm von Grund auf Widerstreitende, in naturwüchsig und gewaltsam entstandene Herrschaft.

Der Prozess der Verwirklichung der Vernunftverfassung ist ein Prozess der Republikanisierung staatlicher Herrschaft und endet mit der Herrschaft der Republik. Staaten entstehen nicht durch Übereinstimmung, sondern durch Gewalt. Der Konsens bildet den rechtlichen Ursprung staatlicher Macht, an ihrem geschichtlichen Anfang aber steht die Gewalt. Die Geschichte weist die Entstehung staatlichen Rechts als von der vorgängigen Existenz unwiderstehlicher Macht abhängig aus. Doch derjenige, der Recht durchzusetzen vermag, beweist damit aber nicht, dass er befugt ist, Recht zu setzen. Nach Vernunftbegriffen kommt allein dem vereinigten Volkswillen die Gesetzgebungskompetenz zu, ist Herrschaft nur insofern rechtmäßig, als sie sich auf die Anwendung der gemeinschaftlich gegebenen Gesetze beschränkt. Der im kontingenten Bereich der Geschichte anzutreffenden Entstehungsabhängigkeit des staatlichen Rechts von der Errichtung einer Gewaltherrschaft steht die Geltungsabhängigkeit der staatlichen Herrschaft von der Idee des ursprünglichen Vertrages gegenüber. Wenn die reine republikanische Verfassung allen Herrschaftsformen zugrunde liegt, dann heißt das, dass Herrschaft nur insoweit begründet ist, als sie durch die reinen Verfassungsprinzipien in ihrer Ausübung kontrolliert wird. Das Republikanisierungsgebot erinnert unerbittlich an die Legitimitätsbedingungen staatlicher Herrschaft. Es negiert die traditionellen Rechfertigungsversuche und weist Fürstenmacht als abgeleitet aus. Mit Kantischer Philosophie kann ein Monarch zwar die Revolution blockieren, nicht jedoch kann er sich auf Gottesgnadentum zur Herrschaftslegitimation berufen. Er ist nicht verpflichtet, dem empirischen Korrelat des vernunftrechtlichen Souveräns seinen Platz zu überlassen, jedoch muss er diesen als seinen Legitimationsgrund anerkennen. Der Herrscher ist daher verpflichtet, „vorsatzlich Principien der Republikanischen Regierungsart zu allmählicher Einschränkung seiner Staatsgewalt durch die Stimme des Volks" anzunehmen und zu beachten (XXIII, 166). Die republikanische Regierungsart ist daher zugleich ein Programm der Legitimitätsbeschaffung.

Kant löst den Gegensatz zwischen der vernunftbegrifflichen Republik und der geschichtlichen Herrschaftsordnung reformistisch in einen zielgerichteten Prozess der Realisierung der freiheitsgesetzlichen Ordnung menschlichen Zusammenlebens auf. Der Vernunftentwurf, die aus Freiheitsgesetzen gewobene Republik, dieser zwangsfreie Staat der rein Vernünftigen steht als „ewige Norm für alle bürgerliche Verfassung überhaupt" auf der einen Seite, ihr gegenüber der geschichtliche, zufällige, gewaltentsprungene Staat. Beider Vermittlung führt zu der „Evolution einer naturrechtlichen Verfassung" (VII, 87). Diese Vernunftrechtsevolution, auf die Kant aufgrund des Ereignisses der Französischen Revolution glaubte hoffen zu dürfen, ist ein Prozess der Vermählung von Vernunft und Herrschaft. Durch Republikanisierung dringen freiheitsgesetzliche Verfassungselemente in die empirischen Strukturen der staatlichen Herrschaft ein. Durch Republikanisierung gewinnt Vernunft das, dessen sie als Seinsprinzip rein vernünftiger Wesen nicht bedarf, auf das sie aber nicht verzichten kann, will sie unter Menschen herrschen, nämlich Durchsetzungsmacht. Umgekehrt verliert durch Republikanisierung empirische Herrschaft ihren gewaltsamen Charakter.

Dieser reformistische Prozess der Rechtsverwirklichung endet mit der Etablierung der Republik. Kant hat zwischen Republikanismus und Republik deutlich unterschieden und unmissverständlich klar gemacht, dass erst in einer Republik die Verwirklichung der Rechtsvernunft an ihr Ziel kommt, dass die geschichtliche Republik die einzig angemessene empirische Darstellung der reinen Rechtsgesellschaft ist. Eine republikanische Regierungsart ist zwar geeignet, wie Kant immer wieder betont hat, das Volk zufriedenzustellen, gleichwohl nicht mehr als ein rechtliches Provisorium. Erst wenn die „Evolution der naturrechtlichen Verfassung" zu einer Republik „auch dem Buchstaben nach endlich führen wird" (VI, 340), zu einer „demokratischen Verfassung in einem repräsentativen System" (XXIII, 166), erst dann verliert das öffentliche Recht seinen provisorischen Charakter, gewinnt es peremtorische Qualität, ist ein „absolut-rechtlicher Zustand der bürgerlichen Gesellschaft" errichtet (VI, 341).

4   Völkerrecht und ewiger Frieden

Die politische Philosophie der frühen Neuzeit war durch und durch eine Philosophie des Friedens. *Exeundum e statu naturali* – der Naturzustand muß verlassen werden: das war ihre Lektion in nuce; der Friede, der innerstaatliche wie der zwischenstaatliche, war ihr erklärter Leitstern. Der Erforschung seiner Ursachen und seiner Gründe widmete sie ihre ganze Aufmerksamkeit. Aber in der Friedensphilosophie des 17. Jahrhunderts wurde dieser Lektion eine ganz andere Fassung gegeben als in der Friedensphilosophie des 18. Jahrhunderts. Zwar war sowohl für Hobbes als auch für Kant der zu überwindende Naturzustand ein Kriegszustand, aber dessen unterschiedliche Interpretation führte die beiden Philosophen zu einem unterschiedlichen Verständnis der naturzustandsüberwindenden Friedensordnung. Während Hobbes eine Konzeption des Machtfriedens entwickelte, sowohl im innerstaatlichen Bereich wie in der Welt zwischen den Staaten den Frieden ausschließlich als Folge von Machtüberlegenheit und effektiver Abschreckung betrachtete, setzte Kant seine Hoffnung auf einen Rechtsfrieden, forderte, dass sowohl im Verhältnis der Bürger wie im Verhältnis der Staaten die Ordnung allein im Recht gegründet sein müsse. Während Hobbes in seiner Philosophie einen negativen Frieden beschreibt, der ausschließlich durch klug arrangierte Kriegsabwesenheit charakterisiert ist, entwirft Kants Rechtsphilosophie einen positiven, eigens durch rechtliche Verabredungen herbeigeführten, weltumspannenden Frieden.

Kants Vernunftrecht erklärt den Frieden zum höchsten politischen Gut. Er ist das Ergebnis der konsequenten Verrechtlichung aller konfliktträchtigen Beziehungen in der Welt. Gewalt kann zwischen Menschen und Menschen, zwischen Staaten und Staaten und schließlich auch noch zwischen Staaten und Menschen (die fremden oder gar keinen Staaten angehören) aufbrechen. Folglich muss ein Programm der Vermeidung konflikterzeugter Gewalt alle Konfliktzonen verrechtlichen. Folglich muss das Programm einer zeitlich wie räumlich umfassenden Friedensstiftung eine staatsrechtliche Friedensstiftung, eine völkerrechtliche Friedensstiftung und eine weltbürgerrechtliche Friedensstiftung umfassen und miteinander kombinieren. Erst wenn diese drei Schritte sich zu einem vollständigen Rechtsfrieden vereinigen, verliert das Recht seinen provisorischen Charakter und gewinnt feste institutionelle Geltung.

Ausgangspunkt der friedensphilosophischen Argumentation Kants ist der Naturzustand. Der Naturzustand ist für ihn ein Zustand provisorischen, ungesicherten Rechts. In ihm besitzt das den Menschen zukommende apriorische und vernunftbegründete Recht keinerlei Geltung. Um dieses Rechtsprovisorium zu überwinden, ist die Etablierung staatlicher Verhältnisse unerlässlich. Erst in einem System der öffentlichen Gerechtigkeit, in dem das Recht eines jeden durch

Gesetze und Gerichte zuverlässig bestimmt wird, herrscht Rechtssicherheit. Aber freilich nur Rechtssicherheit in innerstaatlicher Hinsicht. Zwischen den einzelnen staatlichen Naturzustandsüberwindern besteht ja ebenfalls ein Naturzustand, durch den die territorialstaatlichen Trutzburgen wieder zu Rechtsprovisorien herabgestuft werden, denn der innerstaatliche Rechtsschutz kann jederzeit durch zwischenstaatlich ausbrechende Kriege zerstört werden. Die gesetzliche Freiheit der Individuen hängt nicht allein von der inneren Stabilität ihres Staates selbst ab, sondern auch von der rechtlichen Festigkeit der äußeren Beziehungen ihres Staates zu den anderen Staaten. Innerstaatliche Friedensstiftung und interstaatliche Friedensstiftung sind voneinander abhängig. Daher steht jeder Staat unter der Verpflichtung, seine innerstaatliche Friedensstiftung durch die engagierte Herbeiführung eines internationalen Friedenszustandes zu vervollständigen, daher muss die Vernunft den Entwurf einer Rechtsordnung der bürgerlichen Gesellschaft um völker- und weltbürgerrechtliche Bestimmungen erweitern, die die Verhältnisse der Staaten zueinander rechtlich ordnen.

4.1   Der Naturzustand der Völker

„Das Problem der Errichtung einer vollkommnen bürgerlichen Verfassung ist von dem Problem eines gesetzmäßigen äußeren Staatenverhältnisses abhängig und kann ohne das letztere nicht aufgelöset werden. Was hilfts, an einer gesetzmäßigen bürgerlichen Verfassung unter einzelnen Menschen, d. i. an der Anordnung eines gemeinen Wesens, zu arbeiten? Dieselbe Ungeselligkeit, welche die Menschen hiezu nöthigte, ist wieder die Ursache, daß ein jedes gemeine Wesen in äußerem Verhältnisse, d. i. als ein Staat in Beziehung auf Staaten, in ungebundener Freiheit steht, und folglich einer von dem andern eben die Übel erwarten muß, die die einzelnen Menschen drückten und sie zwangen in einen gesetzmäßigen bürgerlichen Zustand zu treten" (VIII, 24). Das Recht eines jeden Menschen auf eine vollkommene bürgerliche Verfassung ist nur durch eine „vollkommene bürgerliche Vereinigung in der Menschengattung" (VIII, 29), durch eine sowohl „innerlich- und […] auch äußerlich-vollkommene Staatsverfassung" (VIII, 27), also durch einen „Menschenstaat" (VIII, 349/Anm.) oder ein Staatenbündnis zu gewährleisten, da nur aus einem „allgemeinen Menschenstaat" oder durch eine staatliche Konföderation alle Naturzustandsgefahr beseitigt ist. Kants Konzept des Menschenrechts weist weit über die Vorstellungen liberaler Grundrechtstheorie hinaus und umfasst die utopische Dimension einer gesicherten Mitgliedschaft in einer Weltrepublik. Entfaltet das jedem Menschen als Menschen zukommende Recht seine normativen Implikationen vollständig, dann entdeckt es sich in letzter Konsequenz als

Recht auf inner- und interstaatliche Gerechtigkeit und als Recht auf inner- und interstaatlichen Frieden. Gegen die Gesetzlosigkeit des Naturzustandes legt die Vernunft ein „unwiderstehliches Veto" ein. „*Es soll kein Krieg sein*; weder der, welcher zwischen Mir und Dir im Naturzustande, noch zwischen uns als Staaten, die, obzwar innerlich im gesetzlichen, doch äußerlich (in Verhältniß gegen einander) im gesetzlosen Zustande sind" (VI, 354).

Daher ist es notwendig, den Naturzustand zu verlassen, den interindividuellen wie den interstaatlichen. Jedoch kann der Übergang vom Naturzustand zum Einzelstaat nicht als Muster des Übergangs vom „der Völker" zu einer Weltfriedensordnung dienen: Es ist zwar rechtlich geboten, „aus dem gesetzlosen Zustande der Wilden hinaus zu gehen und in einen Völkerbund zu treten; wo jeder, auch der kleinste Staat seine Sicherheit und Rechte nicht von eigener Macht, oder eigener rechtlichen Beurtheilung, sondern allein von diesem großen Völkerbunde…, von einer vereinigten Macht und von der Entscheidung nach Gesetzen des vereinigten Willens erwarten könnte" (VIII, 24), doch kann die interstaatliche Friedensstiftung nicht die innerstaatliche Friedensstiftung imitieren, obwohl hinsichtlich der rechtlichen Statik zwischen der Weltrepublik und der einzelnen Republik nicht der mindeste Unterschied besteht. Es kann nämlich kein staatsadressiertes Analogon zum individuenadressierten Postulat des öffentlichen Rechts geben, andere zu zwingen, sich gemeinsam einer staatlichen Macht zu unterstellen. Daher kann sich die Befriedung durch Einzelstaatlichkeit nicht als Befriedung durch Weltstaatlichkeit vervollständigen. Es gibt im Kantischen Vernunftrecht Raum für Staatsgründungsgewalt, aber nicht für Weltstaatsgründungsgewalt. Menschen, jedoch nicht Staaten dürfen einander zwingen, sich einer gemeinsamen gesetzgebenden Gewalt zu unterwerfen. Die einzelstaatlichen Friedensstifter können nicht selbst zulässige Objekte friedensstiftender, staatlichkeitserzeugender Gewalt werden. So plausibel und konsequent einerseits die Idee des allgemeinen Menschenstaats, die Idee einer Weltrepublik ist, so steht sie doch andererseits im Widerspruch zur einzelstaatlichen Souveränität, wenn Weltstaatsgründungsgewalt vernunftrechtlich erlaubt wäre. Das Weltrepublikskonzept muss daher auf die Idee der Föderalität durch „gemeinschaftliche Verabredung" (VIII, 25) herabgestuft werden. Denn zwar darf ich als Individuum jeden nötigen, mit mir in einen gemeinschaftlich-gesetzlichen Zustand zu treten; jedoch ist kein Staat rechtlich befugt, einen anderen Staat zu zwingen , mit ihm in einen weltstaatlichen Zustand einzutreten und sich weltöffentlichen Zwangsgesetzen zu unterstellen.

Die „Elemente des Völkerrechts" sind daher „1) daß Staaten, im äußeren Verhältniß gegen einander betrachtet, (wie gesetzlose Wilde) von Natur in einem nicht-rechtlichen Zustande sind; 2) daß dieser Zustand ein Zustand des Krieges (des Recht des Stärkeren) […] ist […]; 3) daß ein Völkerbund nach der Idee eines ursprünglichen gesellschaftlichen Vertrages nothwendig ist, sich zwar einander nicht in die einheimische Mißhelligkeiten derselben zu mischen, aber doch gegen Angriffe der äußeren zu schützen; 4) daß die Verbindung doch keine souveräne Gewalt (wie in einer bürgerlichen Verfassung), sondern nur eine *Genossenschaft* (Föderalität) enthalten müsse; eine Verbündung, die zu aller Zeit aufgekündigt werden kann, mithin von Zeit zu Zeit erneuert werden muß" (VI, 344). Dieser Bund ist ein Schutzbündnis, ein Bündnis zur Kriegsverhinderung und gemeinsamen Verteidigung. Kant nennt ihn auch „Friedensbund", da er nicht „bloß einen Krieg", sondern „alle Kriege auf immer zu endigen" beabsichtigt. „Dieser Bund geht auf keinen Erwerb irgend einer Macht des Staats, sondern lediglich auf Erhaltung und Sicherung der *Freiheit* eines Staats für sich selbst und zugleich anderer verbündeten Staaten, ohne daß diese doch sich deshalb (wie Menschen im Naturzustande) öffentlichen Gesetzen und einem Zwange unter denselben unterwerfen dürfen" (VIII, 356)[2].

Damit ist nicht die Idee der Weltrepublik diskreditiert, sondern nur deutlich gemacht, dass keine Überwindung des „Naturzustandes der Völker" rechtlich möglich ist, die sich auf einen im Fall der Überwindung des interindividuellen Naturzustandes legitimen Beitrittszwang stützt. Hier kann es nur den „freien Föderalismus" geben im Sinne eines „Surrogats" eines weltweiten und alle Völker umspannenden bürgerlichen Gesellschaftsbundes. „Für Staaten im Verhältnisse unter einander kann es nach der Vernunft keine andere Art geben, aus dem gesetzlosen Zustande, der lauter Krieg enthält, herauszukommen, als daß sie eben so wie einzelne Menschen ihre wilde (gesetzlose) Freiheit aufgeben, sich zu öffentlichen Zwangsgesetzen bequemen und so einen (freilich immer wachsenden) *Völkerstaat*…, der zuletzt alle Völker der Erde befassen würde, bilden. Da sie dieses aber nach ihrer Idee vom Völkerrecht durchaus nicht wollen…, so kann an die Stelle der positiven Idee einer *Weltrepublik* (wenn nicht alles verloren werden soll) nur das negative Surrogat eines den Krieg abwehrenden, bestehenden und sich immer ausbreitenden *Bundes* den Strom der rechtscheuenden, feindlichen Neigungen aufhalten" (VIII, 357).

4.2   Der ewige Frieden

Eine vollkommene zwischenstaatliche Friedensordnung impliziert einen weltöffentlichen Rechtszustand; in ihm ist „die Idee eines zu errichtenden öffentlichen Rechts der Völker, ihre Streitigkeiten auf civile Art, gleichsam durch einen Proceß,

---

2   Im Sprachgebrauch der Zeit Kants hat ‚dürfen' im Kontext einer ‚ohne daß'-Klausel die Bedeutung von ‚brauchen' bzw. ‚müssen'; der Satz ist also zu lesen: „ohne daß diese doch sich … unterwerfen müssen".

nicht auf barbarische (nach Art der Wilden), nämlich durch Krieg, zu entscheiden, realisirt" (VI, 351). Mit der Forderung nach einem ewigen, d. h. gegen jeden Rückfall in einen zwischenstaatlichen Natur- und Kriegszustand gefeiten Frieden leistet sich die Rechtsphilosophie keine utopische Überschwänglichkeit. Der ewige Friede ist das „letzte Ziel des ganzen Völkerrechts" (VI, 350). Die Rechtsphilosophie kulminiert notwendig in der Forderung nach diesem „höchsten politischen Gut" (VI, 355). Ohne diesen Schlussstein bliebe das ganze Argumentationsgebäude ein Provisorium. In der Forderung des ewigen Friedens erweist sich die Rechtsvernunft nicht als phantastisch, sondern als konsequent.

Eine wesentliche Bedingung eines dauerhaften zwischenstaatlichen Friedenszustandes ist, dass alle Staaten Republiken werden. Aufgrund der Verklammerung von innerstaatlicher Herrschaftsorganisation und außenpolitischem Verhalten ist nach einer Verfassung zu suchen, die Kriegsfeindlichkeit gewährleistet, die aus strukturellen Gründen pazifistisch ist. Und das gilt nach Kant für die republikanische Verfassung. Das Argument, das Kant für die Friedensfreundlichkeit, für den strukturellen Pazifismus der republikanischen Verfassung anführt, ist klar und einfach: „Wenn (wie es in dieser Verfassung nicht anders sein kann) die Beistimmung der Staatsbürger dazu erfordert wird, um zu beschließen, ob Krieg sein solle, oder nicht, so ist nichts natürlicher, als daß, da sie alle Drangsale des Krieges über sich selbst beschließen müßten […], sie sich sehr bedenken werden, ein so schlimmes Spiel anzufangen" (VIII, 351). Das Argument macht wohlgemerkt nicht von pazifistischen Überzeugungen oder einem Gerechtigkeitssinn oder sonstigen moralisch anspruchsvollen Motivationslagen Gebrauch; es stützt sich nur auf Rationalität und Selbstinteresse. Wenn die Menschen in der Lage sind, als autonome Staatsbürger ihre allgemeinen Angelegenheiten gemeinsam zu beraten und zu beschließen, dann werden sie von jedem Krieg Abstand nehmen, denn sie werden die Kosten bedenken, die für sie alle und damit für einen jeden mit der Führung eines Krieges verbunden sind, und dann werden sie sofort wissen, dass es nicht in ihrem Interesse sein kann, die Lasten eines Krieges zu tragen.

Die republikanische Verfassung ist die Verfassung der politischen Selbstbestimmung; sie erhebt den Untertanen in den Rang eines Bürgers, verwandelt politische Heteronomie in politische Autonomie. Während der Untertan in nicht-republikanischen Verfassungen stumm bleibt, können die sich als Freie und Gleiche wechselseitig anerkennenden Bürger in Wahrnehmung ihrer staatsbürgerlichen Autonomie, im Rahmen einer allgemeinen rechtlichen Willensbildung ihre Interessen zur Geltung bringen. Und einen Krieg zu beginnen und zu führen, kann nicht im Interesse der Bürger sein. Deshalb ist die republikanische Verfassung eine friedensfunktionale Verfassung; deshalb darf von republikanisch verfassten Gemeinwesen erwartet werden, dass sie einem ewigen Frieden zwischen den Staaten entgegenkommen.

Kants Konzept des zwischenstaatlichen Friedens unterscheidet sich beträchtlich von dem hobbesianischen Friedensmodell. Während Kant den Frieden durch
rechtliche Überwindung des zwischenstaatlichen Naturzustandes erreichen will,
sucht Hobbes nach einem Frieden im zwischenstaatlichen Naturzustand, nach
einem Modell der Verwaltung des zwischenstaatlichen Naturzustandes und der
Hege und Pflege der Kriegsabwesenheit. Sein Friedenskonzept baut auf den Ele-
menten auf, auf die sich auch der individuelle Naturzustandsbewohner bei seiner
Überlebensstrategie stützt; sie lassen sich alle auf den Nenner des sich bewaffnenden
rationalen Misstrauens bringen, dessen Rationalitätsmaximum in der Anerkennung
der Berechtigung des Misstrauens der anderen zu finden ist. Damit muss eben das
Instrument, das den Individuen nicht ausreichend erschien, unter Naturzustandsbedingungen Koexistenz zu gewährleisten, nach Hobbes für den Staat hinreichend
sein, um sich mit anderen in einem Zustand der Kriegsabwesenheit zu etablieren.

Kerngedanke dieses Konzepts ist es, den Krieg dadurch abzuhalten, dass man
die Aufhebung des kriegslosen Zustandes für jeden, der damit beginnen könnte,
so teuer macht, dass sich vernünftigerweise damit kein Gewinn mehr verbinden
lässt. Der Kerngedanke ist also die Abschreckungsbalance, die zu stabilisieren eine
stete Nachrüstungsbereitschaft nötig ist, die ihrerseits, um nicht Gefahr zu laufen,
zu spät zu kommen, notwendigerweise zu einer Vorrüstungsbereitschaft tendiert,
so dass die Abschreckungsbalance selbst die Rüstungsspirale aus sich hervortreibt.
Kant basiert die Friedensordnung nicht auf einem kriegsverhindernden Abschre-
ckungsgleichgewicht, sondern auf einer Rechtsordnung. Kants Friedenskonzept ist
eine säkularisierte Version der traditionellen, das klassische wie das mittelalterliche
politische Denken regierenden Verbindung von *pax* und *iustitia*, von Friede und
Gerechtigkeit. Es behauptet einen Zusammenhang von innerstaatlicher Gerechtigkeit
und zwischenstaatlicher Friedlichkeit und führt letztere auf ein Konfliktregelungs-
system nach Maßgabe vernunftrechtlicher Bestimmungen zurück.

4.3   Die Verfassung der *Pax Kantiana*

Kant unterscheidet drei völkerrechtliche Organisationsformen. Da ist zum einen
das Weltstaatsmodell. Es stellt eine leviathanische Lösung des Weltfriedenspro-
blems dar: Indem der Weltstaat das Hobbessche Pluriversum durch Absorption
aller Einzelstaaten in einen einzigen verbleibenden Staat aufhebt, weist er einen
radikalen Ausweg aus allen völkerrechtlichen Schwierigkeiten. Da ist zum anderen
die genau gegensätzliche konföderative Lösung, die zu einer Vertragsgemeinschaft
souveräner Staaten führt, die selbst keine institutionellen Elemente von Staatlichkeit aufweist und im institutionell unbefestigten, moralischen Schwebezustand

reiner Verabredung verbleibt. Und da ist drittens der Verfassungstyp, den Kant als „Staatenverein", als „Republik freier verbündeter Völker" (VI, 34/Anm.) bezeichnet. Charakteristisch für dieses völkerrechtliche Organisationsmodell ist, daß es Elemente supranationaler Staatlichkeit einschließlich effektiver Institutionen für die Durchsetzung des internationalen Rechtsfriedens auf der Grundlage einvernehmlicher und partieller Souveränitätsverzichte der Mitgliedsstaaten umfasst.

Kant lehnt das Weltstaatsmodell aus pragmatischen Gründen ab, teils weil er von einem Weltstaat einen unwiderstehlichen Despotismus befürchtet, der die Welt in einen „Kirchhof der Freiheit" (VIII, 367) verwandeln würde, teils weil er ihn für unregierbar hält. Kant verwirft aber auch das Modell der Völkerrepublik. Allein im Völkerbund erblickt er einen angemessenen Weg, die zwischenstaatliche Friedensaufgabe anzugehen. Zwar gibt er zu: „Für Staaten im Verhältnisse unter einander kann es nach der Vernunft keine andere Art geben, aus dem gesetzlosen Zustande, der lauter Krieg enthält, herauszukommen, als daß sie eben so wie einzelne Menschen ihre wilde (gesetzlose) Freiheit aufgeben, sich zu öffentlichen Zwangsgesetzen bequemen und so einen (freilich immer wachsenden) Völkerstaat…, der zuletzt alle Völker der Erde befassen würde, bilden" (VIII, 357). Jedoch kann der Übergang vom Naturzustand zum Einzelstaat nicht als Muster für den Übergang vom Naturzustand der Völker zu einer Weltfriedens-und Weltgerechtigkeitsordnung dienen. Die Gründung eines Weltstaates, einer Weltrepublik würde dem für die innerstaatliche Friedensstiftung unerlässlichen staatlichen Souveränitätsrecht widersprechen.

Die Unantastbarkeit der einzelstaatlichen Souveränität führt somit nicht nur zum völkerrechtlichen Schutz interventionsfreier politischer Selbstbestimmung, sie verhindert auch die Etablierung internationaler und suprastaatlicher Institutionen. Es ist den Staaten rechtlich unmöglich, freiwillig auf Souveränitätsteile zu verzichten. Übertragungen hoheitlicher Kompetenzen an internationale Institutionen, denen dadurch begrenzte supranationale Staatlichkeit zuteil würde, verurteilt Kant als Selbstverletzung der Souveränität, als staatsrechtliche Annihilation des Staates. Den Staaten ist es strikt untersagt, jeder für die Etablierung einer effizienten zwischenstaatlichen Friedensordnung notwendigen Souveränitätsschmälerung zuzustimmen, da Kant wie Hobbes die zwischenmenschlich-innerstaatliche Friedensstiftung unauflöslich mit dem absolutistischen Souveränitätsschema verknüpft. Das Dogma der einzelstaatlichen Souveränität reduziert die Möglichkeiten einer zwischenstaatlichen Rechtsordnung somit auf die organisationstechnisch unverbindlichste und machtpolitisch schwächste Option des vertraglich vernetzten Föderalismus. Damit gerät die Rechtsvernunft in eine missliche Lage: was sie einerseits um des Rechts willen gebieten muss, die Errichtung eines Völkerstaats, muss sie andererseits um des Rechts willen für unmöglich erklären. Das Institutionalisierungsgebot des

Vernunftrechts kann seiner Globalisierung nicht folgen. Auf der letzten Etappe, auf der alles Provisorische endgültig ins Peremtorische verwandelt werden sollte, muss der eine solche Verwandlung allein ermöglichende Institutionalisierungs- und Verstaatlichungsprozess abgebrochen werden.

Die „positive Idee der Weltrepublik" mit einem hohen rechtlichen Institutionalisierungs- und politischen Organisationsgrad weicht dem „negativen Surrogat" eines vertraglich verflochtenen Staatenbundes (VIII, 357), ohne alle institutionelle Verankerung und politische Struktur. Wenn das die Staaten multilateral verbindende Vertragswerk aufgrund auftauchender Konflikte zusammenbricht, ist die friedensgarantierende Wirkung des Völkerbundes beendet, denn die Konföderierten haben keinerlei institutionelle Vorkehrungen für den Fall des Zusammenbruchs vertraglicher Vereinbarungen getroffen. Es gibt hier keine überstaatlichen Entscheidungsgremien, keinen internationalen Gerichtshof, erst recht keine international organisierte Macht, die internationalen Beschlüssen Geltung verschaffen könnte, keinen institutionellen Rahmen, in dem sich ein in den Einzelstaaten legitimatorisch verankerter internationaler politischer Wille bilden und agieren könnte. Damit ist deutlich, dass Kants Völkerbund den Naturzustand der Völker noch nicht verlassen hat, denn den Naturzustand kann man nicht durch kontingente rechtliche Verabredungen, sondern nur durch die Institutierung rechtsschützender Staatlichkeit überwinden. Der Völkerbund stellt als fragile und transitorische, aller Staatlichkeit entbehrende Vertragsgemeinschaft eine wenig taugliche Organisationsform für die Verwirklichung des globalen Rechtsfriedens dar.

Aus der Perspektive ihres abschließenden Lehrstücks betrachtet entdeckt sich Kants Rechtsphilosophie also als merkwürdig gespalten; die beiden Ebenen der normativen Prinzipien und ihrer institutionellen Implementierung klaffen ungebührlich weit auseinander. Dort, wo die Explikation des Rechtsbegriffs kulminiert, hört merkwürdigerweise das Recht selbst auf, so dass ausgerechnet die Realisierung seiner Vollendungsgestalt einer rechtstranszendenten, moralischen, herrschaftsfreien und mit keinen Zwangsmitteln versehenen Assoziationsform übertragen wird. Die die Verrechtlichung der zwischenmenschlichen Verhältnisse ermöglichenden Staaten vermögen selbst nicht ihre Beziehungen in eine rechtliche Ordnung zu bringen; sie verbleiben im Medium moralischer Verabredungen und müssen sich folglich mit einem Zustand zufriedengeben, den der Kontraktualismus seit je als unzureichende Lösung menschlicher Kooperationsprobleme verworfen hat. Obgleich der zwischenmenschliche und der interstaatliche Zustand sich strukturell gleichen, Kant keineswegs gezögert hat, die Staaten als personenanaloge Akteure anzusprechen, gibt es in seiner Rechtsphilosophie keine Parallelität von binnenstaatlichen und zwischenstaatlichen Rechtsstrukturen. Der Vertrag, um den im staatsphilosophischen Kontraktualismus der politischen Philosophie der Neuzeit alles kreist, der Vertrag, der Institutionen, Strukturen und Staatlichkeit erzeugt, kann nicht zum Zwecke einer philosophischen Begründung von Weltfriedensinstitutionen herangezogen werden. Der Souveränitätsverzicht der Individuen, der die Macht des Staates konstituierte und die staatlichen Institutionalisierungserfolge erst ermöglichte, kann nicht durch einen angemessenen Souveränitätsverzicht der Staaten zugunsten einer zwangsbewehrten zwischenstaatlichen Rechtsordnung vervollständigt werden.

Nach Kant wäre ein Völkerstaat „Widerspruch: weil ein jeder Staat das Verhältniß eines Oberen (Gesetzgebenden) zu einem Unteren (Gehorchenden), nämlich dem Volk) enthält, viele Völker aber in einem Staate nur ein Volk ausmachen würden, welches (da wir hier das Recht der Völker gegen einander zu erwägen haben, so fern sie so viel verschiedene Staaten ausmachen und nicht in einem Staat zusammenschmelzen sollen) der Voraussetzung widerspricht" (VIII, 354). Diese Widerspruchsthese ist jedoch nicht zwingend. Sie überzeugt nur, wenn wir uns auf die Annahme verständigen, dass Staaten dann aufhören, Staaten zu sein, und unfähig werden, ihrer ihnen als Staaten zukommenden internen Rechtssicherungsaufgabe wirksam nachzukommen, wenn sie auf Teile ihrer Souveränität verzichten. Aber diese Unterstellung ist unvernünftig. Was hindert uns, ein gestaffeltes Souveränitätskonzept anzuwenden und den Friedensimperativ der reinen Rechtsvernunft als Aufforderung zu konkretisieren, durch geeignete Teilsouveränitätsverzichte zwischen und über den Staaten ein institutionelles politisches System zu etablieren, das die Rechtlosigkeit zwischen den Staaten beendet und ein gesetzmäßiges äußeres Staatenverhältnis errichtet? Die strikte Beschränkung auf die Funktionen der internationalen Rechtssicherung zerstreut die Befürchtung, dass ein Abrücken von der festgefügten nationalen Staatlichkeit durch bestimmte anteilige Kompetenzverlagerung auf transnationale Institutionen eine Gefahr für die politische und kulturelle Selbstbestimmung der einzelnen Staaten bedeuten müsste.

Literatur

Kersting, W. (1984). „Wohlgeordnete Freiheit". Immanuel Kants Rechts- und Staatsphiloso-
    phie. Berlin: De Gruyter.
Kersting, W. (2007). „Wohlgeordnete Freiheit". Immanuel Kants Rechts- und Staatsphilosophie.
    3., erw. und bearb. Auflage. Paderborn: Mentis.
Kersting, W. (2004). Kants über Recht. Paderborn: Mentis.

Vom Naturzustand zur bürgerlichen Gesellschaft. Das Erbe von Hobbes

3

Christine Bratu

1   Einleitung

In seiner Schrift *Über den Gemeinspruch: Das mag in der Theorie richtig sein,*
taugt aber nicht für die Praxis von 1793 nimmt Kant zum ersten Mal dezidiert
Stellung zu der Frage, wie der „bürgerliche Zustand" (VIII, 290), d. h. wie der Staat
vernünftigerweise verfasst sein sollte[1]. Seine Überlegungen zu dieser Frage tragen
den Untertitel „Gegen Hobbes" (VIII, 289), so dass man eine ausführliche Auseinandersetzung mit dem großen englischen Staatstheoretiker des 17. Jahrhunderts
erwartet – doch diese folgt nicht[2]. Tatsächlich kommt Kant erst in der „Folgerung"
und auch dort nur kurz auf Hobbes zu sprechen (vgl. VIII, 297). Und so, wie Kant
sich hier äußert, kann man den Eindruck erhalten, dass es zwischen den beiden
Autoren nur einen einzigen Streitpunkt gibt: Hobbes zufolge ist „das Staatsoberhaupt
durch Vertrag dem Volke zu nichts verbunden, und kann dem Bürger nicht Unrecht
tun (er mag über ihn verfügen was er wolle)", während Kant davon überzeugt ist,
dass der Bürgerschaft „die Freiheit der Feder" (VIII, 305), d. h. die Meinungs- und
Publikationsfreiheit nicht rechtmäßig abgesprochen werden könne. Auf den ersten Blick scheint es also, als würde sich Kant nur in einem Punkt gegen Hobbes

---

1   Kants ausgearbeitete politische Philosophie findet sich in der *Abhandlung: Zum ewigen*
Frieden von 1795 und insbesondere in der *Rechtslehre* in der *Metaphysik der Sitten* von
1797. Vor dem *Gemeinspruch* stellt Kant bereits Überlegungen zur Frage der Meinungsfreiheit an in der *Beantwortung der Frage: Was ist Aufklärung* von 1783.

2   Gabriella Slomp führt aus, was die Gründe dafür gewesen sein könnten, dass sich Kant
gerade Hobbes als argumentativen Gegner aussucht, vgl. Slomp 2007, S. 208-211. Nach
Slomp will Kant vor allem Hobbes' Vorstellung kritisieren, dass Gesetze nur den Willen
des Souveräns zum Ausdruck bringen (und nicht allgemein zustimmbar sein) müssen.
Dies wird auch in meiner Analyse den Hauptunterschied zwischen den Autoren ausmachen.

wenden, nämlich in der Frage, welche Ansprüche die Bürgerschaft in einem bereits etablierten bürgerlichen Zustand dem Staatsoberhaupt gegenüber erheben darf.

Verschiedene Autoren haben bereits bemerkt, dass es sich bei diesem Dissens nicht um den einzigen und auch nicht um den grundlegenden Streitpunkt zwischen Kant und Hobbes handelt. Für Patrick Riley ist bspw. klar, dass „Kant's anti-Hobbesianism is far wider and deeper than is evident in *Theory and Practice*"[3], und auch Paul Guyer sieht in der Frage der legitimen Ansprüche der Bürgerschaft „only the tip of the iceberg of what is really a profound difference"[4] zwischen Kant und Hobbes. Im Folgenden werde ich genauer ausarbeiten, worin die grundlegende Differenz zwischen beiden Denkern besteht: Zum einen hält Kant Hobbes' Vorgehen für falsch. Denn während Hobbes glaubt, dass die Schaffung einer souveränen Staatsgewalt im Lichte unseres Eigeninteresses, genauer gesagt unseres ausschlaggebenden Interesses an Sicherheit gerechtfertigt ist, ist Kant der Auffassung, dass wir aus moralischen Gründen darauf festgelegt sind, uns zu einer bürgerlichen Gesellschaft zusammenzuschließen. Dieses umfassendere, weil moralische Fundament spiegelt sich im Weiteren in der institutionellen Ausgestaltung des Staates wider, für dessen Schaffung Kant plädiert. Doch Kants Einwände gegen Hobbes erschöpfen sich nicht darin, sein Vorgehen und also die normativen Prämissen anzuzweifeln, die Hobbes in seiner politischen Philosophie voraussetzt. Zudem lässt sich mit Kant bestreiten, dass der absolutistische Staat, der Hobbes vorschwebt, vor dem Hintergrund von Hobbes' eigenen Annahmen gerechtfertigt ist. Würden Menschen ausschließlich ihrem Eigeninteresse folgen, würde dies nämlich Kant zufolge in einem Staat resultieren, der seinem viel ähnlicher wäre als dem, für den Hobbes argumentiert. Kant unterstellt dem Menschen in seiner politischen Philosophie also zudem ein anderes ausschlaggebendes Interesse als Hobbes.

Im Folgenden werde ich darlegen, inwiefern Kant und Hobbes ihre politikphilosophischen Entwürfe auf unterschiedlichen normativen Fundamenten aufbauen (2.1.) und zu welchen Differenzen dies bei der konkreten Ausgestaltung der staatlichen Strukturen, für die sie plädieren, führt (2.2.). Zudem werde ich zeigen, dass beide Autoren dem Menschen in politischen Fragen ein unterschiedliches ausschlaggebendes Interesse unterstellen und welche Implikationen dies hat (3). Abschließend (4) werde ich zu der Passage zurückkehren, die am Anfang dieses Aufsatzes steht, und diskutieren, ob Kant der Bürgerschaft ausgehend von der umfassenderen moralischen Basis, die er seinen politikphilosophischen Überlegungen zugrunde legt, nicht weiterreichende Ansprüche gegenüber Staat und Souverän einräumen sollte als er es im *Gemeinspruch* mit der Freiheit der Feder tut. Hier werde ich deutlich

---

3   Riley 2007, S. 194.
4   Guyer 2012, S. 93.

machen, was für Kants Zurückhaltung spricht, selbst wenn diese insgesamt dazu führt, dass seine Überlegungen etwas realitätsfern erscheinen.

2 Das normative Fundament der bürgerlichen Gesellschaft und seine konkrete Ausgestaltung

Wie bereits in der Einleitung deutlich gemacht, besteht der grundlegende Unterschied zwischen Kant und Hobbes darin, dass erster umfassendere Annahmen dazu macht, welche Gründe für die Schaffung einer bürgerlichen Gesellschaft sprechen. *Denn während Kant glaubt, dass vernünftige Personen moralisch dazu verpflichtet sind, sich in Staaten zusammenzuschließen[5], sollten sie dies nach Hobbes deswegen tun, weil es ihrem Interesse dienlich ist.* Dieser Unterschied im normativen Fundament spiegelt sich dann in der Verfasstheit der Staaten wider, für welche die Autoren im Weiteren argumentieren. Während Kant für einen gewaltenteilig und republikanisch verfassten Staat plädiert, in dem die Bürger[6] frei, gleich und selbstständig sind, spricht sich Hobbes für eine alleinherrschende Instanz aus, die alle Befugnisse auf sich vereint. Diese Unterschiede will ich im Folgenden herausarbeiten, indem ich zuerst die verschiedenen Argumentationsweisen für die bürgerliche Gesellschaft betrachte (2.1.) und dann untersuche, für welche konkrete Ausgestaltung derselben diese sprechen (2.2.).

2.1 Das normative Fundament der bürgerlichen Gesellschaft

Bereits im *Gemeinspruch* äußert Kant die Auffassung, „daß die bürgerliche Verfassung ein Verhältnis freier Menschen ist, [...] weil die Vernunft selbst es so will, und zwar die reine a priori gesetzgebende Vernunft, die auf keinen empirischen Zweck (dergleichen alle unter dem allgemeinen Namen Glückseligkeit begriffen worden) Rücksicht nimmt" (VIII, 290). D. h. Kant zufolge gilt es, eine bürgerliche Verfassung

---

5   Riley behauptet etwa, dass „Kant's whole system [...] works if his moral philosophy works, *since politics only creates a context for morality*" (Riley 1982, S. 131, meine Hervorhebung).

6   In diesem Text verwende ich das generische Maskulinum. Grund hierfür ist, dass sowohl Hobbes als auch Kant in ihren politikphilosophischen Schriften häufig nur über Männer schreiben und insbesondere nur Männern den vollen Bürgerstatus zusprechen. Ich passe daher – schweren Herzens – meinen Stil dem der Autoren an.

zu schaffen, nicht weil die Bürgerschaft dadurch glücklich wird, sondern weil dies vernünftig ist. Diese Auffassung findet sich später wieder in der *Rechtslehre*, in der Kant behauptet, dass ein Staat als eine Vereinigung von Menschen unter Rechtsgesetzen „a priori, d. i. aus Begriffen des äußeren Rechts überhaupt" (VI, 313) folgt. Doch warum glaubt Kant, dass die Bildung von Staaten ein Gebot der Vernunft sei? Und inwiefern hängen Staat und Recht zusammen? Diese Annahmen müssen begründet werden, doch im *Gemeinspruch* führt Kant diese Begründung nicht aus. Sie kann aber nachgeliefert werden, indem man verschiedene grundlegende Überlegungen aus Kants praktischer Philosophie heranzieht.

Nach der *Kritik der praktischen Vernunft* sind vernünftige Menschen durch das „*Grundgesetz der reinen praktischen Vernunft*" gebunden (V, 30). Dieses lautet bekanntermaßen: „Handle so, daß die Maxime deines Willens jederzeit zugleich als Prinzip einer allgemeinen Gesetzgebung gelten könne" (V, 30). Für Wesen, deren Willen ausschließlich durch die praktische Vernunft bestimmt wird, d. h. für Wesen, die immer vernünftig agieren, stellt das Grundgesetz der reinen praktischen Vernunft eine bloße Beschreibung ihres Handelns dar, so wie auch die Naturgesetze physikalischen Entitäten keine Vorschriften dazu machen, wie sie sich verhalten sollen, sondern deren Verhalten lediglich zuverlässig beschreiben. Aber Kant zufolge wird der Mensch nicht ausschließlich von der praktischen Vernunft motiviert, sondern auch durch Neigungen, welche die äußeren Umstände in uns hervorrufen[7]. Für Wesen wie uns stellt das Grundgesetz der reinen praktischen Vernunft daher eine „*Nötigung*" (IV, 413) dar, die die Gestalt eines Imperativs annimmt. Dass es sich bei diesem Imperativ um einen kategorischen handelt – d. h. um einen Befehl, dem wir bedingungslos und damit immer zu folgen haben – zeigt sich bereits an dessen Formulierung. Denn der Gegenstandsbereich, für den Kant obiges „Handle so" formuliert, ist durch keinerlei Spezifizierung (etwa auf das gegenseitige Miteinander) eingeschränkt. Da der kategorische Imperativ Kant zufolge das Grundgesetz der reinen praktischen Vernunft zum Ausdruck bringt, muss dieser maximale Geltungsanspruch auch nicht verwundern. Denn in welchem Bereich menschlichen Lebens könnte es schon vernünftig sein, unvernünftig zu handeln?

Was genau es heißt, so zu handeln, dass die Maxime der eigenen Handlung Prinzip einer allgemeinen Gesetzgebung sein könnte, ist zweifellos einer der wichtigsten Streitpunkte bezüglich Kants praktischer Philosophie. Bereits in der *Grundlegung* versucht Kant, dies durch den Hinweis auf zwei Arten der Verallgemeinerbarkeit (Denkbarkeit vs. Wünschbarkeit, vgl. IV, 424) sowie durch die weiteren Formeln des kategorischen Imperativs weiter auszubuchstabieren. Die Spezifizierung, die für Kants politische Philosophie relevant ist, erfolgt aber erst in der *Metaphysik*

---

7   Vgl. z. B. *Grundlegung zur Metaphysik der Sitten*, IV, 413-414.

der Sitten. Hier behauptet Kant, dass das Grundgesetz der reinen praktischen Vernunft im Bereich dessen, was wir uns wechselseitig schulden[8], d. h. im Bereich des wechselseitigen Miteinanders, die Gestalt des *allgemeinen Rechtsgesetzes* annimmt: „[H]andle äußerlich so, daß der freie Gebrauch deiner Willkür mit der Freiheit von jedermann nach einem allgemeinen Gesetze zusammen bestehen könne" (VI, 231). Der entscheidende Unterschied zwischen kategorischem Imperativ und allgemeinem Rechtsgesetz ist dabei der folgende: Während uns der kategorische Imperativ dazu auffordert, die Verallgemeinerbarkeit *der Maxime* zu überprüfen, begnügt sich das Rechtsgesetz damit, die Verallgemeinerbarkeit des freien Gebrauchs unserer Willkür, d. h. *der Handlung* selbst zu verlangen. Damit ist das Rechtsgesetz eine Abschwächung des kategorischen Imperativs, weil es nicht die Gründe hinter einer Handlung, sondern lediglich deren beobachtbare Manifestation untersucht[9].

Der Grund, aus dem Kant die Abschwächung des kategorischen Imperativs zum Rechtsgesetz vornimmt, hat etwas mit dem Gegenstandsbereich zu tun, welchen das Rechtsgesetz reguliert, also mit dem Bereich des wechselseitigen Miteinanders. Kennzeichnend für diesen ist, dass Menschen hier, wie Kant sagt, „als Facta aufeinander (unmittelbar oder mittelbar) Einfluß haben" (VI, 230), d. h. dass Menschen durch ihre Handlungen aufeinander einwirken. Genauer gesagt beeinflussen sich die Handelnden wechselseitig in ihrer äußeren Freiheit, indem sie einander durch ihr Tun weitere Handlungen möglich oder unmöglich machen. Doch während Personen durch ihre Handlungen wechselseitig auf ihre weiteren Handlungsmöglichkeiten und damit auf ihre Freiheit Einfluss nehmen können, sind die Gründe, aus denen sie dies tun, für niemanden einzusehen. Dass uns Handlungsgründe immer opak bleiben (vgl. IV, 419), spricht dafür, im Bereich des wechselseitigen Miteinanders den kategorischen Imperativ zum Rechtsgesetz abzuschwächen. Denn Kant glaubt, dass Sollen Können impliziert (vgl. VIII, 370), und angesichts der Tatsache, dass wir Handlungsgründe nicht einsehen und die Beachtung der richtigen Gründe nicht erzwingen können, sollten wir dies auch nicht fordern. Im Bereich des wechselseitigen Miteinanders muss es also ausreichen, das zu prüfen, was einseh- und erzwingbar ist, nämlich, ob die Handlungen selbst verallgemeinerbar sind. Diese Prüfung findet durch das Rechtsgesetz statt.

---

8 Thomas Scanlon hat mit seinem Werk *What We Owe to Each Other* die treffende Bezeichnung des Bereichs des wechselseitigen Miteinanders als dessen, was wir uns wechselseitig schulden, geprägt (vgl. Scanlon 2000).

9 Man könnte – um weiteres Kant'sches Vokabular zu verwenden – auch sagen, dass das Rechtsgesetz lediglich prüft, ob eine Handlung pflichtgemäß war, nicht aber, ob sie zudem aus Pflicht erfolgt ist (vgl. IV, 398), bzw. dass es Handlungen auf ihre Legalität, nicht aber auf ihre Moralität hin befragt (vgl. VI, 219).

Bisher habe ich gezeigt, wie sich der kategorische Imperativ im Kontext des wechselseitigen Miteinanders zum Rechtsgesetz abschwächt. Da der kategorische Imperativ aber laut Kant nicht nur das Grundgesetz der reinen praktischen Vernunft, sondern auch das Sittengesetz ist (vgl. IV, 416), ist es also nicht nur vernünftig, sondern auch sittlich, d.h. moralisch geboten, im Bereich des wechselseitigen Miteinanders dem Rechtsgesetz zu folgen. Doch wie hängt das mit meiner Ausgangsthese zusammen, wonach Kant behauptet, dass wir aus moralischen Gründen eine bürgerliche Gesellschaft etablieren müssen? Auch dieser Zusammenhang wird erst in der *Rechtslehre* geklärt. Hier schreibt Kant:

> [D]u sollst, im Verhältnisse eines unvermeidlichen Nebeneinanders, mit allen anderen, aus jenem [dem vorstaatlichen Zustand, CB] heraus, in einen rechtlichen Zustand, d.h. den einer austeilenden Gerechtigkeit, übergehen. – Der Grund davon läßt sich analytisch aus dem Begriffe des *Rechts*, im äußeren Verhältnis, im Gegensatz der *Gewalt* (violentia) entwickeln (VI, 307).

Nach Kant liegt also ein analytischer Zusammenhang zwischen Recht und Staat vor. Kern von Kants Verbindung zwischen Rechtsgesetz und bürgerlicher Gesellschaft ist die Einsicht, dass es im vorstaatlichen Zustand zum gewaltsamen Streit um angeeignete Güter kommen muss. Die Aneignung von Gütern ist Kant zufolge bereits außerhalb des Staates möglich (vgl. VI, 258-260), doch ohne ein staatlich sanktioniertes Rechtssystem wird sich im Naturzustand nicht befriedigend klären lassen, wer was benutzen darf, falls Meinungsverschiedenheiten aufkommen. Denn im Naturzustand gibt es keinen kompetenten Richter (vgl. VI, 312), so dass die Streitparteien ihren Zwist untereinander beilegen müssen, wobei jede die andere im Verdacht haben wird, sich ungerechte Vorteile erschleichen zu wollen. Um zu einem abschließenden Urteil zu kommen, dass alle Parteien als rechtens akzeptieren können, braucht es daher eine unabhängige Justiz, die zudem ihre Urteile durchsetzen kann. Diese zu schaffen ist umso dringlicher, als für Kant das Fehlen einer Rechtsordnung bereits „ein Zustand des Krieges [...], d.i. wenn gleich nicht immer ein Ausbruch der Feindseligkeiten, doch immerwährende Bedrohung mit denselben" (VIII, 348-9) ist. Für Kant ist „die Vereinigung einer Menge von Menschen unter Rechtsgesetzen" aber nichts anderes als „[e]in Staat (civitas)" (VI, 313); daher kommt die Etablierung eines Rechtssystems in seinen Augen der Schaffung einer bürgerlichen Gesellschaft gleich. Kant behauptet also nicht, dass es im vorstaatlichen Zustand keine Rechte und Pflichten gibt. Aber er weist darauf hin, dass es ohne staatlich gesicherten Rechtsweg schwierig sein wird, herauszufinden, wer welches Recht und welche Pflicht hat, und dass diese Situation für die Individuen bedrohlich ist.

Kants Argumentation für die Notwendigkeit des Staates erinnert damit an die eines anderen Vertragstheoretikers, nämlich John Lockes. Denn auch für Locke ist es „[d]as Fehlen eines gemeinsamen, mit Autorität ausgestatteten Richters", welches „alle Menschen in einen Naturzustand" versetzt (vgl. Locke 2006, S. 207) und letztlich dafür spricht, eine bürgerliche Gesellschaft zu erschaffen. Zusammenfassend lässt sich Kants Überlegung zum normativen Fundament der bürgerlichen Gesellschaft folgendermaßen darstellen: Im Naturzustand gibt es keine unabhängige Justiz, daher herrscht Rechtsunsicherheit. Rechtsunsicherheit kommt einer permanenten Bedrohung gleich. Damit wird es schwierig, das zu tun, was im Bereich des wechselseitigen Miteinanders eigentlich moralisch geboten wäre, nämlich das Rechtsgesetz zu befolgen. Einen Staat zu schaffen hieße, die Rahmenbedingungen zu etablieren, um die Einhaltung des Rechtsgesetzes zu ermöglichen. Denn ein Staat ist die Vereinigung von Menschen unter dem Rechtsgesetz. Also können wir nur dadurch, dass wir einen Staat schaffen, gewährleisten, dass wir im Bereich des wechselseitigen Miteinanders das tun können, was moralisch geboten ist. Und da wir nach Kant zudem darauf festgelegt sind, das für einen Zweck „unentbehrlich notwendige Mittel" (IV, 417) zu ergreifen, sind wir also moralisch darauf festgelegt, einen Staat zu erschaffen[10].

Bisher habe ich gezeigt, dass wir Kant zufolge aus moralischen Gründen dazu verpflichtet sind, eine bürgerliche Gesellschaft zu etablieren. Meine These war, dass dies den grundlegenden Unterschied zur politischen Philosophie Hobbes' markiert, auf dem alle weiteren Differenzen aufbauen. Um diese These einzuholen, muss ich nun darlegen, dass für Hobbes andere Gründe für den Staat sprechen als für Kant. Zuerst werde ich zeigen, dass es Hobbes gar nicht möglich ist, moralische Gründe für die Gründung einer bürgerlichen Gesellschaft anzuführen, wenn man wie Kant unter moralischen Gründen solche versteht, die kategorisch und nicht in Abhängigkeit von einem gegebenen Interesse verpflichten. Denn Hobbes zufolge gibt es nichts, was an sich gut oder geboten und mithin kategorisch verpflichtend ist. Wenn Hobbes also ähnlich wie Kant behauptet, dass es ein Gebot der Vernunft sei, Staaten zu bilden, meint er damit lediglich, dass dies im Lichte bestimmter Erwägungen nützlich sei. Nachdem offengelegt ist, dass Hobbes nicht wie Kant moralisch für den Staat argumentieren kann, werde ich klären, inwiefern die Bildung einer bürgerlichen Gesellschaft Hobbes zufolge unserem Eigeninteresse förderlich ist. Dafür werde ich diskutieren, wie nach Hobbes Leidenschaften oder – zeitgenössisch ausgedrückt – Interessen entstehen und welches Interesse vor dem

---

10 Kristie Sweet bringt dieselbe Überlegung folgendermaßen auf den Punkt: „It is, in a strict sense, our *duty* to promote the cause of right; morality makes it necessary to found and promote a civil society and its progress towards justice" (Sweet 2013, S. 144).

Hintergrund von Hobbes' Anthropologie ausschlaggebend sein muss. Schließlich werde ich kurz darlegen, inwiefern dieses Interesse durch die Gründung eines Staates zu befriedigen ist.

Beginnen wir, indem wir Hobbes' metaethische Position untersuchen. Diese kann als Projektionstheorie bezeichnet werden[11], da nach Hobbes Sachverhalte niemals *an sich* gut oder schlecht, ge- oder verboten sind, sondern ihre normative Relevanz nur *in Abhängigkeit* von den Interessen der Person erhalten, die Bezug auf sie nimmt. Im *Leviathan* stellt Hobbes diese Auffassung folgendermaßen dar:

> Was auch immer das Objekt des Triebes oder Verlangens eines Menschen ist: Dieses Objekt nennt er für seinen Teil gut, das Objekt seines Hasses und seiner Abneigung böse und das seiner Verachtung verächtlich und belanglos. Denn die Wörter gut, böse und verächtlich werden immer in Beziehung zu der Person gebraucht, die sie benützt, denn es gibt nichts, das schlechthin und an sich so ist (Hobbes 2000, S. 41).

In *De Homine* bringt Hobbes den Relativismus auf den Punkt, in welchen eine solche Projektionstheorie münden muss: „Gut und Übel sind also relativ je nach den Erstrebenden und Vermeidenden. [...] Denn jedes Gut ist gut für irgendwelche oder irgendeinen Menschen" (Hobbes 1994, S. 22). Hobbes selbst begründet nicht weiter, warum er diese metaethische Auffassung vertritt. Zweifellos passt sie gut in sein materialistisch-mechanistisches Forschungsprogramm, dem zufolge es nichts gibt als *matter in motion*[12]. Aber auch unabhängig von den Gründen, die Hobbes zu dieser Auffassung bewegt haben, gilt: Dass er sie einnimmt, führt dazu, dass sich seine Argumentation für die Staatsbildung fundamental von der Kants unterscheiden muss. Denn Kant behauptet, dass es ein Gebot der *reinen* praktischen Vernunft und damit *unbedingt* geboten ist, sich zu einer bürgerlichen Gesellschaft zusammenzuschließen, während Hobbes bestreitet, dass es so etwas wie unbedingte Gebote überhaupt geben kann. Ob eine Handlung gut oder geboten ist, hängt nach Hobbes davon ab, welche Interessen die Person hat, die die fragliche Handlung erwägt. Ein unbedingtes Gebot zur bürgerlichen Gesellschaft ist also vor dem Hintergrund von Hobbes' Metaethik nicht zu denken, als normatives Maximum

---

11 Vgl. Darwall 1998, S. 90.

12 Vielen scheint es nach wie vor ontologisch fragwürdig, wie sich moralische Eigenschaften in ein materialistisches Weltbild einfügen sollten, da sie intrinsisch normativ sind und also an sich verpflichten. Diese Position vertritt paradigmatisch John Mackie in seinem „argument from queerness" (vgl. Mackie 1990, S. 38-41).

kann Hobbes zugestehen, dass die Staatenbildung geboten ist, weil dadurch die Interessen der beteiligten Personen befördert werden[13].

Doch im Lichte welchen Interesses könnte die Staatenbildung geboten sein? Um dies zu beantworten, will ich nun darstellen, worin menschliche Interessen Hobbes zufolge bestehen und welches davon ausschlaggebend ist. Dabei spiegelt auch Hobbes' Theorie der Leidenschaften seinen Materialismus wider, wonach sich alle Sachverhalte, die es gibt und die philosophisch von Relevanz sind, auf Körper und deren Wechselwirkungen reduzieren lassen (vgl. Hobbes 1994, S. 19). Denn Hobbes zufolge bilden Menschen Leidenschaften aus, weil ihre Umwelt mechanisch auf sie einwirkt. So sind Wahrnehmungen nichts anderes als Empfindungen, deren „Ursache [...] der äußere Körper oder Objekt [ist, CB], der auf das jeder Empfindung entsprechende Organ drückt" (Hobbes 2000, S. 11). Der Druck, der in uns entsteht, indem wir unsere Umwelt wahrnehmen, kann dabei Hobbes zufolge die vitalen Bewegungen (also die biologischen Vorgänge, die unser Überleben sichern, wie etwa unser Blutkreislauf, unser Pulsschlag, unsere Atmung etc.) anregen oder hemmen (vgl. Hobbes 2000, S. 39). Auf ein Objekt, das unsere vitalen Bewegungen hemmt, reagieren wir mit Abneigung, auf ein Objekt, das uns anregt, mit Verlangen, wobei dieser Zusammenhang nach Hobbes naturgegeben ist: „Das erste Gut ist für jeden die Selbsterhaltung. Denn die Natur hat es so eingerichtet, daß alle ihr eigenes Wohlergehen wünschen" (Hobbes 1994, S. 24).

Ausgehend von dieser mechanistischen Theorie der beiden Grundleidenschaften Abneigung und Verlangen lassen sich Hobbes zufolge alle weiteren Leidenschaften herleiten (vgl. Hobbes 2000, S. 42-48). Vor allem aber erklärt seine mechanistische Auffassung der Leidenschaften, warum nach Hobbes der gewaltsame Tod „das Schlimmste von allem ist" (Hobbes 2000, S. 96). Denn nichts wirkt sich so umfassend und unumkehrbar hemmend auf die vitalen Bewegungen einer Person aus wie ihr eigener Tod. Da aber die (auch nur vorgestellte) Hemmung der Lebensbewegung in Abneigung resultiert, muss jede Person gegenüber ihrem eigenen Tod maximale Abneigung empfinden. Für jede Person steht also „unter allen Übeln an erster Stelle der Tod, besonders der Tod unter Qualen" (Hobbes 1994, S. 24)[14]. Den eigenen Tod zu vermeiden oder zumindest herauszuzögern ist mithin das ausschlaggebende Interesse des Menschen.

---

13 Riley behauptet, dass „Kant regards Hobbes's political philosophy as insufficiently metaphysical" (Riley 2003, S. 151). Vor dem Hintergrund meiner Überlegungen zu Hobbes' Metaethik lässt sich diese Behauptung noch weiter spezifizieren: Anders als Kant glaubt Hobbes nicht, dass Sachverhalten unabhängig von den Interessen derer, die auf sie Bezug nehmen, normative Relevanz zukommt.

14 Für eine Diskussion der maximalen menschlichen Abneigung, die diese nicht nur kausal erklärt, sondern auch als rational darstellt, vgl. Kavka 1986, S. 80-82.

Hobbes' anthropologische Überlegungen zum Entstehen von Interessen ermöglichen es ihm nun, für die allgemeine Nützlichkeit des Staates zu argumentieren. Dabei bedient er sich eines Gedankenexperiments, um zu zeigen, dass der Staat das ausschlaggebende Interesse des Menschen befriedigt[15]. Genauer gesagt stellt Hobbes dar, wie sich das Leben der Menschen im sogenannten Naturzustand gestalten würde, d. h. im Zustand vor der Vergesellschaftung durch den Staat. Seine These ist, dass es ohne einen Staat, der Gesetze erlässt und deren Übertretung unter Strafe stellt, zu einem permanenten Bedrohungszustand käme, den er mit einem „Krieg eines jeden gegen jeden" (Hobbes 2000, S. 96) vergleicht. D. h. ohne Staat würde sich nach Hobbes eine Situation einstellen, die dem stärksten Interesse aller Menschen maximal abträglich wäre. Die These vom *bellum omnium contra omnes* ist sicherlich Hobbes' bekannteste, deswegen sei sie an dieser Stelle kurz dargestellt.

Tragend für Hobbes' Gedankenexperiment sind neben der Annahme, dass die Angst vor dem gewaltsamen Tode die stärkste Leidenschaft des Menschen ist, die weiteren Prämissen, dass niemand durch moralische Regeln auf friedliche Kooperation festgelegt ist, dass die zur Sicherung des eigenen Überlebens notwendigen Güter knapp sind, sowie dass sich alle Personen hinsichtlich ihres Bedrohungspotentials gleichen. Die moralische Ungebundenheit der Individuen folgt dabei direkt aus Hobbes' Metaethik. Gibt es nichts, was an sich gut oder verpflichtend ist, kann es auch keine Regeln für den Umgang miteinander geben, an die sich alle Personen unbedingt zu halten haben. Doch wenn im Umgang miteinander nichts unbedingt ge- oder verboten ist, ist alles erlaubt. Hobbes bringt diese Einsicht begrifflich auf den Punkt, indem er den Individuen das natürliche Recht auf alles zuschreibt. Doch dieses Recht ist eben nicht als eines zu verstehen, das Pflichten impliziert und den Berechtigten damit ermöglicht, normative Ansprüche geltend zu machen. Vielmehr handelt es sich beim natürlichen Recht um eine universelle Erlaubnis, genauer gesagt um „die Freiheit eines jeden, seine eigene Macht nach seinem Willen zur Erhaltung […] seines eigenen Lebens […] einzusetzen und folglich alles zu tun, was er nach eigenem Urteil und eigener Vernunft als das zu diesem Zweck geeignetste Mittel ansieht" (Hobbes 2000, S. 99)[16].

---

15 Dass Hobbes den Naturzustand als bloßes Gedankenexperiment verstanden wissen will, kommt bspw. in der folgenden Passage zum Ausdruck: „Vielleicht kann man die Ansicht vertreten, daß es eine solche Zeit und einen Kriegszustand wie den beschriebenen niemals gab, und ich glaube, daß er so niemals allgemein auf der ganzen Welt bestand" (Hobbes 2000, S. 97).

16 Prima facie scheint die universelle Erlaubnis, das eigene Leben zu schützen, mit den natürlichen Gesetzen in Widerspruch zu stehen, die Hobbes ebenfalls postuliert (vgl. Hobbes 2000, Kapitel 14 und 15). Denn wie können Personen einerseits alles tun dürfen, was ihrem Selbsterhalt förderlich ist, und gleichzeitig dazu verpflichtet sein, „sich um

Dass alle alles dürfen, müsste nicht notwendigerweise zum Konflikt führen. Dies wird es aber Hobbes zufolge, sobald die Ressourcen knapp sind, welche die Individuen zur Befriedigung ihrer stärksten Leidenschaft benötigen. Denn wenn „zwei Menschen nach demselben Gegenstand streben, den sie jedoch nicht zusammen genießen können, so werden sie Feinde und sind in Verfolgung ihrer Ansicht [...] bestrebt, sich gegenseitig zu vernichten oder zu unterwerfen" (Hobbes 2000, S. 95). Und nach Hobbes ist Güterknappheit vorprogrammiert: Zum einen sind die natürlichen Ressourcen begrenzt, aber vor allem wird es zu Konkurrenz um Macht und Ansehen kommen (vgl. Hobbes 2000, S. 76), d. h. um zwei positionelle Güter, die als solche notwendigerweise knapp sind.

Der resultierende Konflikt wird nicht von alleine zu einem Ende kommen, indem sich im Kampf aller gegen alle eine natürliche Hierarchie der Starken herauskristallisiert. Hobbes ist nämlich nicht der Auffassung, dass es eine solche natürliche Hierarchie gibt. Denn

„[d]ie Natur hat die Menschen hinsichtlich ihrer körperlichen und geistigen Fähigkeiten so gleich geschaffen, daß trotz der Tatsache, daß bisweilen der eine einen offensichtlich stärkeren Körper oder gewandteren Geist als der andere besitzt, der Unterschied zwischen den Menschen alles in allem doch nicht so beträchtlich ist, als

Frieden zu bemühen, solange dazu Hoffnung besteht" (Hobbes 2000, S. 99), oder sich an abgeschlossene Verträge zu halten (vgl. Hobbes 2000, S. 110)? Vor dem Hintergrund von Hobbes' Metaethik scheint mir nur folgende Interpretation der natürlichen Gesetze sinnvoll: Sie sind zu verstehen als Regeln, die aufzeigen, wie die Individuen ihrer stärksten Leidenschaft am besten nachkommen könnten, wenn garantiert wäre, dass sich auch alle anderen an diese Regeln hielten. Wie Hobbes selbst definiert, handelt es sich bei ihnen um „das Gebot der rechten Vernunft in betreff dessen, was zu einer möglichst langen Erhaltung des Lebens und der Glieder zu tun und zu lassen ist" (Hobbes 1994, S. 86). Doch im Naturzustand kann sich niemand sicher sein, dass die anderen Personen die natürlichen Gesetze beachten werden. Denn für die Sicherung des eigenen Fortbestands wäre es nützlich, gegen die natürlichen Gesetze zu verstoßen, sofern zu erwarten ist, dass sich die anderen Personen an sie halten. Weil also die Frage der Einhaltung der natürlichen Gesetze im vorstaatlichen Zustand die Struktur eines Gefangenendilemmas hat (vgl. Nida-Rümelin 1996, S. 118-124), ist es letztlich für die Individuen – gegeben ihre Angst vor dem eigenen Tode – nicht sinnvoll, sich an die natürlichen Gesetze zu halten. Doch dann verpflichten die natürlichen Gesetze in diesem Zustand nicht und schränken das individuelle Recht auf alles nicht ein. Kavka weist zurecht darauf hin, dass es Passagen im *Leviathan* gibt, die nicht zu dieser Interpretation passen (vgl. Kavka 1986, S. 349-350). An dieser Stelle kann ich mich nicht weiter mit diesem exegetischen Problem auseinandersetzen. Dennoch möchte ich darauf hinweisen, dass Kavkas Lesart Hobbes' eigenen metaethischen Ausführungen widerspricht. Für eine Hobbes-Interpretation, die meine stützt, vgl. Sorell 2007, S. 132 oder Gauthier 1969, S. 89-98.

daß der eine auf Grund dessen einen Vorteil beanspruchen könnte, den ein anderer nicht ebenso gut für sich verlangen dürfte" (Hobbes 2000, S. 94).

In Kombination führen die genannten Faktoren – die Angst als ausschlaggebendes Interesse der Menschen, ihre Freiheit, sich aller Mittel zum Selbsterhalt zu bedienen, und die Tatsache, dass die Güter für den Selbsterhalt knapp sind – also dazu, dass die Individuen im Naturzustand in Konflikt miteinander geraten würden; und weil sich aufgrund der Ähnlichkeit ihrer Fähigkeiten keine natürliche Hierarchie einstellen würde, müsste dieser Konflikt potentiell endlos andauern. Vor diesem Hintergrund scheint Hobbes' berühmte Einschätzung, dass das menschliche Leben im vorstaatlichen Zustande „einsam, armselig, ekelhaft, tierisch und kurz" wäre (Hobbes 2000, S. 96), berechtigt. Und ebenso wird vor diesem Hintergrund verständlich, warum Hobbes behauptet, dass die Errichtung eines Staates mit Blick auf die Interessen der Individuen geboten sei. Denn der Konflikt käme vor allem dadurch zustande, dass es für die Individuen unmöglich ist, sich im wechselseitigen Miteinander zu vertrauen; immer müsste man davon ausgehen, dass die Individuen nicht davor zurückschrecken werden, ihren Vorteil wenn nötig auf Kosten anderer zu verfolgen. Um den potentiellen Kriegszustand zu befrieden, bräuchte es also eine Instanz, die Regeln für das wechselseitige Miteinander aufstellt und deren Einhaltung überwacht. Diese Aufgabe kommt nach Hobbes dem Staat zu. Dieser muss mit solchen Befugnissen ausgestattet werden, „daß er durch den dadurch erzeugten Schrecken in die Lage versetzt wird, den Willen aller auf den innerstaatlichen Frieden und auf gegenseitige Hilfe gegen auswärtige Feinde hinzulenken" (Hobbes 2000, S. 134).

Hobbes' Auffassung dazu, was das normative Fundament des Staates bildet, lässt sich folgendermaßen zusammenfassen: Da es nichts gibt, was an sich gut oder geboten wäre, kann es auch nicht moralisch geboten sein, sich zu einer bürgerlichen Gesellschaft zusammenzuschließen. Dies kann nur geboten sein im Lichte eines gegebenen Interesses – und tatsächlich haben die Menschen ein korrespondierendes Interesse. Das ausschlaggebende Interesse aller Menschen ist nämlich, den eigenen Tod zu vermeiden und stattdessen in Sicherheit zu leben. In einer Welt wie der unseren, die von Güterknappheit geprägt ist und in der jeder alle Mittel ergreifen darf, um sein Fortbestehen zu sichern, kann dieses Interesse nicht ohne eine externe Sanktionsgewalt befriedigt werden. Der Staat kann diese Aufgabe übernehmen. Daher ist es im Lichte des ausschlaggebenden menschlichen Interesses geboten, sich zu bürgerlichen Gesellschaften zusammenzuschließen.

2.2   Die konkrete Ausgestaltung der bürgerlichen Gesellschaft

In 2.1. habe ich gezeigt, dass nach Kant und Hobbes unterschiedliche Gründe für die Schaffung einer bürgerlichen Gesellschaft sprechen. Doch das normative Fundament einer politikphilosophischen Auffassung beeinflusst, welche weiteren Aufbauten darauf getätigt werden können. D. h. die Erwägungen, die als gute Gründe für die Etablierung einer bürgerlichen Gesellschaft angeführt werden, schlagen sich im Weiteren auch in ihrer konkreten Ausgestaltung nieder. Dies will ich im Folgenden an Kants und Hobbes' Vorstellung vom legitimen Staat demonstrieren. Dabei werde ich zuerst jeweils das Legitimitätskriterium darstellen, das sich aus ihren politikphilosophischen Schriften ableiten lässt, und dann diskutieren, welche Befugnisse und Pflichten von Souverän und Bürgerschaft dieses impliziert.

Beginnen wir mit Kant. Dem Rechtsgesetz zufolge sollen wir so handeln, dass der freie Gebrauch unserer Willkür, d. h. unser Handeln, Gegenstand eines allgemeinen Gesetzes und also allgemein zustimmbar sein könnte. Sobald ein Staat besteht, greift dieser aber in das Handeln der Bürger ein. Denn Staaten stellen bestimmte Handlungen unter Strafe und schreiben andere vor[17]. Damit unter solchen Bedingungen – in denen also der Staat das Handeln seiner Bürgerschaft beeinflusst – das Rechtsgesetz gewahrt bleibt, müssen die Gesetze des Staates selbst dem Rechtsgesetz Rechnung tragen. Anders ausgedrückt: Mit der Schaffung eines Staates werden Rahmenbedingungen für das Handeln der Bürger geschaffen; damit dieses dem Rechtsgesetz entspricht und der Staat also den Zweck erfüllt, zu dem er geschaffen wurde, müssen die Rahmenbedingungen selbst das Rechtsgesetz berücksichtigen. Diese Überlegung fasst Kant in folgendem Prinzip zusammen, das er im *Gemeinspruch* als „Probierstein der Rechtmäßigkeit eines jeden öffentlichen Gesetzes" und also als Kriterium für staatliche Legitimität einführt: Der Gesetzgeber ist dazu verpflichtet, die Gesetze so zu gestalten, „als sie aus dem vereinigten Willen eines ganzen Volks haben entspringen *können*" (VIII, 297). Oder, wie Kant an einer späteren Stelle im *Gemeinspruch* sagt: *„Was ein Volk über sich selbst nicht beschließen kann, das kann der Gesetzgeber auch nicht über das Volk beschließen"*

---

17 Flikschuh behauptet, dass Kant erst durch Hobbes den potentiellen Zwangscharakter staatlichen Handelns, genauer gesagt der Gesetzgebung, erkannt hat (vgl. Flikschuh 2012, S. 42). Diese These erscheint wenig überzeugend: Wie dargestellt hält Kant in der *Metaphysik der Sitten* fest, dass sich die Bürger dadurch, dass ihre Handlungen als Facta aufeinander einwirken, potentiell in ihrer Freiheit einschränken und also Zwang aufeinander ausüben. Warum sollte Kant das mit Blick auf einzelne Personen erkennen, nicht aber mit Blick auf die Interaktion von Staat und Bürgerschaft?

(VIII, 304)[18]. Orientiert sich der Gesetzgeber an diesem Prinzip, ist die allgemeine Zustimmbarkeit der gesetzeskonformen Handlungen der Bürger sichergestellt. Denn der Probierstein fordert, dass die Gesetze dem vereinigten Willen der gesamten Bürgerschaft entsprechen – womit er nichts anderes fordert, als dass die Gesetze allgemein zustimmbar sind. Doch ein Gesetz wird nur allgemein zustimmbar sein, wenn die ihm entsprechenden Handlungen dies sind. Der Probierstein stellt also eine Operationalisierung des Rechtsgesetzes für den Gegenstandsbereich staatlichen Handelns dar. Mit diesem Kriterium schließt Kant eine andere potentielle Quelle staatlicher Legitimität explizit aus, nämlich die Glückseligkeit. D. h. ein Staat wird nicht dadurch legitim, dass er das Glück seiner Bürgerschaft befördert – allein das Recht ist „das oberste Prinzip […], von welchem alle Maximen, die ein gemeines Wesen betreffen, ausgehen müssen, und das durch kein anderes eingeschränkt wird" (VIII, 298). Denn die Bürger haben unterschiedliche Vorstellungen vom Glück und die Gesetzgebung kann auf eine Vielzahl solcher Vorstellungen nicht angemessen eingehen. Ein Souverän, der dennoch versucht, die Bürgerschaft per Gesetz glücklich zu machen, wird also notwendigerweise Gesetze erlassen, die nicht allgemein zustimmbar sind, „und wird Despot" (VIII, 302).

Im *Ewigen Frieden* prägt Kant für Staaten, die sich am genannten Legitimitätskriterium orientieren, eine eigene Bezeichnung: Diese zeichnen sich durch „eine republikanische Regierungsart" aus. Unter „Regierungsart" versteht Kant dabei „wie der Staat von seiner Machtvollkommenheit Gebrauch macht" (VIII, 352), d. h. an welchem normativen Kriterium er sich ausrichtet. Beachtet ein Staat in der Gesetzgebung die Freiheit und Gleichheit der Bürger, handelt es sich bei seiner Regierungsart um eine republikanische. Doch nur ein Staat, der sich am Legitimitätskriterium orientiert, kann diese Bedingung erfüllen, denn nur dessen Beachtung stellt sicher, dass der Gebrauch der Willkür des Einzelnen mit der Freiheit aller anderen gleichermaßen übereinstimmt. Wenn Kant daher im *Ewigen Frieden* behauptet, dass „[d]ie bürgerliche Verfassung in jedem Staate […] republikanisch sein" (VIII, 349) soll, fordert er nichts anderes, als dass jeder Staat obigem Legitimitätskriterium entspricht. Ausgehend von diesem Verständnis von Republikanismus, das eben keine bestimmte Staatsform, sondern stattdessen die allgemeine Zustimmbarkeit der Gesetze impliziert, kann Kant behaupten, dass „die republikanische Verfassung […] aus dem reinen Quell des Rechtsbegriff entsprungen" (VIII, 351) sei.

---

18 In der *Metaphysik der Sitten* drückt Kant dieselbe Überlegung folgendermaßen aus: „Also kann nur der übereinstimmende und vereinigte Wille aller, so fern ein jeder über alle und alle über einen jeden ebendasselbe beschließen, mithin nur der allgemein vereinigte Volkswille gesetzgebend sein" (VI, 313-4).

Dass ein legitimer Staat nach Kant republikanisch verfasst sein muss, legt ein Missverständnis nahe, das ich an dieser Stelle explizit ausräumen will: Wenn sich ein legitimer Staat durch eine republikanische Regierungsart auszeichnet, könnte man vermuten, dass seine Gesetze nicht nur allgemein zustimm*bar* sind, sondern auf eine *tatsächlich* erfolgte Willensäußerung der Bevölkerung zurückgehen. Doch von dieser Idee nimmt Kant mit Nachdruck Abstand. Denn Kant versteht unter allgemeiner Zustimmbarkeit *vernünftige* Zustimmung, und reale Personen, die nicht immer vernünftig abwägen, werden manchmal Gesetzen ihre Zustimmung erteilen, die sie rationaliter nicht verdienen, und solchen ihre Zustimmung vorenthalten, die sie rationaliter hätten erhalten müssen. Daher fordert das Legitimitätskriterium auch nicht, dass der Staat die tatsächliche Zustimmung der Bürgerschaft für seine Gesetze einholt, sondern lediglich dass „er seine Gesetze so gebe, als sie aus dem vereinigten Willen eines ganzes Volks haben entspringen *können*". Die allgemeine Zustimmbarkeit, die ein legitimes Gesetz auszeichnet, ist daher „keinesfalls als ein *Faktum* vorauszusetzen nötig", sie ist vielmehr „eine bloße *Idee* der Vernunft" (VIII, 297).

Welche Anforderungen lassen sich nun hinsichtlich der konkreten Ausgestaltung der bürgerlichen Gesellschaft aus diesem Legitimitätskriterium ableiten? Beginnen wir mit den Anforderungen an den Staat, genauer gesagt an die Verfasstheit der staatlichen Institutionen. Von diesen will ich die zwei darstellen, die gerade im Vergleich zu Hobbes relevant sind. Die erste ist die Gewaltenteilung. Unter dieser versteht Kant „die Absonderung der ausführenden Gewalt (der Regierung) von der gesetzgebenden" (VIII, 352), also die Trennung von Exekutive und Legislative[19]. Für diese bringt Kant zwei unabhängige Argumente. Im *Ewigen Frieden* behauptet er, dass die Notwendigkeit der Gewaltenteilung mit der Notwendigkeit des Republikanismus zusammenhängt (tatsächlich formuliert Kant am selben Ort, dass der Republikanismus nichts anderes als Gewaltenteilung sei). Kant begründet diese Engführung mit dem Hinweis auf den Machtmissbrauch, der möglich wird, wenn diejenige Instanz, die die Gesetze ausführt, diese auch inhaltlich bestimmen darf. Denn unter solchen Umständen ist zu befürchten, dass sich der Gesetzgeber nicht am Legitimitätskriterium, sondern nur an seinen eigenen Interessen orientiert, um als Gesetzesausführer nur seinem eigenen Vorteil zu dienen. D. h. wenn Exekutive und Legislative vermengt werden, droht „der öffentliche Wille […] von dem Regenten als sein Privatwille gehandhabt" zu werden. Diesen Zustand bezeichnet Kant als „*Despotism*" und um diesen zu vermeiden muss ein Staat gewaltenteilig aufgebaut sein (VIII, 352).

---

19 In der *Metaphysik der Sitten* unterscheidet Kant zudem noch die Judikative. Vgl. VI, 313.

In der *Metaphysik der Sitten* stellt Kant dieser Abwägung ein begriffliches Argument zur Seite. Kant zufolge ist „[d]er *Regent* des Staates (rex, princeps) [...] diejenige (moralische oder physische) Person, welcher die ausübende Gewalt (potestas executoria) zukommt [...]. [D]ieser steht unter dem Gesetz, und wird durch dasselbe [...] verpflichtet" (VI, 316-317). D. h. Kant geht davon aus, dass die Exekutive nicht über den Gesetzen steht, sondern diesen unterworfen ist und sie lediglich ausführt. Zudem nimmt Kant an, dass man nie sich selbst, sondern immer nur einer anderen Instanz unterworfen sein kann[20]. Da die Exekutive den Gesetzen unterworfen ist, kann sie also nicht gleichzeitig die Instanz sein, die diese beschließt. Ebenso käme es Kant zufolge einem Widerspruch gleich, wenn die Legislative das Recht hätte, durch die Ausübung von Zwang dafür Sorge zu tragen, dass die Gesetze eingehalten werden, und also die Aufgabe der Exekutive zu übernehmen. Denn „das Vermögen, dem Gesetz gemäß zu *zwingen*" steht „zuoberst" der Exekutive zu (VI, 317). Doch wenn die Exekutive diejenige Instanz sein soll, die *zuoberst* darüber entscheidet, ob die Einhaltung der Gesetze mit Zwangsmitteln durchgesetzt wird oder nicht, kann nicht zudem der Legislative die Kompetenz zukommen, die Exekutive zu zwingen. Die Gewalten „im Staate sind also [...] einander *untergeordnet* (subordinatae), so, daß eine nicht zugleich die Funktion der anderen, der sie zur Hand geht, usurpieren kann" (VI, 316).

Aus Kants Überlegungen dazu, was die Begriffe „Exekutive" und „Legislative" bedeuten und inwiefern dies für Gewaltenteilung spricht, folgt auch, dass die Legislative die Bürgerschaft nicht dazu berechtigen darf, mit Zwangsmitteln und also mit Gewalt gegen die Exekutive vorzugehen, wenn letztere sich nicht an die Gesetze hält, die erstere beschlossen hat. Denn der Exekutive kommt per Definition die oberste Gewalt zu zwingen und also das Gewaltmonopol zu. Der Gesetzgeber kann dem Regenten „seine Gewalt nehmen, ihn absetzen, oder seine Verwaltung reformieren, aber ihn nicht *strafen*" (VI, 317) – ein *gewaltsames* Widerstandsrecht gegen die Exekutive kann die Legislative also aufgrund der Gewaltenteilung nicht erlassen. Auf einen ähnlichen Punkt werde ich zurückkommen, wenn ich die Anforderungen diskutiere, die sich für die Bürgerschaft aus dem Legitimitätskriterium ableiten lassen.

Aus dieser ersten Anforderung an die Institutionen eines legitimen Staates geht eine zweite hervor, nämlich dass ein legitimer Staat niemals der „Form der *Beherrschung*", d. h. der Staatsform, nach eine Demokratie sein darf. Für Kant gilt: „Unter den drei Staatsformen [Monarchie, Aristokratie und Demokratie, CB] ist die der *Demokratie*, im eigentlichen Verstande des Worts, notwendig ein *Despotism*" (VIII, 352). Diese Ablehnung der Demokratie folgt aus Kants oben dargestellter

---

20 Vgl. Guyer 2012, S. 115-116.

Überzeugung, dass ein legitimer Staat sich am Legitimitätskriterium orientieren muss, sowie der Annahme, dass dies gewaltenteilig verfassten Staaten besser gelingen wird als solchen, bei denen Exekutive und Legislative zusammenfallen. Die Staatsform der Demokratie impliziert aber nach Kant, dass Exekutive und Legislative zusammenfallen, „weil alles da Herr sein will" (VIII, 353), d. h. weil sich das Volk nicht mit der Rolle des Gesetzgebers begnügen, sondern zudem dessen ausführende Gewalt sein will. Der Demokratie wird also in Kants Augen zum Verhängnis, dass sie Gewaltenteilung unmöglich macht und deswegen despotisch wird. Kants Antwort auf das zu erwartende Versagen einer Demokratie ist die Forderung nach Repräsentation:

> [J]e kleiner das Personale der Staatsgewalt (die Zahl der Herrscher), je größer dagegen die Repräsentation derselben, desto mehr stimmt die Staatsverfassung zur Möglichkeit des Republikanism, und sie kann hoffen, durch allmähliche Reformen sich dazu endlich zu erheben (VIII, 353).

Nach Kant sollte man also die Staatsform so wählen, dass die Zahl der Herrschenden möglichst klein ist. Denn trägt man dafür Sorge, dass eine kleine Gruppe von Personen die Exekutive übernimmt, droht diese nicht mit der Legislative identisch zu werden, so dass die Gewaltenteilung nicht unterlaufen und damit eine republikanische Regierungsart wahrscheinlicher wird.

Bisher habe ich dargelegt, welche Anforderungen Kant an die Ausgestaltung der staatlichen Institutionen stellt. Betrachten wir nun, welche Festlegungen er mit Blick auf die Bürgerschaft trifft. Im *Gemeinspruch* hält Kant drei Eigenschaft fest, die die Bürgerschaft eines legitimen Staates kennzeichnen: „1. Die *Freiheit* eines jeden Gliedes der Sozietät, als *Menschen*. 2. Die *Gleichheit* derselben mit jedem anderen, als *Untertan*. 3. Die *Selbständigkeit* jedes Gliedes eines gemeinsamen Wesens, als *Bürgers*" (VIII, 290; vgl. auch VIII, 350, Anm.). Was genau ist nun unter der Freiheit der Bürger, ihrer Gleichheit und ihrer Selbstständigkeit zu verstehen?

Im *Gemeinspruch* besteht die Freiheit der Bürger für Kant darin, dass sie der Staat nicht dazu zwingen kann, ihr Leben auf eine bestimmte Art zu gestalten oder einen bestimmten Lebensplan zu verfolgen. Denn der Staat darf nur dann in die Handlungen eines Bürgers eingreifen, wenn sie nicht allgemein zustimmbar gewesen wären und also gegen die gleiche Freiheit der anderen Bürger verstoßen hätten (vgl. VIII, 290 und VIII, 350, Anm.). Hier schlägt sich also die oben dargestellte Pflicht des Staates nieder, sich nicht um die Glückseligkeit seiner Bürgerschaft, sondern nur um die Rechtmäßigkeit ihrer Handlungen zu kümmern.

Unter Gleichheit versteht Kant im *Gemeinspruch* vor allem Rechtsgleichheit, d. h. dass „alles, was unter Gesetzen steht, in einem Staate Untertan, mithin dem Zwangsrechte, *gleich allen andern Mitgliedern* des gemeinen Wesens, unterworfen"

(VIII, 291, meine Hervorhebung) ist. Der Forderung nach Rechtsgleichheit stellt Kant zudem die nach einer Art Chancengleichheit zur Seite: „Jedes Glied desselben [Gemeinwesens, CB] muß zu jeder Stufe eines Standes in demselben (die einem Untertan zukommen kann) gelangen dürfen, wozu ihn sein Talent, sein Fleiß und sein Glück hinbringen können" (VIII, 292). D. h. für Kant wäre es nicht mit dem Legitimitätsprinzip vereinbar, wenn der Staat durch überkommene ständische Privilegien das Entstehen einer Meritokratie verhinderte[21].

Kants egalitaristischer Impetus erstreckt sich allerdings nicht bis auf die dritte Eigenschaft, die ihm zufolge die Bürgerschaft eines legitimen Staates kennzeichnet, nämlich deren Selbstständigkeit. Unter dieser versteht Kant, dass die Bürger eines Staates die Rolle eines „Mitgesetzgebers" (VIII, 294) einnehmen und also wählen und gewählt werden dürfen. Doch dieses Wahlrecht kommt nicht allen gleichermaßen zu. Ausgeschlossen werden Personen, die nicht selbst über Eigentum verfügen und deswegen nicht ihr eigener Herr sind (vgl. VIII, 295), wie etwa Frauen oder abhängig Erwerbstätige[22]. Denn Kant scheint zu fürchten, dass Personen, die materiell abhängig sind, nicht dazu in der Lage sein werden, sich ausschließlich dem Rechtsgesetz verpflichtet zu fühlen, sondern zudem den Interessen ihres Herrn dienen werden.

Kant geht aber nicht nur von einem eingeschränkten Wahlrecht, sondern auch von einem eingeschränkten Widerstandsrecht der Bürger gegenüber den staatlichen Institutionen aus. Genauer gesagt behauptet Kant, dass „dem Volk gegen das Staatsüberhaupt nie ein Zwangsrecht (Widersetzlichkeit in Worten oder Werken) zukomme". Grund hierfür ist eine begriffliche Überlegung ähnlich der, die bereits dafür gesprochen hat, der Legislative zu verbieten, den gewaltsamen Aufstand gegen die Exekutive für rechtens zu erklären. Denn hätte das Volk das Recht, dem Souverän Widerstand zu leisten, wäre „es alsdann selbst der oberste Gebieter". Souverän zu sein bedeutet aber, niemandem unterstellt zu sein. Denselben Gedanken bringt Kant im *Ewigen Frieden* folgendermaßen zum Ausdruck: „Man sieht leicht ein, daß, wenn man es bei der Stiftung einer Staatsverfassung zur Bedingung machen wollte, in gewissen vorkommenden Fällen gegen das Oberhaupt Gewalt auszuüben,

---

21 Damit bleibt Kant hinter dem *luck egalitarianism* vieler zeitgenössischer Kantianer zurück. Denn diesem zufolge müssen alle Nachteile ausgeglichen werden, die einer Person ohne ihr eigenes Verschulden zukommen. Glück oder dessen Mangel darf sich also nicht wie noch bei Kant auf die soziale Position einer Person auswirken. Ein berühmter Vertreter des luck egalitarianism ist Rawls mit seinem Differenzprinzip: vgl. Rawls 2000, §§12-14.

22 Williams zufolge ist die Tatsache, dass Kant Frauen als vollwertige Bürgerinnen ausschließt „one major respect in which he disappoints" (Williams 2003, S. 231). Doch obwohl ich wie Williams glaube, dass diese Tatsache tatsächlich ein Versäumnis ist, ist dieses Versäumnis zweifellos ebenso schwerwiegend wie Besitzlose von der Selbstständigkeit durch politische Selbstbestimmung auszuschließen.

so müßte das Volk sich einer rechtmäßigen Macht über jenes anmaßen. Alsdann wäre jenes aber nicht das Oberhaupt" (VIII, 382).

Angesichts dieser dezidierten Ablehnung eines robusten Widerstandsrechts scheint es erstaunlich, wenn Kant im *Gemeinspruch* schreibt, dass Hobbes' Behauptung „erschrecklich" sei, dass „das Staatsoberhaupt durch Vertrag dem Volk zu nichts verbunden [ist, CB], und [...] dem Bürger nicht Unrecht tun [kann, CB] (er mag über ihn verfügen was er wolle)" (VIII, 303-304). Denn gilt nicht auch für Kants legitimen Staat, dass das Staatsoberhaupt dem Volk zu nichts verbunden ist, wenn sich dieses niemals effektiv zur Wehr setzen darf? Doch diese Ähnlichkeit trügt. Denn das Recht, das Kant der Bürgerschaft abspricht, ist lediglich das Recht auf *gewaltsamen* Widerstand[23]. Daraus folgt keinesfalls, dass der Staat normativ ungebunden wäre und daher kein Unrecht den Bürgern gegenüber verüben könnte. Die Legislative muss sich vielmehr – wie oben dargelegt – bei der Gesetzgebung am Legitimitätskriterium orientieren und die Exekutive muss die legitimen Gesetze umsetzen; tun sie dies nicht, behandeln sie die Bürger unrecht. Eine normative Evaluierung des Staates durch die Bürgerschaft kann bei Kant also durchaus erfolgen, selbst wenn die Bürgerschaft dieser nicht durch Gewalttaten Nachdruck verleihen darf. Ebenso wenig folgt aus Kants Ablehnung eines Rechts auf gewaltsamen Widerstand, dass die Bürgerschaft ihrer Kritik an den staatlichen Institutionen keinerlei Ausdruck verleihen darf. Ihr verbleibt – wenngleich als „das einzige Palladium der Volksrechte" – die „Freiheit der Feder", also die Meinungs- und Pressefreiheit. Dieses Abwehrrecht will Kant durchaus robust verstanden wissen, denn es muss „dem Staatsbürger, und zwar *mit Vergünstigung des Oberherrn* selbst, die Befugnis zustehen, seine Meinung über das, was von den Verfügungen desselben ihm ein Unrecht gegen das gemeine Wesen zu sein scheint, öffentlich bekannt zu machen" (VIII, 304, meine Hervorhebung). Der Souverän muss also dafür sorgen, dass der Freiheit der Feder eine echte Möglichkeit, diese zu nutzen, korrespondiert. Der Grund, aus welchem der Bürgerschaft Presse- und Meinungsfreiheit zukommt, lässt sich wieder aus dem Legitimitätskriterium ableiten: Der Souverän ist darauf festgelegt, Gesetze zu erlassen, die allgemein zustimmbar sind. Doch nicht immer wird er alleine ermitteln können, welche Regelungen dieser Anforderung entsprechen. In solchen Fällen – d. h. in Fällen, in denen das Oberhaupt „einer Sache unkundig" ist, aber auch, wenn es sich irrt – kann es sich über die Pressefreiheit die fehlenden Informationen beschaffen. Hätte der einzelne Bürger dieses Recht nicht, könnte er nicht annehmen, dass sich der Souverän wirklich um die Rechtmäßigkeit der Gesetze bemüht. Da die Meinungs- und Pressefreiheit aber letztlich dem Zweck dient, legitime Herrschaft zu ermöglichen, müssen die Bürger darauf achten, ihre

---

23 Vgl. Guyer 2012, S. 109 oder Riley 1982, S. 160-161.

Kritik „in den Schranken der Hochachtung und Liebe für die Verfassung" zu artikulieren (VIII, 304). Kant fordert also von der Bürgerschaft, verantwortungsvoll und konstruktiv mit ihrer Meinungs- und Pressefreiheit umzugehen[24].

Fassen wir zusammen: Wie wir gesehen haben, argumentiert Kant für einen gewaltenteiligen Staat, der der Regierungsart – wenn auch nicht der Staatsform – nach republikanisch verfasst ist. Die Legitimität des Souveräns hängt dabei davon ab, dass dieser das Legitimitätskriterium einhält, das Kant als Prüfstein einführt; und auch wenn die Bürgerschaft ihn nicht gewaltsam zur Einhaltung dieses Legitimitätskriteriums zwingen, sondern nur ihre Meinung hierüber kundtun darf, konstituiert es einen Maßstab, an dem sich der Souverän messen lassen kann und muss. Daraus resultieren die Freiheit der Bürger ebenso wie ihre Gleichheit und ihre Selbstständigkeit.

Wie verhält es sich nun mit den Anforderungen, die Hobbes auf der Grundlage seines politikphilosophischen Fundaments an die Institutionen und die Bürgerschaft des Staates stellt? Beginnen wir wie bei Kant damit, das Legitimitätskriterium herauszuarbeiten. Im ersten Teil hatte ich dargelegt, dass es Hobbes zufolge die Aufgabe des Staates ist, das ausschlaggebende Interesse der Menschen zu befriedigen und Frieden zu schaffen. Aus dieser Aufgabe leitet sich das Legitimitätskriterium ab, das man nach Hobbes an den Staat anlegen muss: Der Staat ist darauf festgelegt, die Sicherheit seiner Bürgerschaft zu garantieren – darüber hinaus ist er dieser zu nichts verpflichtet. Denn die einzige Quelle der Normativität, die Hobbes kennt, sind die Interessen der Individuen, insbesondere deren ausschlaggebendes Interesse daran, ihren gewaltsamen Tod zu vermeiden. Erfüllt der Staat dieses ausschlaggebende Interesse und gewährleistet die Sicherheit der Bürgerschaft, ist er in deren Augen ausschlaggebend gerechtfertigt.

Das Legitimitätskriterium, das Hobbes an seinen Staat anlegt, ist demnach deutlich weniger anspruchsvoll als das, für welches Kant argumentiert. Die weitreichende Ungebundenheit des Staates, die hieraus resultiert, bringt Hobbes zudem mit einer Weiterführung seines Gedankenexperiments vom Naturzustand zum Ausdruck. Denn ihm zufolge würden die Individuen – hätten sie einmal erkannt, dass im Naturzustand ihr ausschlaggebendes Interesse an Sicherheit frustriert werden muss – miteinander folgenden Autorisierungsvertrag schließen, durch den der Naturzustand beendet und der Staat begründet würde: „*Ich autorisiere diesen*

---

24 Auch Sweet hält fest, dass die Bürgerschaft nach Kant ihre Meinungsfreiheit verantwortungsvoll – „in an appropriate way" – ausleben muss. Ob eine Äußerung angemessen war, hängt dabei nach Sweet davon ab, ob sie „promotes the expansion of universality in law" (Sweet 2013, S. 164). D. h. eine Äußerung ist dann verantwortungsvoll, wenn sie den Souverän dabei unterstützt, die Aufgabe der Gesetzgebung richtig und also gemäß dem Legitimitätskriterium auszuführen.

Menschen oder diese Versammlung von Menschen und übertrage ihnen mein Recht, mich zu regieren, unter der Bedingung, daß du ihnen ebenso dein Recht überträgst und alle ihre Handlungen autorisierst" (Hobbes 2000, S. 134). Diese Formel des – nur hypothetisch abgeschlossenen – Vertrags zeigt, dass die Bürgerschaft dem Staat gegenüber keinerlei normative Ansprüche erheben kann. Denn die Autorisierung, die die Bürger ihm erteilen würden, ist an keinerlei Bedingungen geknüpft, außer an die, dass der Staat für Sicherheit sorgen muss. Letztere folgt begrifflich, denn für Hobbes ist ein Staat nichts anderes als „eine Person [...], bei der sich jeder einzelne einer großen Menge durch gegenseitigen Vertrag eines jeden mit jedem zum Autor ihrer Handlungen gemacht hat, *zu dem Zweck, daß sie die Stärke und Hilfsmittel aller so, wie sie es für zweckmäßig hält, für den Frieden und die gemeinsame Verteidigung einsetzt"* (Hobbes 2000, S. 134-135, meine Hervorhebung).

Um für Sicherheit sorgen zu können, spricht Hobbes dem Staat umfassende Machtbefugnisse zu. Dass dies *möglich* ist, folgt aus dem Legitimitätskriterium. Da der Staat nämlich alles tun darf, solange er nur den Frieden sichert, gibt es keine Bedingungen oder Einschränkungen, die man bei seiner Ausstattung mit Machtmitteln beachten muss. Ob es *notwendig* ist, den Staat mit umfassenden Machtmitteln auszustatten, damit dieser Frieden schafft, ist letztlich eine empirische Frage. Doch nach Hobbes zeigt das historische Beispiel seiner Heimat England, dass es einer solchen Machtfülle für den Souverän bedarf. Denn „[h]ätte der größte Teil Englands nicht zuerst die Meinung angenommen, diese Gewalten seien zwischen dem König, dem Adel und dem Unterhaus aufgeteilt, so wäre das Volk niemals geteilt und in diesen Bürgerkrieg gestürzt worden" (Hobbes 2000, S. 142). Daher spricht sich Hobbes für einen absolutistischen Staat aus, in dem der Souverän „die höchste Gewalt" (Hobbes 2000, S. 135) innehat und diese „unübertragbar und untrennbar" (Hobbes 2000, S. 142) ist. Konkret sieht Hobbes keine Gewaltenteilung vor, vielmehr soll der Souverän in sich die Legislative und damit „die gesamte Zuständigkeit zum Erlaß der Regeln" vereinen, ebenso wie die Judikative, d. h. „das Recht der Rechtssprechung", und die Exekutive durch „das Recht der Kriegserklärung", „das Recht zur Auswahl der Räte, Minister, obrigkeitlicher Personen und Beamten" und das Recht „gemäß des von ihm erlassenen Gesetzes jeden Untertan mit Reichtum und Ehren zu belohnen und mit Körper- und Geldstrafen oder Schande zu bestrafen" (Hobbes 2000, S. 140-141). Interessanterweise fordert Hobbes nicht dezidiert, dass der Souverän, dem all diese Gewalten zukommen, eine einzelne Person sein muss. D. h. Hobbes spricht sich nicht offen für die Monarchie als beste Staatsform aus. Welche Staatsform angemessen ist, hängt vielmehr von ihrer „Eignung für den Frieden und die Sicherheit des Volkes" zu sorgen ab. Allerdings ist Hobbes zufolge anzunehmen, dass eine Monarchie diese Aufgabe besonders gut erfüllen kann, da in ihr das Gemeinwohl und das Privatinteresse des Herrschers zusammenfallen. Denn, so Hobbes, „kein König kann reich, ruhmvoll und sicher sein, dessen Untertanen entweder arm oder verachtenswert oder aus Not und Uneinigkeit zu schwach sind" (Hobbes 2000, S. 146-147).

Kehren wir zu den Befugnissen des Souveräns zurück. Eine weitere Befugnis, die Hobbes dem Souverän um der Friedenssicherung willen zuspricht, ist die Zensur. Der Souverän darf also darüber richten, „welche Meinungen und Lehren dem Frieden abträglich sind und […] bei was man den Menschen überhaupt vertrauen darf, wenn sie Reden an Volksmengen halten, und wer die Lehren aller Bürger vor der Veröffentlichung überprüfen soll" (Hobbes 2000, S. 139-140). Doch obwohl der Souverän bestimmen darf, welche Lehren seiner Bürgerschaft zugänglich sind, wird er von diesem Recht in einem bestimmten Kontext nur bedingt Gebrauch machen, nämlich in Religionsfragen. Zwar weist Hobbes dezidiert darauf hin, dass die Bürger im Konflikt zwischen dem, was ihr Glauben, und dem, was ihr Souverän befiehlt, immer letzterem verpflichtet sind (vgl. Hobbes 2000, S. 383-445). Aber was die Frage des privaten Glaubens angeht, nimmt er von konkreten Vorschriften Abstand. Der Staat darf seine Bürgerschaft zwar auf das offizielle Glaubensbekenntnis „Jesus ist der Christus" (Hobbes 2000, S. 383) einschwören, aber was genau damit gemeint ist außer, dass Jesus der Erlöser ist, lässt Hobbes bewusst unspezifiziert. Damit schafft er – im Rahmen bestimmter christlicher Grundannahmen – Raum für religiösen Pluralismus im Privaten. Grund hierfür ist allerdings nicht Hobbes' Auffassung, dass den Bürgern in religiösen Fragen Freiheitsrechte zukämen, die auch der Souverän nicht beschneiden darf. Vielmehr geht seine Zurückhaltung auf pragmatische Überlegungen zurück: Konkrete Glaubensvorschriften zu machen sei wirkungslos, „da menschliche Befehle auf Glauben und Unglauben keinen Einfluß haben." Alles, was staatliche Religionsgesetze durchsetzen können, ist ein „Lippenbekenntnis" weshalb es auch nicht sinnvoll sei, mehr als dies zu fordern (Hobbes 2000, S. 381).

Kommen wir nun zu den Rechten und Pflichten der Bürgerschaft. Deren Pflichten lassen sich leicht zusammenfassen: Die Bürger müssen den Gesetzen des Souveräns ebenso wie all seinen Befehlen Folge leisten. Denn der Souverän ist in der Lage, die Missachtung seiner Anweisungen zu bestrafen, so dass es nicht im Eigeninteresse der Bürger liegt, gegen diese zu verstoßen. Tatsächlich geht Hobbes noch weiter und fordert, dass „die einzelnen ihren Willen dem Willen eines einzelnen, d.h. *eines* Menschen oder einer Versammlung so unterwerfen, daß dieser Wille für den Willen aller einzelnen gilt" (Hobbes 1994, S. 128), d.h. dass die Bürger den Willen des Souveräns als den ihren betrachten. Damit stellt Hobbes den Gedanken der Souveränität durch Repräsentation auf den Kopf: Der Souverän ist nicht deswegen legitim, weil er in seiner Herrschaft dem Willen der Bürgerschaft zu entsprechen sucht, sondern weil der Souverän – solange er für Frieden sorgt – legitim ist, muss die Bürgerschaft seinen Willen als den ihren an- und übernehmen. Grund für die

Forderung nach der Willensangleichung seitens der Bürgerschaft ist, dass dadurch
soziale Kohäsion geschaffen und Streit gemindert wird, welches Hobbes zufolge
beides der Friedenssicherung förderlich ist.

Da die Bürger dem Staat gegenüber zu Gehorsam und Identifikation verpflichtet
sind, lassen sich ihre Rechte kurz zusammenfassen: Sie „hängen […] vom Schwei-
gen des Gesetzes ab. In den Fällen, wo der Souverän keine Regel vorgeschrieben
hat, besitzt der Untertan die Freiheit, nach eigenem Ermessen zu handeln oder es
zu unterlassen" (Hobbes 2000, S. 170). D. h. die Bürger haben lediglich das Recht,
Handlungen zu vollziehen, die ihnen der Souverän gestattet oder deren Ausführung
der Souverän (noch) nicht durch Gesetze geregelt hat. Damit ist klar, dass Hobbes
der Bürgerschaft auch kein Widerstandsrecht gegenüber dem Souverän einräumt,
denn kein absolutistischer Herrscher wird seinen Bürgern erlauben, ihn geordnet
seines Amts zu entheben. Nur in einem Punkt findet die Identifikation der Bürger
mit dem Willen des Souveräns zwangsläufig ihre Grenze, nämlich bei Befehlen,
deren Befolgung dem Selbsterhalt des Individuums abträglich wäre. So behauptet
Hobbes: „Vereitelt […] unsere Gehorsamsverweigerung den Zweck, zu dem die
Souveränität eingesetzt worden war, dann ist keine Freiheit zur Verweigerung
gegeben, *andernfalls durchaus*" (Hobbes 2000, S. 169, meine Hervorhebung). Denn
in diesem Fall würde der Staat hinter seiner Aufgabe zurückbleiben, so dass es für
den Bürger nicht mehr von Interesse wäre, seinen Anweisungen zu folgen. Konkret
bedeutet das für Hobbes, dass ein Bürger den Gehorsam verweigern darf, wenn
der Souverän ihm befiehlt sich umzubringen oder sich exekutieren zu lassen oder
aber in den Krieg zu ziehen (letzteres gilt nur, sofern der Bürger einen Ersatzsoldat
bereitstellen kann, der an seiner statt in den Kampf zieht). Aber weder mit der
Freiheit, sich der Tötung zu entziehen, noch mit der Erlaubnis zu desertieren bricht
Hobbes aus seiner grundsätzlichen Verpflichtungslogik aus. Denn der Grund,
warum die Bürger dem Souverän gehorchen sollen, ist, dass dieser ihre Sicherheit
garantiert; kann er das nicht, weil er die Bürger selbst in Gefahr bringt, löst sich
seine verpflichtende Kraft wieder auf.

Ausgehend von seiner Theorie der Verpflichtung entwickelt Hobbes also insgesamt die Vorstellung eines gerechten Staates, der im übertragenen Sinne einem
allmächtigen Seeungeheuer gleicht: Die Staatsgewalt wird nicht auf verschiedene
Instanzen aufgeteilt, sondern liegt gebündelt beim Souverän. Dessen Machtbefugnis
wird durch nichts beschränkt außer durch seine Aufgabe, die Sicherheit der Bürger zu gewährleisten. Diese sind dazu verpflichtet, den Willen des Herrschers als
ihren eigenen anzusehen, nur in Religionsfragen dürfen sie von diesem abweichen,
allerdings lediglich *in foro interno*. Ein Widerstandsrecht gegen die Staatsgewalt
kommt ihnen nicht zu, aber sie dürfen fliehen, falls der Staat ihr Leben gefährdet.

3 Das ausschlaggebende Interesse des Menschen

Im zweiten Teil dieses Aufsatzes ist deutlich geworden, dass die normativen Annahmen, auf die Hobbes seine politikphilosophischen Überlegungen stützt, Kant zu schmal erscheinen müssen. Denn während Hobbes ausgehend von seiner Metaethik darauf festgelegt ist, den Staat vor dem Hintergrund des menschlichen Interesses an Sicherheit zu rechtfertigen und zu entwickeln, kann Kant auf substantielle moralische Annahmen zurückgreifen. In diesem dritten Teil will ich nun zeigen, dass sich mit Kant auch Kritik an Hobbes üben lässt, wenn man Hobbes' Interessen-basiertes Vorgehen akzeptiert. Denn mit Kant lässt sich behaupten: Selbst wenn man einen Staat nur vor dem Hintergrund menschlichen Interesses rechtfertigt, resultiert dies in einer bürgerlichen Gesellschaft, die Kants und nicht Hobbes' Vorschlag ähnelt. Der Grund für diesen Dissens ist, dass beide Autoren dem Menschen verschiedene ausschlaggebende Interessen unterstellen: *Während für Hobbes die Sicherheit das grundlegende Interesse des Menschen darstellt, ist dies nach Kant die Freiheit.* Diese These will ich im Folgenden belegen. Deren ersten Teil habe ich bereits in 2.1. erbracht, als ich Hobbes' Auffassung zum ausschlaggebenden menschlichen Interesse dargestellt habe. Was zu zeigen bleibt, ist also, welches nach Kant das für politische Fragen ausschlaggebende Interesse des Menschen ist.

Wichtige Überlegungen hierzu finden sich zum einen im *Ewigen Frieden*, zum anderen in der *Idee zu einer allgemeinen Geschichte in weltbürgerlicher Absicht*, einer anthropologischen Schrift Kants aus dem Jahre 1784, die – was ihre Impulse zu Geschichtsphilosophie und Völkerrecht angeht – als Vorarbeit zum *Ewigen Frieden* angesehen werden kann. In beiden Schriften diskutiert Kant, wie wahrscheinlich es ist, dass der Menschheit gelingen wird, was in politikphilosophischer Hinsicht geboten ist; und in beiden Schriften zeigt er sich zu dieser Frage prima facie skeptisch. In der *Geschichte* behauptet Kant, dass „[d]as größte Problem für die Menschengattung, zu dessen Auflösung die Natur ihn zwingt, [...] die Errichtung einer allgemein das Recht verwaltenden bürgerlichen Gesellschaft" sei und dass dieses Problem dasjenige sei „welches von der Menschengattung am spätesten aufgelöset wird" (VIII, 82-23). Diese These spezifiziert er im *Ewigen Frieden*, in dem er festhält, dass „die *republikanische* Verfassung die einzige, welche dem Recht der Menschen vollkommen angemessen, aber auch die schwerste zu stiften, vielmehr noch zu erhalten ist" (VIII, 366). Nach dem, was ich bisher dargelegt habe, muss diese skeptische Haltung nicht verwundern. Kant zufolge ist die Schaffung einer republikanischen bürgerlichen Gesellschaft, die sich am Legitimitätsprinzip orientiert, moralisch geboten. Doch Menschen sind Wesen, die zwar der Moral fähig sind, die aber nicht immer und ohne jede Einschränkung moralisch handeln.

Aber Kant bleibt nicht bei dieser skeptischen Einschätzung. Stattdessen fährt er fort zu behaupten, dass „das Problem der Staatserrichtung [...], so hart wie es auch klingt, *selbst für ein Volk von Teufeln (wenn sie nur Verstand haben)*, auflösbar" (VIII, 366) sei. D.h. nach Kant ist es möglich, das „größte Problem für die Menschengattung" zu lösen und also eine republikanische bürgerliche Gesellschaft zu errichten, auch wenn Menschen nicht moralisch handeln, sondern lediglich ihrem Verstand und also ihrem Interesse folgen. Wie kommt es zu dieser glücklichen Entwicklung? In der *Geschichte* beschreibt Kant dies wie folgt:

> In diesen Zustand des Zwangs [d. h. in die bürgerliche Gesellschaft, CB] zu treten, zwingt den sonst für ungebundene Freiheit so sehr eingenommenen Menschen die Not; und zwar die größte Not unter allen, nämlich die, welche sich Menschen unter einander selbst zufügen, deren Neigungen es machen, daß sie in wilder Freiheit nicht lange neben einander bestehen können. Allein in einem solchen Gehege, als bürgerliche Vereinigung, tun eben dieselben Neigungen hernach die beste Würkung (VIII, 22).

Kant nimmt also an, dass jeder Mensch seiner ungebundenen Freiheit gegenüber eingenommen ist, d. h. ein Interesse an dieser hat. Doch dann ist es für die Menschen nicht nur moralisch geboten, sondern auch zweckmäßig, sich zu einer bürgerlichen Gesellschaft zusammenzuschließen. Denn ohne diese kommt es, wie ich in 2.1. dargelegt habe, zu Rechtsstreitigkeiten und Konflikt und dadurch zu einer Gefährdung der individuellen Freiheit. Das menschliche Interesse an Freiheit rechtfertigt aber natürlich nicht die Errichtung irgendeiner bürgerlichen Gesellschaft, sondern spezifisch die Errichtung einer, die republikanisch verfasst ist. Denn nur ein Staat, der sich am Rechtsgesetz orientiert und über *checks and balances* verfügt, stellt sicher, dass der freie Gebrauch der Willkür des einzelnen Bürgers mit dem seiner Mitbürger zusammenstimmt, so dass das Interesse der Bürger an ihrer je eigenen Freiheit gleichermaßen befriedigt wird.

Kant kann also festhalten, dass die Natur dem vernünftigen Willen zur Hilfe kommen wird[25]: Auch wenn die Menschen nicht dem Gebot der Vernunft, sondern nur ihren selbstsüchtigen Neigungen – genauer gesagt: ihrem Interesse an Freiheit – folgen, werden sie letztlich zu Bürgern einer Republik (vgl. VIII, 366)[26]. Doch diese zweite, Interessen-basierte Argumentationsstrategie für die bürgerliche Ge-

---

25 Zur Frage, ob diese Aussage Kants als historische Aussage über die (im Weiteren zu erwartende) Entwicklung der Welt oder vielmehr als eine (hoffentlich) „self-fulfilling prophecy" zu verstehen ist, vgl. Horn 2011. Letztere Lesart (die bei Horn als Lesart A eingeführt ist, vgl. Horn 2011, S. 116) fügt sich besser in Kants Gesamtwerk ein.

26 Sweet behauptet ähnlich, dass „our natural inclinations can be seen to be purposive with regard to the ends that reason has for us" (Sweet 2013, 196).

sellschaft sollte man nicht als Hobbes'sches Element oder gar als Erbe Hobbes' in Kants politischer Philosophie, sondern vielmehr als eine weitere Kritik an Hobbes verstehen. Denn zum einen ist der Umstand, dass die Schaffung einer bürgerlichen Gesellschaft im Interesse der Menschen liegt, anders als bei Hobbes nicht der ausschlaggebende Grund, aus welchem eine bürgerliche Gesellschaft gebildet werden sollte. Entscheidend ist vielmehr nach wie vor, dass diese moralisch geboten ist. Und zum anderen spricht das menschliche Interesse an Freiheit nicht für den absolutistischen Staat, der Hobbes zufolge sinnvoll ist, sondern für eine republikanische bürgerliche Gesellschaft, in der die Bürger frei, gleich und selbstständig sind. D. h. selbst wenn sich Kant auf die Interessen-basierte Argumentationsstrategie einließe, die Hobbes vorschlägt, wäre dessen politikphilosophische Vision für Kant immer noch nicht ausreichend.

4 Schlussbemerkung

Die vorangegangenen Überlegungen haben verschiedene Ähnlichkeiten in den politikphilosophischen Ansätzen von Hobbes und Kant zutage gefördert. So sind beide Autoren der Ansicht, dass Menschen ohne Staat nicht friedlich zusammenleben können. Allerdings ist es für Kant das Fehlen eines gesicherten Rechtsweges, das den vorstaatlichen Zustand bedrohlich erscheinen lässt, während die Eskalation der Gewalt im Naturzustand bei Hobbes auf das Fehlen moralischer Regeln und auf die Leidenschaftsnatur des Menschen zurückgeht. Auch sind beide Autoren zurückhaltend, was die Empfehlung einer konkreten Staatsform angeht. Zwar spricht sich Kant gegen eine Demokratie aus, weil diese seinem Verständnis nach nicht gewaltenteilig organisiert sein kann und deswegen despotisch zu werden droht; doch darüber hinaus macht er keine weiteren Angaben. Ebenso lässt es Hobbes weitgehend offen, ob der Souverän die Gestalt einer Person oder einer Versammlung haben sollte. Dezidiert lehnen dagegen beide Autoren die Möglichkeit eines Widerstandsrechts der Bürgerschaft gegenüber dem Souverän ab. Für Hobbes kann es ein solches Recht nicht geben, da die Bürger nur das tun dürfen, was ihnen der Souverän erlaubt oder gebietet, und kein Souverän wird der Bürgerschaft das Recht auf bewaffneten Widerstand einräumen. Kant dagegen lehnt ein Widerstandsrecht aus begrifflichen Gründen ab. Denn hätte die Bürgerschaft das Recht, den Souverän abzusetzen, wäre dieser nicht die höchste Gewalt im Staat und also nicht souverän. Schließlich können beide Autoren als Vertragstheoretiker angesehen werden, wobei dem Vertrag im Werke beider lediglich eine metaphorische Rolle, nicht aber eigenständige normative Relevanz zukommt: Dass ein Staat gerechtfertigt ist, erkennt man daran, dass die Bürgerschaft einen Vertrag über seine Existenz schließen bzw. seinen Gesetzen zustimmen könnte – doch dieses Faktum bringt die Rechtfertigung des Staates bzw. seiner Gesetze nur zum Ausdruck und leistet sie nicht selbst.

Reichen diese Ähnlichkeiten, um davon zu sprechen, dass Kant in seiner politischen Philosophie das Erbe von Hobbes antritt? Schon folgende Überlegungen sprechen dafür, diese Frage nachdrücklich zu verneinen: Kant insistiert darauf, dass der Staat gewaltenteilig verfasst sein muss, Hobbes schließt dies explizit aus. Kant räumt der Bürgerschaft das Recht auf freie Meinungsäußerung und Pressefreiheit ein, wenn auch nur für konstruktive Kritik, aber nicht einmal solche will Hobbes zulassen. Doch diese offensichtlichen Unterschiede stellen nur die Spitze des Eisbergs dar, da sie auf eine viel grundlegendere Differenz im normativen Fundament der beiden politikphilosophischen Ansätze zurückgehen: Für Hobbes sprechen keine moralischen Gründe für die Schaffung eines Staates, da Hobbes insgesamt daran zweifelt, dass es unbedingte Verpflichtungen geben kann. Stattdessen ist für ihn der Staat im Lichte unseres vermeintlich ausschlaggebenden Interesses an Sicherheit gerechtfertigt. Kant würde diese beiden Überlegungen ablehnen. Denn für Kant erfolgt die Rechtfertigung des Staates moralisch, da ein republikanisch verfasster Staat das beste Mittel ist, um sicherzustellen, dass sich Menschen im Bereich des wechselseitigen Miteinanders an das halten, was ihnen das Grundgesetz der reinen praktischen Vernunft gebietet. Für ihn greift Hobbes bei der Rechtfertigung des Staates also auf Erwägungen zurück, die eigentlich keine Rolle spielen sollten. Und selbst wenn man mit Hobbes diesen an sich falschen argumentativen Weg beschreiten und den Staat durch Rückgriff auf menschliche Interessen begründen will, würde dies Kant zufolge für einen anderen als für den absolutistischen Staat sprechen. Denn mit Blick auf das wechselseitige Miteinander erschöpft sich das ausschlaggebende Interesse der Menschen nicht im Streben nach Sicherheit, sondern im Wunsch, von ihrer Freiheit Gebrauch zu machen, und diesem Wunsch entspricht nur ein republikanisch verfasstes Gemeinwesen. In Kants Augen geht Hobbes also gleich zweifach falsch vor: Er wählt die falsche Argumentationsstrategie, weil er nicht moralisch, sondern Interessen-basiert abwägt. Und er identifiziert das falsche menschliche Interesse als ausschlaggebend.

Vor dem Hintergrund dieser Differenz verwundert es nicht, dass Kant Hobbes' politikphilosophische Ausführungen für „erschrecklich" hält. Nach Kant baut Hobbes seinen Staat auf einem viel zu schmalen normativen Fundament auf, so dass dessen Machtfülle nicht angemessen beschränkt werden kann. Doch sollte

Kant dann im Gegenzug nicht auch die Bürgerschaft seines eigenen Staates mit umfassenden Abwehrrechten ausstatten?[27]

Einerseits kann man Kant nicht den Vorwurf machen, seine Zurückhaltung in puncto Widerstandsrecht sei inkonsistent. Kant buchstabiert das normative Fundament, das seinen politikphilosophischen Überlegungen zugrunde liegt, vollständig aus und erkennt, dass sich daraus ein Kriterium ableiten lässt, dem ein Staat entsprechen muss, um legitim zu sein. D. h. Kant zeigt auf, dass die Bürgerschaft eines Staates berechtigt ist, diesem Vorwürfe zu machen, sofern er seine Gesetzgebung nicht allgemein zustimmbar gestaltet. Doch um die Frage zu beantworten, ob die Bürgerschaft gewaltsam gegen den Staat vorgehen darf, sofern er gegen dieses Legitimationskriterium verstößt, muss man auf weitere Erwägungen zurückgreifen. Aus der bloßen Existenz eines Legitimationskriteriums, d. h. aus der bloßen Tatsache, dass der Staat richtig und falsch agieren kann, folgt noch nicht, dass die Bürgerschaft gewaltsam gegen dessen Fehler rebellieren darf. Interessanterweise führt Kant nicht diejenige Erwägung an, die intuitiv am deutlichsten gegen gewaltsamen Widerstand spricht, nämlich dass durch Gewalt Personen zu Schaden kommen. Auch wenn Kant kein explizites Gewaltverbot anführt, ist nämlich anzunehmen, dass Personen durch Gewalt instrumentalisiert werden, was der kategorische Imperativ verbietet. Stattdessen beruft sich Kant auf begriffliche Überlegungen zum Konzept der Gewaltenteilung bzw. der Souveränität, die allein schon deswegen nicht überzeugen können, weil die politische Philosophie doch erst klären soll, wie diese Konzepte zu verstehen sind. Daher kann man Kant meiner Ansicht nach den Vorwurf machen, nicht die stärksten Gründe für seine Ablehnung eines gewaltsamen Widerstandsrechts anzuführen. Andererseits gibt es – wie gerade ausgeführt – durchaus Gründe, die gegen ein gewaltsames Widerstandsrecht sprechen. Dieses auszuschließen ist also nicht unplausibel.

Allerdings muss die Frage erlaubt sein, ob Kants politische Philosophie ohne ein robustes Widerstandsrecht an praktischer Relevanz verliert. Denn ein vollständig aufgeklärter Souverän wird vielleicht auf seine Fehler aufmerksam werden und von diesen ablassen, wenn die Bürgerschaft ihre Freiheit der Feder geschickt nutzt. Aber von einem vollständig aufgeklärten Souverän ist ohnehin nicht zu erwarten, dass er gegen das Legitimitätskriterium verstößt. Ob sich dagegen ein despotisch veranlagter Souverän von der Bürgerschaft eines Besseren belehren lassen wird, sofern diese nur ihre Meinungsfreiheit gebraucht darf, ist fraglich. Insgesamt ist Kants Auffassung zum Widerstandsrecht daher nicht inkonsistent, aber wohl ein

---

27 Ginsberg scheint dieser Auffassung zu sein, wie er in einem fiktiven Dialog zwischen Hobbes und Kant deutlich macht. Vgl. Ginsberg 1974, S. 118-119.

Stück politische Philosophie, das zwar in der Theorie richtig ist, aber für die Praxis nicht taugt.

Literatur

Darwall, S. (1998). *Philosophical Ethics*. Boulder CO: Westview Press.

Flikschuh, K. (2012). Elusive Unity: The General Will in Hobbes and Kant. *Hobbes Studies 25*, 21–42.

Gauthier, D. (1969). *The Logic of Leviathan. The moral and political theory of Thomas Hobbes*. Oxford: Clarendon.

Ginsberg, R. (1974). Kant and Hobbes on the Social Contract. *The Southwestern Journal of Philosophy 5/1*, 115-119.

Guyer, P. (2012). Hobbes Is of the Opposite Opinion. Kant and Hobbes on the Three Authorities in the State. *Hobbes Studies 25*, 91–119.

Hobbes, T. (2000). *Leviathan oder der Stoff, Form und Gewalt eines kirchlichen und bürgerlichen Staates*. Herausgegeben und eingeleitet von Iring Fetscher. Frankfurt a. M.: Suhrkamp.

Hobbes, T. (1994). *Vom Menschen. Vom Bürger. Elemente der Philosophie II/III*. Eingeleitet und herausgegeben von Günter Gawlick. Hamburg: Felix Meiner.

Horn, C. (2011). Das Interesse der Philosophie an der Menschheitsgeschichte: Aufklärung und Weltbürgertum (Idee, Neunter Satz). In O. Höffe (Hrsg.), *Immanuel Kant. Schriften zur Gechichtsphilosophie* (S. 103-118). Berlin: Akademie Verlag.

Kavka, G. (1986). *Hobbesian Moral and Political Theory*. Princeton: Princeton University Press.

Locke, J. (2006). *Zwei Abhandlungen über die Regierung*. Herausgegeben und eingeleitet von Walter Euchner. Frankfurt a. M.: Suhrkamp.

Mackie, J. (1990). *Ethics. Inventing Right and Wrong*. Harmondsworth: Penguin.

Nida-Rümelin, J. (1996). Bellum omnium contra omnes – Konflikttheorie und Naturzustandskonzeption im 13. Kapitel des Leviathan. In W. Kersting (Hrsg.), *Thomas Hobbes. Leviathan (S. 109-130)*. Berlin: Akademie Verlag.

Riley, P. (1982). *Will and Political Legitimacy. A Critical Exposition of Social Contract Theory in Hobbes, Locke, Rousseau, Kant, and Hegel*. Cambridge MA/London: Harvard University Press.

Scanlon, T. (2000). *What We Owe to Each Other*. Cambridge MA/London: Harvard University Press.

Slomp, G. (2007). Kant against Hobbes: Reasoning and Rhetoric. *Journal of Moral Philosophy 4/2*, 207-222.

Sorell, T. (2011). Hobbes's Moral Philosophy. In P. Springborg (Hrsg.), *Cambridge Companion to Hobbes's Leviathan* (S. 128-156). Cambridge/New York: Cambridge University Press.

Sweet, K. (2013). *Kant on Practical Life. From Duty to History*. Cambridge/New York: Cambridge University Press.

Williams, H. (2003). *Kant's Critique of Hobbes. Sovereignty and Cosmopolitanism*. Cardiff: University of Wales Press.

4 Vom Naturzustand zur bürgerlichen Gesellschaft. Das Erbe von Rousseau

Günter Zöller

„Extra rempublicam nulla salus"
XIX, 566

1 Einleitung

Im Denken Kants über Staat und Souveränität im Allgemeinen und über den Wechsel von der Gesellschaft im Naturzustand zur zivischen Gesellschaft im Besonderen kommt Rousseau eine Schlüsselstellung zu. Anders als Hobbes, dessen vertragstheoretische Begründung absoluter staatlicher Macht von Kant in wenigen spezifischen Punkten rezipiert und kritisiert wird (VIII, S. 289-306, bes. 303-04), bildet das Denken Rousseaus über Staat und Gesellschaft den durchgängigen Hintergrund für die Entwicklung von Kants politischem Denken. Auch ist Kants permanentes und produktives Verhältnis zu Rousseau nicht beschränkt auf Grundfragen der politischen Philosophie und ihrer rechtlichen Begründung. Mit Ausnahme der theoretischen Philosophie steht Kants gesamtes Denken unter dem prägenden Einfluss von Rousseau, der von der Anthropologie über die Geschichtsphilosophie bis zur Pädagogik reicht, vor allem aber die Moralphilosophie betrifft[1].

Der folgende Beitrag eruiert das Erbe Rousseaus in Kants politischem Denken durch dessen Lokalisierung im weiteren Kontext von Kants umfassender Auseinandersetzung mit Rousseau. Im Mittelpunkt steht dabei die produktive Aneignung von Rousseaus gesellschaftskritischem Denken durch Kant. Der erste Abschnitt präsentiert in drei Unterabschnitten die Grundzüge des von Kant rezipierten Werks von Rousseau. Der zweite Abschnitt behandelt die systematische Rezeption und Transformation von Rousseaus einschlägigen Lehren im Rahmen von Kants anthro-

---

1 Vgl. Zöller 2011.

pologischem und geschichtsphilosophischem Denken. Der dritte Abschnitt verfolgt
die differenzierte Rousseau-Rezeption Kants speziell in der Rechtsphilosophie.

2   Rousseau als Theoretiker der modernen bürgerlichen Gesellschaft

Mit keinem Teil seines umfangreichen und vielgestaltigen Werkes, das den Roman
(*Julie ou La Nouvelle Héloïse*) ebenso umfasst wie die Autobiographie (*Les Con-
fessions*) und die autobiographische Fiktion (*Les rêveries du promeneur solitaire*),
die komische Oper (*Le Devin du Village*) ebenso wie die Botanik und die Sprach-
philosophie (*Essai sur l'origine des langues*) ebenso wie die politische Publizistik
(*Considérations sur le Gouvernement de Pologne*), hat Rousseau unmittelbarer und
einflussreicher gewirkt als mit seinen Schriften zu einer kritischen Theorie der
Gesellschaft in deren beiden Stadien als naturwüchsiger, „wilder" und verfeinerter,
„bürgerlicher" Gesellschaft (*société sauvage*, *société civile*). Es sind vor allem drei
Schriften, mit denen Rousseau das zeitgenössische Bild von Ursprung, Bedingungen
und Grenzen gesellschaftlichen Lebens ebenso irritiert wie geprägt hat: die beiden
Preisschriften (*Discours*) über Kunst und Wissenschaft in ihrer Auswirkung auf
die Moral von 1750 und über den Ursprung der Ungleichheit unter den Menschen
von 1755 sowie die Schrift über den Gesellschaftsvertrag von 1762.

Verwirrend und faszinierend waren an diesen, im übrigen wenig umfangreichen
Werken für die Zeitgenossen nicht nur die darin aufgestellten provokanten Thesen
und originellen Positionen, die Rousseau zum Kontrahenten und Konkurrenten
von Voltaire, dem führenden Geist der europäischen Aufklärung, aufsteigen lie-
ßen. Verstörend wirkten auch das Spektrum der Themen und die Spannweite der
Einstellungen, die Rousseau in diesen drei Schriften vertrat. So musste die zeitgenössische Leserschaft an der Konsequenz und Konsistenz eines Denkens zweifeln,
das zunächst – in den beiden *Discours* – die zerstörerische Wirkung von Kultur
und Zivilisation im Hinblick auf die natürlichen Lebensverhältnisse der Menschen
herausgestellt hatte, um dann – im *Contrat social* – emphatisch den Eintritt in den
bürgerlichen Zustand und die Errichtung einer staatlichen Ordnung zu vertreten.
Speziell die Herleitung gesellschaftlicher Ungleichheit aus der Erfindung des Privateigentums im zweiten *Discours* musste die spätere positive Begründung von
rechtlichem Besitz im *Contrat social* in ein dubioses Licht rücken. Der Kultur- und
Zivilisationspessimist der beiden *Discours* schien sich unversehens in einen Staats-
und Rechtsapologeten gewandelt zu haben.

Doch ist Vorsicht geboten bei der typologischen Kontrastierung der einzelnen Werkgruppen in Rousseaus Schaffen. Weder sind die beiden *Discours* auf Kulturkritik zu reduzieren, wie das ein gängiger Titel für deren deutsche Edition im Rückgriff auf einen Terminus aus der Kritischen Theorie[2] immer noch suggeriert[3]. Noch ist der *Contrat social* umstandslos als Affirmation von staatlicher Ordnung zu vereinnahmen. Charakteristisch, ja leitend für Rousseaus vielförmige Auseinandersetzung mit Staat und Gesellschaft sind nicht die großen Gesten von Negation oder Zurückweisung und von Affirmation oder Übernahme. Im Zentrum von Rousseaus sozio-politischem Denken steht vielmehr die kritische und komplexe Auseinandersetzung mit den prinzipiellen Formen und primären Funktionsweisen des gesellschaftlichen Lebens.

Dabei liegt der Fokus von Rousseaus zeitkritischen Fragen nicht auf einem einzelnen Land, etwa Frankreich, oder einem speziellen Jahrhundert, etwa dem achtzehnten. Vielmehr nimmt Rousseau ein Gesamt von Bedingungen und Gestaltungen des gesellschaftlichen Lebens in den Blick, das die zeitgenössische europäische Welt in einen größeren räumlichen und zeitlichen Rahmen stellt. In den von Frankreich ausgehenden generellen Debatten über die gegenwärtigen gesellschaftlichen Zustände und ihre komparative und kontrastive Einschätzung figuriert die langfristig gestreckte eigene Zeit als Epoche der Modernen (*les modernes*), im Unterschiede zu den Alten (*les anciens*), wenn auch die Epochenkennzeichnung „die Moderne" (*les temps modernes*) und die typologischen Titel „Modernität" (*la modernité*) und „das Moderne" (*le moderne*) deutlich späteren Datums sind.

Am Anfang der damaligen Gegenüberstellung steht die ästhetische, zunächst speziell literarästhetische Debatte über die respektiven Vorzüge antiker und moderner Autoren (*querelle des anciens et des modernes*), die das französische klassische Zeitalter (*âge classique*) in zwei opponierte Lager spaltet, von denen das eine die unübertreffliche, „klassische" Qualität und Dignität antiker Kunstproduktion vertritt, während das andere einen spezifisch modernen Fortschritt gegenüber den Alten in bestimmten Bereichen, insbesondere in Literatur und Malerei, behauptet. Sinn und Zweck der komparativen Auseinandersetzung (*parallèle entre les anciens et les modernes*) ist die Begründung des Selbstverständnisses und des Selbstbewusstseins der eigenen modernen Bestrebungen in Kunst und Literatur gegenüber deren antiken Vorbildern, die den einen als unübertreffliche Muster von Nachahmung gelten (*imitatio veterum*) und den anderen als Gegenstände produktiver Auseinandersetzung zum Zweck ihrer Überbietung mit neuen Mitteln.

---

2 Vgl. Adorno 2003.
3 Vgl. Rousseau 1971; für den sachlich adäquateren Titel „Zivilisationskritik" vgl. Rohbeck/ Steinbrugge 2015.

Hatte im Mittelpunkt der Streits zwischen Antike-Apologeten („Antiken")
und Moderne-Verfechtern („Modernen") zunächst die ästhetische Bewertung der
Moderne im Verhältnis zur klassischen Antike (Griechenland und Rom) gestan-
den, so weitet sich die Selbstinterpretation der Moderne, unter dem Eindruck von
Forschungsberichten über fremde Kulturen, vor allem im Südpazifik („Südsee"),
bald aus zum kontrastierenden Vergleich der europäischen Zivilisation in Vergangenheit und Gegenwart mit angeblich ursprünglicheren, „primitiven" Völkern,
deren scheinbar einfachere Lebensweise als idyllisches und irenisches Gegenstück
zu modernen Gesellschaftsformen aufgefasst und dargestellt wird[4]. Neben den kol-
portierten Nachrichten über die alternativen Moralvorstellungen der südpazifischen
Inselbewohner, insbesondere deren angebliche permissive Sexualmoral, fasziniert
die Zeitgenossen im Jahrhundert der Aufklärung vor allem das eigentümliche
Gesellschaftsleben der fremden Völker.

In einer konzeptuellen Übertragung von geographischer Ferne in historische
Distanz dienen die zeitgenössischen Berichte über primitive Lebensverhältnisse
in fernen Ländern als Beleg für das menschliche Leben im zeitlich entrückten
Anfangszustand menschlicher Existenz („Naturzustand"). Hatte in frühmoderner
Zeit noch die Urbevölkerung des neuentdeckten amerikanischen Kontinents als
Projektionsfläche anfänglicher menschlicher Existenz fungiert, so dient nun die neu
aufgetauchte südpazifische Inselwelt als Vorbild für die präzivilisatorische Retropro-
jektion. Dabei tritt an die Stelle des kriegerischen Charakters, wie er insbesondere
im Hinblick auf die (nord-)amerikanische Urbevölkerung in die Imagination und
Figuration des Naturzustandes gelangt war, der angeblich friedfertige, „pazifische"
Wesenszug der neuentdeckten Inselbevölkerungen.

Der doppelte kontrastive Kontext von klassischer Antiquität und exotischer
Primitivität verschärft den Blick des Aufklärungszeitalters für das Neben-, Gegen-
und Ineinander von Errungenschaften und Einbußen im Prozess der Moderne.
Die kritische Selbstverständigung der fortgeschrittenen europäischen Kultur und
Zivilisation reicht dabei von der affirmativen Selbstsicherheit bis zur skeptischen
Selbstkritik. Niemand hat die Zweischneidigkeit von kulturellem und zivilisato-
rischem Fortschritt in der klassischen Moderne klarer gesehen und deutlicher
dargelegt als Rousseau. So sehr Rousseaus kritische Stellungnahmen zu Wert und
Unwert der Wissenschaften und Künste und zu Ursprung und Art gesellschaftlicher
Ungleichheit Extrempositionen markieren, gehören sie doch in ein breit gespanntes
Spektrum zeitgenössischer Reflexion über Glanz und Elend der neuen Zeit – über
die Meriten wie die Malaise der Moderne.

---

4   Vgl. Diderot 1946.

2.1 Der erste *Discours*

Schon die Fragestellungen der Akademie, auf die Rousseau mit seinem ersten und zweiten *Discours* antwortet, sind getragen von der kritischen Reflexion der europäischen Aufklärung und ihrer selbstkritischen Zuspitzung. Im ersten *Discours* beantwortet Rousseau die Preisfrage der Akademie von Dijon: „Si le rétablissement des Sciences & des Arts a contribué à épurer les mœurs" („Ob der Wiederaufstieg der Wissenschaften und Künste zur Läuterung der Sitten beigetragen hat")[5]. Dem zweiten *Discours* liegt die Preisfrage derselben Akademie zugrunde: „Quelle est l'origine de l'inégalité parmi les hommes, et si Elle est autorisée par la Loy naturelle?" („Was ist der Ursprung der Ungleichheit unter den Menschen, und ob sie durch das natürliche Gesetz autorisiert wird?")[6].

Im Zentrum des ersten *Discours* steht die Wirkung des Fortschritts in den Wissenschaften und Künsten auf den Zustand der Sitten (*mœurs*) und speziell auf die soziale und zivische Gesinnung (*vertu*). Rousseaus kritische Einschätzung des verderblichen Einflusses kultureller Errungenschaften auf die Formen und Normen des gesellschaftlichen Zusammenlebens gilt dabei nicht der Wissenschaft und der Kunst als solchen. Vielmehr kritisiert Rousseau speziell deren Verfallsformen in Gestalt von selbstgenügsamer Betriebsamkeit in den Wissenschaften und mediokrer Produktion in den Künsten. Grundsätzlich sind für Rousseau Wissenschaft und Kunst mit guter Gesinnung (*vertu*) durchaus vereinbar. Als Hauptursache für den kausal verknüpften Verfall von Wissenschaften, Künsten und Sitten macht Rousseau im ersten *Discours* einen gesamtgesellschaftlichen Verfallsprozess verantwortlich, den er in Antike und Moderne gleichermaßen beobachtet und der sich für ihn im Überhandnehmen von Verschwendung (*luxe*) und Ausschweifung (*dissolution*) manifestiert[7], vor allem aber in der „unseligen Ungleichheit" (*funeste inégalité*), die für ihn aus der Verdrängung echter Tugend durch das bloße technische Können resultiert[8].

In kritischer Reaktion auf die „eitlen" Ziele der modernen Wissenschaften, die für ihn wesentlich im „Müßiggang" (*oisiveté*) gründen und in „Zeitverschwendung" (*abus du temps*) bestehen, insistiert Rousseau auf der gesamtgesellschaftlichen „Nützlichkeit" (*utilité*) der Wissenschaften[9]. Im Hinblick auf die Künste stellt er gegen die modernen Verfallsformen von Verfeinerung und Überfrachtung die

---

5   Rousseau 1971, S. 61.
6   Rousseau 1997, S. 64-65.
7   Vgl. Rousseau 1971, S. 26-27.
8   Vgl. Rousseau 1971, S. 46.
9   Rousseau 1971, S. 32, 34.

frühere „Reinheit des Geschmacks" (*pureté du goût*) und die „Einfachheit der früheren Zeiten" (*simplicité des Premiers temps*)[10].

2.2   Der zweite *Discours*

Galt der modernekritische Rekurs des ersten *Discours* – zu den moralischen Konsequenzen des wissenschaftlichen und künstlerischen Fortschritts – den einfacheren, noch unverdorbenen Verhältnissen früheren Formen kultureller Leistung, insbesondere im spätarchaischen und frühklassischen Griechenland, so konfrontiert Rousseau im zweiten *Discours* – zum Ursprung gesellschaftlicher Ungleichheit – die historische Zeitepoche insgesamt mit einer legendären Vorzeit, die den gesellschaftlichen Institutionen vorausliegen und den Menschen im „natürlichen Zustand" (*état naturel*) oder „Naturzustand" (*état de nature*) repräsentieren soll[11].

Rousseaus besonderes Interesse gilt der dem Naturzustand eigenen Gesetzlichkeit (*loi naturelle*)[12] in Gestalt der beiden Prinzipien der Selbsterhaltung (*conservation de nous mêmes*) und des Mitempfindens (*commisération*) oder auch des Mitleids (*pitié naturel*)[13]. Die zwei Prinzipien gelten Rousseau als Grundlage für die proto-rechtliche Regulierung (*droit naturel*)[14] der „Bedürfnisse" (*besoins*) und „Pflichten" (*devoirs*) des „ursprünglichen Menschen" (*homme originel*) im Verhältnis zu sich selbst wie im Umgang miteinander[15]. Speziell die auf Selbsterhaltung ausgerichtete „Selbstliebe" (*amour de soi même*) fungiert für Rousseau im Naturzustand als gute und taugliche Grundlage von Gesetz, Sitten und Tugend[16].

Im Hinblick auf die leitende Fragestellung des zweiten *Discours* konstatiert Rousseaus hypothetisches Räsonnement über den frühen Menschen zunächst das faktische Vorliegen „natürlicher oder physischer Ungleichheit" (*inégalité naturelle, ou physique*) im Hinblick auf Unterschiede in körperlicher und geistiger Konstitution[17]. Doch ist es die Pointe von Rousseaus Reflexion auf menschliche Entwicklung, den Eintritt einer anderen Art von Ungleichheit, der „moralischen

---

10   Rousseau 1971, 52, 40.
11   Rousseau 1997, S. 76, 20.
12   Vgl. Rousseau 1997, S. 50.
13   Vgl. Rousseau 1997, S. 144.
14   Vgl. Rousseau 1997, S. 56.
15   Rousseau 1997, S. 58.
16   Rousseau 1997, S. 150.
17   Vgl. Rousseau 1997, S. 66.

Ungleichheit" (*inégalité morale*)[18], schon in der Frühentwicklung menschlicher Kultur und Gesellschaft zu lokalisieren.

Die generelle Grundlage für die Fortentwicklung des Menschen, zunächst noch innerhalb des Naturzustandes und schließlich über diesen hinaus, ist für Rousseau in erster Linie die spezifisch menschliche Befähigung zu einem Tun und Handeln, das nicht bloß instinktgesteuert ist, sondern frei. Für Rousseau macht nicht schon der Verstand, sondern erst die Handlungsfreiheit (*liberté*)[19] den Menschen als solchen aus, unter explizitem Einschluss seiner Frühform als „wilder Mensch" (*homme sauvage*)[20]. Zusätzlich zur speziellen Freiheit des Handelns verfügt der Mensch für Rousseau über eine generelle Freiheit in der Lebensweise. Statt wie die bloßen Tiere auf eine bestimmte gattungsgemäße Existenzform ein für allemal festgelegt zu sein, zeichnet es – so Rousseau – den Menschen aus, der Veränderung und damit auch der Verbesserung fähig zu sein. Mehr noch: die dem Menschen mögliche Verbesserung tritt nicht von außen in das menschliche Leben ein, sondern verdankt sich, Rousseau zufolge, menschlicher Anstrengung und besteht deshalb wesentlich in Selbstverbesserung.

Doch reicht die von Rousseau dem Menschen ganz generell zugeschriebene Befähigung zur Selbstvervollkommnung (*faculté de se perfectionner*), kurz: Perfektibilität (*perfectibilité*)[21], im anfänglichen Naturzustand praktisch nicht über das individuelle Leben des Menschen hinaus, mit dessen Tod die über lange Jahre erworbenen und geübten Fähigkeiten und Kenntnisse, so Rousseau, verlorengehen[22]. Erst mit dem Übergang von der essentiell solitären Lebensform des ursprünglichen Menschen zu frühen Formen der Vergesellschaftung, die noch im Naturzustand entstehen und dessen späteren Übergang in den bürgerlichen Zustand (*état civil*) einleiten, kommt es – in Rousseaus Rekonstruktion – zur Ausbildung von über- und interindividuellen Einrichtungen, Gebräuchen und Handlungsweisen. Für Rousseau ist es dieser Schritt der institutionellen Sozialisierung, der an die Stelle der natürlich gegebenen Ungleichheit eine gesellschaftlich gegründete und institutionell vermittelte und insofern künstliche Ungleichheit (*inégalité d'institutions*) treten lässt[23].

Den generellen Vorgang der fortschreitenden Vergesellschaftung des ursprünglich solitären Naturzustandes beschreibt Rousseau als einen Prozess der zunehmenden Zähmung und Domestikation des zuvor wilden Menschen im Rahmen von geselli-

---

18 Rousseau 1997, S. 58.
19 Vgl. Rousseau 1997, S. 98.
20 Rousseau 119, S. 80.
21 Vgl. Rousseau 1997, S. 102.
22 Vgl. Rousseau 1997, S. 160.
23 Vgl. Rousseau 1997, S. 162.

gem Zusammenschluss, Familienbildung und Stammesformation sowie von damit korrelierter Sprach- und Denkentwicklung, in deren Verlauf elementare Bedürfnisse um zusätzliche Bequemlichkeiten aller Art (*commodités*) erweitert werden, die allesamt den Status künstlicher Bedürfnisse haben. Ein wichtiger erster Schritt zur Etablierung gesellschaftlicher Ungleichheit erfolgt, Rousseau zufolge, durch die dabei vorgenommen selektive soziale Auszeichnung einzelner vor den anderen[24].

Der eigentliche Übergang vom Naturzustand zum bürgerlichen Zustand, samt der damit einhergehenden Institutionalisierung von gesellschaftlicher Ungleichheit, erfolgt für Rousseau dann im Ausgang von der Erfindung des Eigentums, dessen Einrichtung sowohl das letzte Stadium des Naturzustandes als auch den Beginn des bürgerlichem Zustandes bildet[25]. Die materielle, technische Grundlage für die Einführung des privaten, andere von Nutzung und Gebrauch ausschießenden Besitzes einer Sache bilden für Rousseau der Ackerbau und die Metallgewinnung, von denen hauptsächlich ersterer durch die Aufteilung des Bodens den Anlass für das Auftreten unterschiedlicher Besitzverhältnisse und damit für den Eintritt der Differenz von Reichtum und Armut bildet[26]. Diese von Rousseau noch im Naturzustand verortete Entwicklung trägt in dessen ursprünglich relativ friedliche Existenzform jene Grundzüge von Konflikt und Rivalität, aber auch von Täuschung und Betrug[27], die ihn schließlich zum „Zustand des Krieges" (*état de guerre*) werden lassen[28].

Vor dem Hintergrund des bereits korrumpierten Naturzustandes erscheint für Rousseau im zweiten *Discours* die Stiftung einer staatlich-rechtlichen, spezifisch politischen Gesellschaftsordnung als die ebenso geschickte wie perfide Strategie der Reichen und Erfolgreichen zur Wahrung und Sicherung ihres Besitzstandes. Sie dient damit der Konsolidierung und Perpetuierung ungleicher Besitzverhältnisse – mit dem Ergebnis, dass die Gesetze des neu geschaffenen Gemeinwesens die Armen fesseln und die Reichen stärken[29]. Doch erschöpft sich für Rousseau schon im zweiten *Discours*, der darin auf den *Contrat social* vorausweist, der Sinn und Zweck des Staates nicht in der rechtlichen Zementierung ungleicher Besitzverhältnisse.

In der Perspektive auf den Menschen als Freiheitswesen, die Rousseau im Rückgriff auf den Menschen im Naturzustand auch für den Menschen im bürgerlichen Zustand geltend macht, ist die Einrichtung einer rechtlich-politischen Gesellschaftsordnung nicht nur als Akt der Unterwerfung (etwa der Armen unter

---

24 Vgl. Rousseau 1997, S. 184, 188.
25 Vgl. Rousseau 1997, S. 172.
26 Vgl. Rousseau 1997, S. 196.
27 Vgl. Rousseau 1997, S. 190, 192, 206, 208.
28 Rousseau 1997, S. 212.
29 Vgl. Rousseau 1997, S. 216, 218.

die Reichen) anzusehen, sondern auch als probates Mittel zum Erhalt von Freiheit[30]. In Rousseaus Einschätzung steht die Verknechtung der Völker unter despotischen politischen Verhältnissen nicht etwa am Anfang des gesellschaftlichen Zustandes, sondern resultiert erst aus dessen weiterer Ausgestaltung in Folge zunehmender Ungleichheit in der Verteilung von Besitz und Macht, die den Boden bereitet für generelle Unterwerfung und allgemeinen Freiheitsverlust[31]. Für Rousseau ziehen erst weitgehend zivilisierte Völker, die allen Sinn für das ursprünglich freie Leben verloren haben, die Knechtschaft der Freiheit vor[32]. Für den anfänglichen bürgerlichen Zustand sieht Rousseau deshalb schon im zweiten *Discours* – und nicht erst im *Contrat social* – die vertragliche Vereinigung der Menschen zu Bürgern und die Vereinigung von deren Einzelwillen (*toutes ses volontés*) in einen einzigen (*une seule*) vor[33].

Die Zunahme an Ungleichheit in der fortschreitenden Ausgestaltung des bürgerlichen Gesellschaftszustandes macht Rousseau im zweiten *Discours* speziell an der Einführung politischer Unterscheidungen – primär der zwischen Oberhaupt und Untertan – fest, denen dann die zivilgesellschaftlichen Differenzen zwischen unterschiedlich reichen – oder armen – Bürgern folgen. Im Zuge dieser Entwicklung wird die Ungleichheit der Besitzverhältnisse und damit die soziale Ungleichheit im fortgeschrittenen bürgerlichen Zustand so extrem, dass sie zur Monopolisierung der gesellschaftlich-politischen Macht in den Händen der Reichen führt[34]. Nach Rousseaus Einschätzung mündet diese Entwicklung in einen despotischen Endzustand, der mitten in der zivilbürgerlichen Gesellschaft das vorstaatliche sogenannte Recht des Stärkeren reinthronisiert[35]. Als der eigentliche Ursprung von gesellschaftlicher Ungleichheit erweist sich so in Rousseaus zweitem *Discours* nicht etwa der Eintritt in den bürgerlich-gesellschaftlichen Zustand als solchen, sondern der Missbrauch der zivischen Gesellschaftsform für ausserpolitische, primär ökonomische Absichten und Zwecke einzelner Bürger oder Bürgerschichten[36]. Das damit vorliegende freiheitlich-gleiche Potenzial der zivilen Gesellschaft, diesseits ihrer Korruption durch partikulare Interessen, steht dann im Mittelpunkt der dritten Schrift, mit der Rousseau für Kant prägend geworden ist.

---

30 Vgl. Rousseau 1997, S. 228.
31 Vgl. Rousseau 1997, S. 250.
32 Vgl. Rousseau 1997, S. 234.
33 Rousseau 1997, S. 242.
34 Vgl. Rousseau 1997, S. 252.
35 Vgl. Rousseau 1997, S. 262.
36 Vgl. Rousseau 1997, S. 270.

2.3   Der *Contrat social*

Die kritische Auseinandersetzung mit den gesellschaftlichen Bedingungen der
Moderne in den beiden *Discours* findet ihre fokussierte Fortsetzung in Rousseaus
politisch-philosophischer Hauptschrift, dem *Contrat social*. Auch hier bildet der
Gegensatz von Antike und Moderne den Hintergrund für die philosophische Betrachtung, die nunmehr der rechtlichen Grundlegung staatlicher Ordnung durch
die Grundsätze des Staatsrechts (*principes du droit politique*) gilt[37]. Der *Contrat social*
folgt darüber hinaus dem Verfahren der früheren Schriften in der Gegenüberstellung eines anfänglichen Zustandes mit dessen späterer Verfallsform. Doch ist der
idealisierte Ausgangspunkt im *Contrat social* nicht ein supponierter prähistorischer
Naturzustand, sondern der durch den ursprünglichen Gesellschaftsvertrag errichtete
Staat in seiner elementaren Verfassung, noch diesseits weiterer Ausgestaltungen
und späterer Ausartungen. Der maßgebliche historische Horizont für den früh
vollendeten (staats-)bürgerlichen Zustand sind bei Rousseau die griechische Polis
und die römische Republik, denen gegenüber die späteren staatlichen Entwicklungen
in Antike wie Moderne von Rousseau kritisch eingeschätzt werden.

So reflektiert denn auch die berühmte eröffnende Aussage des *Contrat social*,
der zufolge der Mensch frei geboren ist, aber überall in Ketten liegt nicht die generelle Leistung und Funktion der Institution des Staates, sondern dessen spezielle
versklavende Wirkung im Zustand von Verrohung und Verfall. Für den Rousseau
des *Contrat social* ist die politische Gemeinschaft nicht das Instrument von Un-
terdrückung und Willkürherrschaft, sondern das Institut zur gesellschaftlichen
Gewährleistung von Freiheit und Gleichheit. Dem entsprechend liegt der Fokus
des *Contrat social* auf dem Vorzug und Vorteil rechtlich-staatlicher Ordnung für
die so Regierten[38].

Der traditionellen Frage nach Ursprung und Reichweite der herrschaftlichen
Gewalt über ein Volk lagert Rousseau die Frage vor, wodurch sich ein Volk als
politische Entität, als Staatsvolk, allererst konstituiert, bevor es sich dann einen
Herrscher geben und sich diesem überdies unterwerfen kann. Den im Titel der
Schrift benannten Gesellschaftsvertrag präsentiert Rousseau als Ideallösung einer
spezifischen Problemlage, die durch zwei konträre Umstände charakterisiert ist: den
mit der kulturellen Fortentwicklung des Menschen zunehmenden Hindernissen
für das Fortbestehen des Naturzustandes und der gleichzeitigen überwiegenden
Abneigung, den Naturzustand zu verlassen und sich der „natürlichen Freiheit" (*li-*

---

37 Vgl. Rousseau 2010, S. 51.
38 Vgl. Rousseau 2010, S. 8, 10.

berté naturelle) zu begeben[39]. Die vom Gesellschaftsvertrag zu leistende Lösung des gesellschaftlichen Grundproblems besteht in der Findung oder vielmehr Erfindung einer Form der „Vergesellschaftung" (*association*), in der die Individuen, die sich in ihr zum Zweck der gemeinsamen Verteidigung und des gemeinsamen Schutzes zusammentun, weiterhin nur sich selbst gehörigen und gehorchen und auf diese Weise so frei bleiben wie sie es zuvor, im Naturzustand, waren[40].

Die probate Gestalt der gesuchten gesellschaftlichen Vereinigung ist die vertragliche Vereinbarung aller Beteiligten, sich selbst samt ihren vorvertraglichen Rechten und Ansprüchen vollständig an eine allererst zu schaffende und durch eben diesen Akt geschaffene nicht-physische Körperschaft (*corps moral et collectif*) zu entäußern (*aliénation totale*), von der sie dann im gleichen Moment ebendiese Rechte und Ansprüche in ihrer neuerworbenen Kapazität als konstitutive Mitglieder (*membres*) des so kreierten Gesellschaftskörpers zurückerlangen. Voraussetzung wie Resultat dieser sozio-politischen Transformation, die aus dem vergesellschafteten Menschen (*homme*) einen Staatsbürger (*citoyen*) macht, ist die komplette und ausnahmslose bürgerliche Gleichheit aller Beteiligten – ihre Gleichheit als Bürger[41].

Zur philosophischen Vorstellung vom gesellschaftsvertraglich begründeten Staatskörper gehört bei Rousseau dessen metaphorische Ausstattung mit einem Willen, der dem Ganzen als solchem zugehört (*volonté générale*) und der den Einzelwillen (*volonté particulière*) jedes der Glieder des Körpers – der Mitglieder des Ganzen – ebenso übersteigt wie den bloß kumulierten Willen aller Beteiligten (*volonté de tous*)[42]. Mit dieser Distinktion korreliert ist bei Rousseau der Gegensatz von Sonderinteresse (*intérêt particulier*) und Gemeininteresse (*intérêt commun*)[43]. Dabei soll das allgemeine, auf das Gemeinwohl ausgerichtete Interesse des allgemeinen, zivisch gesinnten Willens faktisch wie normativ Vorrang besitzen gegenüber dem partikularen Interesse des besonderen Willens. Im Konfliktfall sieht der Gesellschaftsvertrag bei Rousseau sogar vor, dass man den unzivisch gesonnenen Bürger zu einem mit der generellen bürgerlichen Freiheit verträglichen Handeln zwingen kann (*qu'on le forcera d'être* libre)[44]. Für Rousseau besteht so Freiheit, genauer: bürgerliche Freiheit (*liberté civile*), in der substantiellen Identifikation des Bürgers mit dem Gemeinwillen[45].

---

39 Rousseau 2010, S. 30.
40 Vgl. Rousseau 2010, S. 32.
41 Vgl. Rousseau 2010, S. 32, 34.
42 Rousseau 2010, S. 34, 40, 62.
43 Rousseau 2010, S. 40.
44 Rousseau 2010, S. 42.
45 Vgl. Rousseau 2010, S. 44, 236.

Rousseau zufolge wird nicht nur das Staatsvolk sondern auch die oberste, souveräne Gewalt im Staate (*souverain*) allererst durch den Gesellschaftsvertrag kreiert und instituiert[46]. Die Souveränität liegt dabei ursprünglich beim Volk selbst, so dass der Einzelne in der (staats-)bürgerlichen Gesellschaft in doppelter Kapazität auftritt: als gesetzgebendes Glied des Souveräns wie als dem Gesetz unterstehendes und gehorchendes Glied des Staatsvolks[47]. Indem die Untertanen dem Souverän gehorchen, gehorchen sie doch nur ihrem eigenen, zivisch purifizierten Willen[48].

Der durch den Gesellschaftsvertrag vollzogene Übergang vom Naturzustand in den bürgerlichen Zustand beinhaltet für Rousseau des weiteren den entwicklungsmäßigen Fortschritt vom instinktartigen Verhalten zu einem Handeln nach Maßgabe von „Sittlichkeit" (*moralité*). Damit treten an die Stelle von Trieb (*impulsion*) und Begehren (*appétit*) sittliche Normen in der doppelten Gestalt von Pflicht (*devoir*) und Recht (*droit*)[49]. Vor allem aber umfasst der vertraglich geregelte Eintritt in den bürgerlichen Zustand die Aufgabe der natürlichen Freiheit und den Erwerb von bürgerlicher Freiheit (*liberté civile*). Zu den positiven Leistungen des Austauschs von natürlicher gegen bürgerliche Freiheit rechnet Rousseau auch die Umwandlung von bloß faktischem Besitz (*possession*) in vertraglich geschütztes Eigentum (*propriété*), durch das der auf physischer Stärke und erster Besitznahme beruhende Anspruch auf eine Sache ersetzt wird durch einen nachweisbarem und durchsetzbaren Rechtsanspruch (*titre positif*)[50].

Die ursprünglich beim Volk liegende Souveränität ist für Rousseau unveräußerlich und unteilbar[51]. Beim Volk qua Souverän liegt deshalb eigentlich auch alle Gesetzgebung[52]. Doch erwägt Rousseau in historischer Perspektive das Erfordernis eines anfänglichen Gesetzgebers, der dem neu zu gründenden Staat und seinem Volk allererst die Grundverfassung seiner rechtlichen Ordnung gibt[53]. Zusätzlich zur populären Gesetzgebung (Legislative) sieht die Ausgestaltung des Gesellschaftsvertrages bei Rousseau die Einrichtung einer Exekutive zur Ausführung der allgemeinen Gesetze durch besondere Verordnungen vor. Die dadurch institutionalisierte Regierung (*gouvernement*) steht für Rousseau aber weiterhin im Dienste des Souveräns und damit des Volkes. Dem entsprechend trennt Rousseau

---

46 Vgl. Rousseau 2010, S. 38.
47 Vgl. Rousseau 2010, S. 36, 38.
48 Vgl. Rousseau 2010, S. 70.
49 Rousseau 2010, S. 42.
50 Rousseau 2010, S. 44.
51 Vgl. Rousseau 2010, S. 54, 56.
52 Vgl. Rousseau 2010, S. 84.
53 Vgl. Rousseau 2010, S. 86-96.

streng zwischen dem Souverän als oberster gesetzgebender Gewalt und dem Fürsten (*Prince*) als Oberhaupt der ausführenden Gewalt[54].

In Fortführung traditioneller politischer Klassifikationen unterscheidet Rousseau im *Contrat social* unterschiedliche Regierungsformen (*formes du Gouvernement*)[55], die er – in Orientierung an Montesquieu – jeweils auf ihre Tauglichkeit für unterschiedliche demographische und geographische Gegebenheiten hin untersucht[56]. Im einzelnen führt Rousseau Demokratie, Aristokratie und Monarchie samt deren Mischformen an. Die Einteilung betrifft immer nur die Ausgestaltung der Exekutive, während die Legislative für Rousseau prinzipiell in den Händen des Volkes liegt. Für Rousseau fällt die legislative Funktion des Staatsvolkes deshalb auch nicht mit der demokratischen Regierungsform zusammen, die er vielmehr wegen ihrer politischen Volatilität und ihrer faktischen Impraktikabilität explizit kritisiert[57]. Rousseaus eigentliches Interesse gilt denn auch nicht den verschiedenen Regierungsformen, sondern der grundsätzlichen Gestaltung des Staates durch Gesetze, die dem zivischen Doppelziel von bürgerlicher Freiheit und bürgerlicher Gleichheit dienen. Ein derart eingerichtetes Gemeinwesen (*res publica*) nennt Rousseau in Anlehnung an das klassische Rom eine „Republik" (*République*), ohne damit schon deren Regierungsform festzulegen, die vielmehr unabhängig davon demokratisch, aristokratisch, monarchisch oder auch gemischt sein kann[58].

Spezielle Aufmerksamkeit schenkt Rousseau der modernen politischen Entwicklung des Parlamentarismus, bei dem das Staatsvolk seine gesetzgebende Gewalt durch gewählte Vertreter ausübt. Nach Rousseaus Einschätzung handelt es sich beim politischen Repräsentationalismus um eine pseudo-demokratische Entwicklung. Für Rousseau kann der souveräne Volkswille nicht eigentlich delegiert werden. Die Deputierten einer Volksvertretung sind daher für Rousseau nicht wirklich Repräsentanten des Volkes, die in eigener Verantwortung handeln könnten, sondern nur dessen Beauftragte (*commissaires*). Speziell im Hinblick auf das britische parlamentarische System insistiert Rousseau darauf, dass das Volk nur im Moment der Wahl seiner Delegierten in bürgerlicher Freiheit agiert, um im gleichen Akt die eigene zivisch-politische Freiheit an seine selbständig agierenden Vertreter zu verlieren[59].

---

54 Vgl. Rousseau 2010, S. 124, 126. 130.
55 Rousseau 2010, S. 124.
56 Vgl. Rousseau 2010, S. 128-136.
57 Vgl. Rousseau 2010, S. 144, 148, 150.
58 Vgl. Rousseau 2010, S. 82.
59 Vgl. Rousseau 2010, S. 210.

3   Kants anthropologische und geschichtsphilosophische Rousseau-Rezeption

„Rousseau hat mich zurechtgebracht" – so resümiert Kant in einer frühen autobiographischen Aufzeichnung (XX, 44), was er Rousseau zu verdanken glaubt. Ähnlich persönlich hat sich Kant, zwei Jahrzehnte später, zum entscheidenden Einfluss Humes auf sein Denken geäußert, der ihn aus seinem „dogmatischen Schlummer" geweckt habe (IV, 260). Doch anders als im Fall von Humes Einfluss verdankt Kant Rousseau kein strikt kognitives Erweckungserlebnis in Gestalt der Befreiung von den „Träumen der Metaphysik" – so der Untertitel einer frühen, vorkritischen Schrift Kants (II, 315). Was Kant Rousseau – nach eigenem Bekenntnis – verdankt, ist vielmehr eine moralische Einsicht, die der Erkenntnis im Allgemeinen und der philosophischen Erkenntnis im Besonderen einen nur nachrangigen Wert einräumt gegenüber dem Handeln und speziell dem moralischen Handeln. Nicht das Erkennen und seine ultimative Ausprägung als Wissen und Wissenschaft sind dieser, von Rousseau übernommenen Ansicht Kants zufolge das Höchste und Wichtigste am Menschen und für den Menschen, sondern das Handeln und insbesondere das rechte, das moralisch richtige Handeln.

Verbunden mit der Einsicht in den Primat des Praktischen und speziell des Moralisch-Praktischen gegenüber dem Theoretischen ist bei Kant, seit der Begegnung mit dem Werk Rousseaus, die Überzeugung vom moralischen Wert des Menschen unabhängig von Bildungsgrad, Erkenntnisstand oder gesellschaftlicher Stellung. Dem entsprechend vertritt Kant in seiner ausgereiften, „kritischen" Moralphilosophie die grundsätzliche Befähigung und Verpflichtung des Menschen – jedes Menschen – zum moralischen Handeln und bindet die Erkenntnis des sittlich Gesollten nicht an fachliches Wissen oder gar philosophische Schulung, sondern an den „gemeinen Menschenverstand" (IV, 403-04). Anders als im Fall der theoretischen Philosophie, bei der die kantische Kritik – in Gestalt der *Kritik der reinen Vernunft* (1781) – wesentlich auf die Destruktion von philosophischem Scheinwissen abzielt, ist die kritische Intention der kantischen Moralphilosophie – in ihrer Grundlegung durch die *Kritik der praktischen Vernunft* (1788) – auf den Schutz des natürlichen moralischen Bewusstseins (Gewissen) vor falschen moralphilosophischen Lehren und Positionen hin angelegt.

Generell gelangt in Kants philosophisches Denken und speziell in sein Denken über das menschliche Handeln unter dem prägendem Eindruck Rousseaus die leitende Vorstellung vom primär praktischen Charakter des Menschen als willensbegabtem Wesen, das statt äußeren und inneren Vorgaben zu folgen in Freiheit handelt oder doch handeln soll. Verbunden ist dieses Erbe Rousseaus bei Kant mit der ebenfalls auf Rousseau zurückzuführenden Überzeugung, dass die

Befähigung zum eigenen, freien Wollen dem Menschen als solchem zukommt, unabhängig von kognitiver Qualifikation und intellektueller Instruktion. Das schließt die Bedeutung und den Beitrag von Erziehung und Schulung generell und speziell von moralischer Erziehung und sittlicher Schulung zwar nicht aus, beinhaltet sie sogar. Doch ist moralische Bildung nicht Bedingung für den willentlich-freien Status des Menschen, sondern dessen Konsequenz. In genereller moralischer Perspektive sind für Kant, der darin Rousseau folgt, alle Menschen gleich geeignet – und gleichermaßen aufgerufen – zum willentlichen Handeln in Freiheit und nach Maßgabe der Moralität. Insofern sind die Menschen für Kant gleich, und ihre Freiheit ist eine *gleiche Freiheit*.

Doch Kant übernimmt von Rousseau nicht nur die generelle Perspektive auf die Menschen als jeder einzeln frei und darin alle untereinander gleich. Unter dem Eindruck Rousseaus entwickelt Kant auch eine systematische Sicht auf den Menschen und seine Entwicklung in Raum und Zeit, die Rousseaus Kontrastierung von Naturzustand und gesellschaftlichem Zustand produktiv aufnimmt und originell fortbildet. Der disziplinäre und publizitäre Rahmen für Kants kritische Kulturtheorie Rousseauscher Prägung sind seine Vorlesungen zur Anthropologie, die er ab 1772 jährlich hält (XXV/1-2; s. auch XV) und in den 1780er und 1790er Jahren durch populäre Aufsätze und Schriften zur Geschichtsphilosophie ergänzt und erweitert[60]. Dabei werden die auf Rousseau zurückgehenden Anregungen und Herausforderungen von Kant gezielt in den weiteren Kontext seiner emergierenden Philosophie von Natur und Freiheit integriert.

Im Mittelpunkt von Kants Überlegungen zum Verhältnis von Natur und Freiheit im Hinblick auf den Menschen steht eine Diskursformation der deutschen Spätaufklärung, die das Potential menschlicher Existenz teleologisch auffasst und unter die Formel von der „Bestimmung des Menschen" bringt[61]. Doch ist die Vorstellung von der Vokation des Menschen bei Kant nicht mehr, wie noch bei seinen Vorgängern und Zeitgenossen, religiös geprägt und theologisch begründet. Vielmehr stellt Kant mit seiner Rede von der menschlichen Bestimmung den Menschen in einen teleologisch gedachten Gesamtzusammenhang der Natur unter Einschluss der Lebewesen in ihr. Der teleologischen Naturansicht Kants zufolge sind Lebewesen ganz generell mit je spezifischen Prädispositionen für die eigene weitere Entwicklung und eventuelle Vollendung versehen, die Kant im Rückgriff auf das zeitgenössische naturgeschichtliche Denken „Anlagen" nennt (II, 434). Durch die Entwicklung seiner Anlagen verfolgt jedes Lebewesen für Kant die ihm natürlich

---

60 Vgl. Zöller 2011a.
61 Vgl. Zöller 2001; Zöller 2016.

vorgegebene jeweilige Bestimmung. Aus potentiellen und virtuellen Vorformen werden so aktuelle und reelle Ausformungen.

In die generische Konzeption des teleologisch gedachten Entwicklungsverlauf natürlicher Lebewesen führt Kant sodann eine spezifische Differenz ein, mittels derer die Bestimmung nicht-vernünftiger und rein instinktgesteuerter natürlicher Lebewesen (bloßer Tiere) von der Bestimmung vernünftiger und freiheitsfähiger Lebewesen (Menschen) abgegrenzt wird. Im Hinblick auf reine Tiere stimmt Kant mit der zeitgenössischen naturteleologischen Auffassung überein, der zufolge jedes solche Lebewesen bestimmt ist, seine Anlagen im eigenen, individuellen Leben voll und ganz zu entwickeln. Zu der prinzipiell möglichen ontogenetischen Vervollkommnung des individuellen Lebewesens gehören für Kant vor allem das Größenwachstum, die Ausbildung von lebenswichtigen Fertigkeiten und die Vermehrung durch Produktion von Nachkommen. Dem entsprechend kann jedes bloß tierische Lebewesen, sofern es nicht auf atypische Weise defekt ist, als in seiner Art vollkommen gelten.

Dem Menschen als Naturwesen („Tiermensch": VI, 435) spricht Kant nun zwar dieselbe Befähigung zur perfekten individuellen Entwicklung zu. Doch nimmt er den Menschen als vernunftbegabtes Wesen von dem ontogenetisch perfektionistischen Bestimmungstypus aus. Als vernunftbegabtes und darüber hinaus freiheitsfähiges Wesen erreicht der Mensch seine Bestimmung, so Kant, nicht schon als je einzelnes Individuum, sondern erst auf kollektiver Ebene und im Verlauf vieler Generationen menschlicher Entwicklung. In Kants bevorzugter, naturgeschichtlich geprägter Ausdrucksweise erlangt der Mensch die ihm eigene Bestimmung, wenn überhaupt, erst „in der Gattung" (VIII, 18). Damit ist der Mensch für Kant – bei aller fortgesetzten Verhaftetheit in der Natur – vom typischen Entwicklungsverlauf der unvernünftigen Lebewesen, die immer nur als Individuen entstehen und vergehen, ausgenommen.

Was zunächst im Vergleich als Manko erscheinen könnte, die faktische Unfähigkeit menschlicher Individuen das dem Menschen Mögliche im Rahmen eines individuellen Lebens zu erreichen, erweist sich jedoch, so Kant, bei genauerer Betrachtung als Vorzug und Gewinn. Anders als die unvernünftigen Tiere, von denen jedes Exemplar die ganze Spannweite seiner Bestimmung im Rahmen seiner Entwicklung immer wieder neu, aber nie anders durchläuft, ist der Lebensverlauf des Menschen individuell geprägt und intergenerationell wirksam. Techniken, kulturelle Errungenschaften und gesellschaftliche Einrichtung werden an die Nachfolgenden weitergegeben und von den Nachfolgenden auch übernommen – und dies nicht im Rahmen biologischer Vererbung, sondern durch gesellschaftlich vermittelte Erziehungs- und Bildungsprozesse, die verschiedene Generationen direkt oder indirekt miteinander verbinden. Der Mensch erweist sich damit bei

Kant als das Lebewesen, das eine Geschichte („Menschengeschichte": VIII, 107) hat, die sich nicht in Naturgeschichte – den invarianten Fakten über Lebensformen, Lebensbedingungen und Lebensumstände – erschöpft. Die Geschichte des Menschen ist darüber hinaus bei Kant auch Menschengeschichte in einem eminenten Sinn, insofern sie nämlich von den Menschen selbst gemacht ist.

Die von Kant vorgenommene Verlagerung der Bestimmung des Menschen als frei-vernünftigem Wesen von der Individuen- auf die Gattungsebene begründet für den Menschen jene generelle Bildsamkeit und grundsätzliche Offenheit für neue Entwicklungen überindividueller Art und Bedeutung, die Rousseau mit der Formel von der Perfektibilität des Menschen zum Ausdruck gebracht hatte. Bei Rousseau beruhte der Sonderstaus des Menschen noch ganz generell auf dessen Auszeichnung als freiem Wesen, das nicht ein für alle Mal auf eine bestimmte Lebensweise festgelegt ist. Bei Kant wird die spezielle Stellung und exklusive Eigentümlichkeit des Menschen naturteleologisch begründet: die Natur hat den Menschen mit gewissen, spezifisch menschlichen Anlagen ausgestattet, die sich nicht einfach – wie seine spezifisch tierischen Anlagen – von selbst entfalten und die auch nicht schon im einzelnen Individuum zur vollen Entfaltung gelangen, sondern die der gezielten Entwicklung im intergenerationellen Gesamtzusammenhang bedürfen.

Auf der Grundlage der naturteleologischen Auszeichnung des Menschen liefert Kant eine geschichtsphilosophische Deutung des Entwicklungsgangs des Menschen nach Maßgabe seiner Gattungsbestimmung. Die Grundlage für die philosophische Erfassung des prähistorischen und historischen Entwicklungsgang der Menschheit („Menschengattung") bildet bei Kant eine weitere Differenzierung der Gattungsbestimmung des Menschen. Kant unterscheidet grundsätzlich zwischen der „Naturbestimmung des Menschen" oder seiner „physischen Bestimmung" (XV, 885, 888), die all das umfasst, was der Mensch als vernunftbegabtes und freiheitsfähiges Wesen unter Anleitung und mit Hilfe der Natur aus sich machen kann und machen soll, und seiner „Vernunftbestimmung" (V, 257), die all das umfasst, was der Mensch unabhängig von natürlichen Bedingungen und Faktoren rein im Rückgriff aus die eigene, frei bestimmte Vernunft zu tun vermag und auch tun soll. Dieser Einteilung entsprechend situiert Kant die Naturbestimmung des Menschen noch ganz innerhalb der natürlichen Welt und ihrer sinnlichen Ordnung als etwas, das allein mit natürlichen Mitteln erreicht werden kann, während er die Vernunftbestimmung des Menschen außerhalb der Natur ansiedelt und einer übersinnlichen Ordnung zuweist.

Für Kant liegt somit das langfristige Verfolgen und eventuelle Erreichen der Naturbestimmung des Menschen – auch da, wo es geschichtlich manifeste Leistungen wie kulturelle und zivilisatorische Errungenschaften betrifft – noch ganz im Bereich dessen, was mit natürlichen Mitteln bewerkstelligt werden kann. Zu diesen von der Natur bereitgestellten oder verwendeten Mitteln gehören nämlich bei Kant nicht nur die äußeren, physischen Antriebe zum menschlichen Handeln, die den Menschen extern determinieren, sondern auch innere, mentale Handlungsantriebe sowie die naturalen Grundlagen für das gesellige und gesellschaftliche Leben. Auf diese Weise ragt die teleologisch konzipierte Natur bei Kant tief und weit hinein in den Bereich von kultureller und zivilisatorischer Entwicklung. Auch jenseits des Naturzustandes im engeren Sinn befindet sich der Mensch bei Kant in einem Zustand natürlich gegebener – genauer: naturteleologischer – Ordnung und Gesetzmäßigkeit.

In Kants umfassender naturteleologischer Perspektive unterliegen auch die durch vernünftige Überlegung, nach Maßgabe von Gründen vollzogenen Handlungen der Bestimmung durch psycho-physische Naturgesetzlichkeiten. Selbst die Freiheit sieht Kant durch den naturteleologisch bestimmten Gang menschlicher Geschichte nicht eingeschränkt oder gar aufgehoben – sofern es sich nämlich bei dieser Freiheit um die Handlungsfreiheit eines vernünftig wählenden Wesens handelt, im Unterschied zur unfreien Wirksamkeit auf der Grundlage von Instinkt und Antrieb in rein tierischen Wesen. Einen stärkeren Sinn von Freiheit, der nicht das äußere Handeln, sondern die diesem zugrundeliegende Motivation („Willensbestimmung": V, 110) betrifft, sieht Kant nur dann gegeben, wenn die freie Wahl nicht nur nach vernünftigen Gesichtspunkten erfolgt, sondern im Rückgriff auf die Vernunftform der streng allgemeinen, universellen Gesetzmäßigkeit des jeweiligen Wollens im Sonderfall des im eigentlichen Sinn moralischen Handelns („kategorischer Imperativ": IV, 414). Das im engeren und eigentlichen Sinne moralische Tun und Lassen gehört für Kant deshalb nicht mehr in den Bereich der Naturbestimmung des Menschen.

Bei der inhaltlichen Festlegung der Natur- und Vernunftbestimmung des Menschen nimmt Kant eine Dreiteilung vor im Hinblick die Arten von Anlage, die im Verlauf der Geschichte zur Entfaltung und Entwicklung gelangen. Es sind dies die technische, die pragmatische und die moralische Anlage (VII, 322-324; s. auch V, 429-436). Die technische Prädisposition besteht in der Befähigung des Menschen zum geschickten Umgang mit Dingen. Die pragmatische Prädisposition befähigt ihn zum geschickten Umgang mit seinesgleichen. Die moralische Prädisposition schließlich umfasst seine Befähigung zum Handeln im Hinblick auf sich selbst wie andere nach Maßgabe von moralischen Gesetzen, die Freiheit zum Prinzip seines Handelns machen. Kant betrachtet alle drei Arten von Anlagen als natürlich gegeben und insofern allen Menschen gemein. Doch während die technische und die pragmatische Anlage auch mit bloß natürlichen Mitteln zu verwirklichen sind, bedarf es – Kant zufolge – für die Realisation der moralischen Disposition des Rückgriffs auf Freiheit als übersinnliches Vermögen der Willensbestimmung durch das Sittengesetz („Autonomie").

Die den drei menschlichen Grundanlagen korrespondierenden Entwicklungsprozesse unterscheidet Kant als das Kultivieren, das Zivilisieren und das Moralisieren des Menschen. Die sukzessive und inkrementelle Entfaltung der Anlagen versteht Kant dabei als einen langwierigen welthistorischen Prozess, der ebenso durch Retardation und Rückfall gekennzeichnet ist wie durch Fortschritt und Perfektionierung. Speziell im Hinblick auf die Moralisierung des Menschen bemängelt Kant das Ausbleiben von wirklichem Fortschritt in der gesamten bisherigen Entwicklung des Menschen unter Einschluss der eigenen Gegenwart.

Um die dreifache Anlage des Menschen zu Kultivierung, Zivilisierung und Moralisierung zur Entfaltung zu bringen, ist – Kant zufolge – das bloße Vorliegen der jeweiligen Anlage unzureichend. Vielmehr bedarf es eines naturbasierten Mechanismus, damit der Mensch das anstrengende, aufwendige und unangenehme Unternehmen der Selbstvervollkommnung in technischer, pragmatischer und moralischer Hinsicht auf sich nimmt. Nach Kants Einschätzung ist der Motor geschichtlich manifester Entwicklung die Zwietracht und speziell der potentielle oder aktuelle Konflikt der Menschen untereinander. Sich selbst überlassen, würden der Mensch, so Kant, seine pluripotenten Anlagen unentwickelt schlummern lassen und das zufriedene und einfältige Leben eines „Naturmenschen" (VIII, 116) führen. Die gesellschaftliche Zwietracht schafft dagegen mannigfache Anreize für differenzierte Entwicklung in Reaktion auf die soziale Grundsituation von Konkurrenz und Konflikt.

Der von Kant angeführte naturgegebene Anreizmechanismus für die Entwicklung von menschlichen Anlagen aller Art ist die „ungesellige Geselligkeit" (VIII, 20) des Menschen, die ihn die Gesellschaft ebenso meiden wie suchen lässt: meiden, weil das Zusammenleben Einschränkungen der Lebensweise bloß nach dem eigenem Willen mit sich bringt, und suchen, weil die erfolgreiche Lebensführung das Zusammenwirken mit anderen erfordert.

Das Fernziel der langfristige Entwicklung der gesellschaftlichen Verhältnisse unter der Doppelbedingung von menschlicher Sozialiät und menschlicher Asozialität ist nach Kants teleologischer Auffassung von Natur und Geschichte die Errichtung einer Ordnung, die je eigene und gemeinsame Interessen in Einklang bringt durch die gegenseitige gesetzlich geregelte Einschränkung des Eigenwillens jedes Beteiligten im Hinblick auf den Eigenwillen jedes anderen. Kant lokalisiert die von der Natur dem Menschen als universalhistorische Aufgabe („Problem") gestellte institutionelle Vereinbarung multipler und divergenter Einzelwillen am Übergang vom Naturzustand in den bürgerlichen Zustand („Civilzustand": XV, 888-889) durch die Errichtung einer „bürgerlichen Gesellschaft" (VIII, 22) nach Maßgabe von Recht und Gesetz. Dabei hält Kant das rechtlich-politische Problem der Staatsgründung für eine pragmatische Aufgabe im Sinne der zweiten Grundanlage des Menschen, die noch ohne Rekurs auf Moralität im engeren Sinne („Sittengesetz") gelöst werden kann.

Mit dem naturteleologischen Instrumentarium der dreifach differenzierten Anlage des Menschen zu kultureller, zivischer und moralischer Entwicklung und dem Fortschrittsfaktor der ungeselligen Geselligkeit verfügt Kant über das konzeptuelle Rüstzeug für eine produktive Auseinandersetzung mit Rousseaus radikaler Kritik der Moderne. Dabei ist es das Anliegen Kants, Rousseaus kritische Überlegungen zum wissenschaftlichen, künstlerischen und gesellschaftlichen Fortschritt konstruktiv in die eigene Anthropologie und Geschichtsphilosophie zu integrieren. Zu diesem Zweck rekonstruiert Kant Rousseaus einschlägige Positionen in Gestalt einer dreifachen Verfallsthese, die in genauer Entsprechung zu den drei von Kant unterschiedenen menschlichen Anlagen strukturiert ist. Der kulturellen Anlage des Menschen ordnet Kant dabei die körperliche und geistige Schwächung des Menschen zu, die – Rousseaus erstem *Discours* zufolge – mit dem kulturellen Fortschritt einhergeht. Die pragmatische Anlage des Menschen korreliert Kant sodann mit der im zivilisatorischen Fortschritt – gemäß Rousseaus zweitem *Discours* – auftretenden bürgerlichen Ungleichheit unter den Menschen. Der moralischen Anlage des Menschen schließlich ordnet Kant die – von Rousseau in dessen Briefroman *Julie ou la Nouvelle Héloïse* (1761) porträtierte – unnatürliche Erziehung und „Gemütsverfassung" zu (VII, 326).

Doch belässt es Kant nicht bei der Kontrastierung von Rousseaus dreifacher Verfallsthese und der eigenen These von den drei menschlichen Anlagen für Entwicklung und Fortschritt. Vielmehr glaubt Kant, schon bei Rousseau selbst eine zweite Trias von Thesen ausmachen zu können, die menschliche Entwicklung in Natur und Geschichte nicht als Verlust und Verfall, sondern als Gewinn und Fortschritt erscheinen lässt und so die erste Trias Punkt für Punkt komplementiert und korrigiert. Im einzelnen verweist Kant auf die staatspolitische Schrift *Du Contrat Social* (1762), auf den Erziehungsroman *Émile* (1762) generell sowie speziell auf das darin enthaltene „Glaubensbekenntnis eines Savoyardischen Vikars" (Buch IV) als einen dreifachen „Leitfaden" für die Etablierung einer in pädagogischer, politischer und moralischer Hinsicht alternativen und progressiven Lebensform (VII, 327-28)

Kant unternimmt es zudem, die erste, dekadente Trias und die zweite, progressive Trias im Hinblick auf Rousseau mit einander in Einklang zu bringen. Dadurch soll die volle Verträglichkeit der Rousseau zugeschriebenen Doppeltrias mit Kants eigener Auffassung vom geschichtlichen Fortschritt auf der Basis der technischen, pragmatischen und moralischen Anlagen des Menschen hergestellt werden. Zu diesem Zweck nimmt Kant einen hermeneutischen Eingriff an Rousseaus Denken vor. Den Rekurs auf den Naturzustand bei Rousseau versteht Kant dabei, statt als Aufruf, dass der Mensch in den Naturzustand „zurückgehen" soll, als Aufforderung, dass der Mensch auf den Naturzustand „zurücksehen" soll (VII, 326). Nicht um einen Ruf nach Regression soll es sich also bei Rousseaus Präferenz für den Naturzustand handeln, sondern um eine normative Vorgabe, um die Fortentwicklung des Menschen an einem Zustand auszurichten, der zwar als vergangen und verloren gelten muss, der aber weiterhin als Maßstab für die Fortentwicklung des Menschen jenseits des Naturzustandes dienen kann und dazu auch dienen soll.

Kants Umdeutung des Naturzustandes bei Rousseau von einer nostalgisch erinnerten Vorzeit zu einem kritisch gebrauchten Maßstab für Gegenwart und Zukunft trägt eine dreiteilige Verlaufsform in den Gang der Geschichte. Statt Naturzustand und bürgerlichen Zustand als Dualität von Natur und Kultur zu kontrastieren und den Gang vom ersten zum zweiten Zustand einfach als Verfall zu werten, sieht Kants kritische Geschichtsphilosophie eine dreistufige Abfolge vor. Auf den Naturzustand folgt zwar weiterhin der bürgerliche Zustand, so wie generell auf den Menschen im Stand der Natur der Mensch im Stand der Kultur folgt. Doch unterliegt für Kant das Kulturleben des Menschen der Zweiteilung in einen von Natur und Natürlichkeit entfernten und entfremdeten Zustand, der durch Zwietracht, Konflikt und Unzufriedenheit charakterisiert ist, und einen zwar in weiter Ferne liegenden, aber durchweg angestrebten Zielzustand, in dem „vollkommene Kunst … wieder zur Natur" wird (XV/2, 635 und 896). Die Rousseauistische Rückkehr zur Natur wird in dieser Perspektive zur Anbahnung einer zweiten Natur, die Natur und Kultur zur finalen Versöhnung bringen soll.

Für die politische Philosophie und speziell für die Staatsphilosophie bedeutet das triadische Geschichtsschema Kants die Perspektive auf eine Einrichtung von Staat und Gesellschaft, die im Rückgriff auf übergeschichtliche Normen („Naturzustand") die eigene Gegenwart kritisch beleuchtet und auf ihren Beitrag zu einer fortschrittliche Fortentwicklung hin reflektiert. Als politische Philosophie wird die Geschichtsphilosophie bei Kant selbst zum Faktor und Motor historischen Fortschritts (VIII, 29). In Kants universalhistorischer Perspektive auf die gesellschaftliche Entwicklung des Menschen besteht das Fernziel der Geschichte in der Einrichtung einer allumfassenden rechtlich-politischen Ordnung der Staaten in ihrem Inneren wie in ihrem rechtlich geregelten Verhältnis zu einander („Völkerbund": VIII, 24).

4   Kants rechtsphilosophische Rousseau-Rezeption

Die Prinzipien für den geregelten Fortschritt zum umfassenden, inner- wie zwischenstaatlichen Friedenszustand entwickelt Kant außerhalb der Geschichtsphilosophie und der politischen Philosophie im engeren Sinn in der Rechtsphilosophie, die er als reine, erfahrungsfreie Rechtstheorie aufstellt, die moralisch qualifizierte Prinzipien für das politische Denken und Handeln liefern sollen. Auch Kants reine Rechtslehre als Prinzipientheorie von Recht, Rechten und rechtlichen Regelungen steht in vieler Hinsicht unter dem prägenden Einfluss Rousseaus.

Verglichen mit dem naturteleologischen Ansatz und der anthropologischen Orientierung von Kants kritischer Geschichtsphilosophie erscheint Kants kritische Rechtsphilosophie samt der in ihr enthaltenen Staatsphilosophie abstrakt und prinzipiell. Statt auf Fakten und Daten aus Natur und Geschichte rekurriert Kant in seiner kritischen Theorie von Recht und Gesetz auf formale Bedingungen und allgemeine Grundsätze. Das Hauptwerk von Kants systematischer Begründung von Rechtlichkeit und Staatlichkeit ist ein sperriger später Text, *Die Metaphysik der Sitten*, aus dem 1797, dessen erster von zwei Teilen die „Metaphysischen Anfangs-gründe der Rechtslehre" enthält (VI, 203-372). Doch ist die Rechtslehre bei Kant keine späte Zutat zu den früheren anthropologischen und geschichtsphilosophi-schen Werken. Bereits in den frühen 1780er Jahre – und damit zeitgleich mit Kants Schriften zur Grundlegung der Moralphilosophie (*Grundlegung zur Metaphysik der Sitten*, 1785) und der Geschichtsphilosophie (*Idee zu einer allgemeinen Geschichte in weltbürgerlicher Absicht*, 1783) – ist bei Kant eine ausgearbeitete Rechtslehre in Vorlesungsform dokumentiert (*Naturrecht Feyerabend*, 1784: XXVII/2.2, 1317-1394; s. auch die Neuedition Delfosse 2010), die wesentliche Übereinstimmungen mit der knapp anderthalb Jahrzehnte später publizierten Rechtslehre aus der *Metaphysik der Sitten* aufweist[62].

Kants reife Rechts- und Staatslehre unterscheidet sich von dem Korpus seiner anthropologischen und geschichtsphilosophischen Schriften nicht in chronologischer und entwicklungsmäßiger Hinsicht, sondern in systematischer und methodologi-scher Perspektive. Geht es Kant in der historisch-anthropologischen Betrachtung der menschlichen Gesellschaft im Allgemeinen und der staatlichen Gemeinschaft im Besonderen („bürgerliche Gesellschaft") um die geschichtliche Entwicklung von spezifischen Anlagen in Raum und Zeit, so befassen sich Kants rechtsphilosophische Schriften in normativer Perspektive mit den allgemeinen Grundbegriffen und den generellen Prinzipien von gesetzlich geregelter rechtlich-politischer Ordnung. Der disziplinäre Rahmen für Kants Rechts- und Staatsphilosophie ist die neuzeitliche Tradition des Natur- oder Vernunftrechts, die dem je faktisch geltenden Recht („positives Recht") einen Inbegriff übergeschichtlicher und insofern allgemein gültiger Rechtsnormen voranstellt.

Doch verbindet Kant die naturrechtliche Begründung von Recht und Gesetz mit der für seine praktische Philosophie insgesamt („Moralphilosophie": V, 171)

---

62   Vgl. Zöller 2015; Zöller, 2016b.

charakteristischen Fokussierung auf Freiheit als Prinzip vernünftig normierten Wollens und Handelns. Die rechtlich relevante Form der Freiheit („äußere Freiheit") besteht für Kant im ungehinderten Gebrauch des Vermögens der Wahl („Willkür"), nach eigenem Belieben zu handeln, unabhängig von dem Gebrauch, den andere jeweils von ihrer Willkür machen (VI, 218-221). Die in der Moral im engeren Sinne („Ethik") einschlägige Form von Freiheit („innere Freiheit") besteht dagegen, Kant zufolge, im Vermögen, den Willen bloß durch die allgemeine gesetzliche Form („Sittengesetz") bestimmt sein zu lassen solchen („Autonomie"), unabhängig von außer- und unvernünftigen Antrieben („Neigungen") (VI, 220-221). Kant trennt so den Bereich der Moral qua Ethik, in der das innere Wollen selbst und als solches Gegenstand von ethischer Gesetzgebung ist, von der Sphäre des Rechts, die das äußere Handeln durch juridische Gesetzgebung regelt und die dabei von der Motivation des Handelnden gezielt absieht. Recht ist für Kant dann der Inbegriff der Bedingungen – in Form allgemeiner Gesetze –, unter denen die äußerlich freie Willkür jedes einzelnen mit der aller anderen zusammen bestehen kann (VI, 229-230). Das Recht als Prinzip samt den Rechten als seinen Prinzipiaten begründet so die Möglichkeit der Koexistenz (und darüber hinaus der Kooperation) von pluralen vernunftfähigen und freiheitsbegabten Willenswesen, deren Eigenwille und Eigeninteresse durch die Institution des Rechts unter die vernünftige Form genereller Gesetzmäßigkeit („allgemeine Gesetzgebung": VI, 451) gebracht wird.

Es ist Kants systematische Zusammenführung von Wille, Freiheit und Vernunft in der Begründung von Recht als Institution und von Politik als dessen Instrument, die den Einfluss Rousseaus auf Kant in der Rechtsphilosophie verrät. Auch Rousseau macht die Einrichtung und Ausgestaltung der rechtlich-politischen Gesellschaftsordnung an der gleichen Freiheit der Menschen fest, die dem durch den Gesellschaftsvertrag geschaffenen bürgerlichen Zustand prägend und maßgeblich vorausliegt. Doch während Rousseau die Freiheit im Naturzustand mit dem (Un-)Recht des Stärkeren liiert sieht und den bürgerlichen Zustand als Schutzmaßnahme zum gleich-freien Rechtsgenuss aller einführt, unterstellt Kant schon den Menschen im Naturzustand einem naturrechtlich konzipierten System von Rechten das inhaltlich mit den abstrakt-allgemeinen Prinzipien des Privatrechts zusammenfällt (VI, 242).

Doch bleibt für Kant die rechtliche Regelung im vorbürgerlichen Zustand der Gesellschaft faktisch ineffektiv. Dem (Natur-)Recht fehlt bei aller sachlichen Autorität die Macht für seine Durchsetzung gegenüber den Verletzungen seiner Vorschriften und den Streitigkeiten über seine Anwendung. Für Kant ist deshalb der Übergang vom Naturzustand zum bürgerlichen Zustand keine bloß prudentielle Maßnahme zur Sicherung präexistenter Freiheit, sondern eine unbedingt gebotene rechtliche Pflicht, um schon bestehendes Recht (Privatrecht qua Naturrecht) institutionell durchzusetzen. Den Inbegriff der rechtlichen Regelungen für die Instituierung von Rechten und (juridischen) Gesetzen bezeichnet Kant als „öffentliches Recht" (*ius publicum*) und fasst darunter das Staatsrecht im engeren Sinn, aber auch das zwischenstaatliche Recht („Völkerrecht", *ius gentium*, „Völkerstaatsrecht") und das Recht des Bürgers eines Staates im Verhältnis zu anderen Staaten („Weltbürgerrecht", *ius cosmopoliticum*: VI, 311).

Im Unterschied zum bürgerlichen Recht im engeren Sinne – dem reinen Privatrecht, das auf naturrechtlicher Grundlage und damit auch unabhängig von positiver Gesetzgebung gilt – bedarf das öffentliche Recht der Publizität, um bekannt und anerkannt zu werden. Zur Öffentlichkeit des Rechts gehört dabei auch das rechtlich-politische Instrumentarium der politisch basierten Gesetzgebung und der juristisch professionalisierten Rechtspflege. Im Rahmen der Institutionen des öffentlichen Rechts, primär des als Rechtsstaat verwirklichten und wirksamen Staates, kommt es dann auch – so Kant – zur Umwandlung des zunächst rein naturrechtlich geregelten Privatrechts in positives bürgerliches Recht. Bei Rousseau, der den Naturstand ohne materiales Naturrecht konzipiert, fällt dagegen die gesamte bürgerliche Gesetzgebung in den Bereich des staatlich sanktionierten Rechts („droit politique").

Auch in der rechtlich-politischen Auffassung der Freiheit unterscheidet sich Kant, bei aller generellen Nähe zu ihm, von Rousseau. Bei Rousseau ist die Freiheit als individuelle Freiheit natürlich gegeben und durch die Formierung der Gesellschaft, insbesondere der bürgerlichen Gesellschaft (politische Gemeinschaft, Staat) zunächst einmal gefährdet. Erst durch die geschickte und gerechte Einrichtung des Gesellschaft, wie Rousseau sie formuliert und fordert, kann die präexistente Freiheit des Menschen erhalten bleiben und sogar geschützt werden. Deshalb besteht für Rousseau das primäre politische Problem bei der Errichtung einer bürgerlichen Gesellschaft darin, dass deren Mitglieder so frei bleiben, wie sie es zuvor waren[63].

Dagegen trennt Kant im Hinblick auf den (für ihn eher fiktiven) Naturzustand zwischen Recht und Freiheit. Schon im Naturzustand gilt das Recht qua Naturrecht. Doch fehlt noch die Sicherheit und Verlässlichkeit im generellen Gebrauch und im durchgängigen Genuss von Recht und Rechten. Die faktisch ungeregelte Freiheit vieler gefährdet gerade den Freiheitsgebrauch jedes einzelnen, selbst dort, wo er eigentlich durch das Recht qua Naturrecht legitimiert wäre. In Kants Perspektive wird die ursprünglich bloß mögliche oder virtuelle Freiheit erst durch den Eintritt in den Gesellschaftszustand wirklich. Wo Rousseau das Verhältnis von Freiheit im Naturzustand und Freiheit im bürgerlichen Zustand quantitativ fasst („genau so frei

---

63 Vgl. Rousseau 2010, S. 32.

bleibt wie zuvor")[64], sieht Kant eine modale Differenz zwischen den beiden: aus der gefährdeten, bloß potentiellen und deshalb durchaus problematischen Freiheit soll die rechtlich gesicherte und insofern aktuelle Freiheit werden. Dem entsprechend ist der Ausgang aus dem Naturzustand und der Eintritt in den bürgerlichen Zustand für Kant keine prudentielle politische Maßnahme, sondern ein rechtlich erforderlicher Schritt, der überdies unbedingt geboten ist ("kategorischer Imperativ": VI, 318).

In der rechtlich-politischen Ausgestaltung des gesellschaftlichen Zustandes folgt Kant in seiner späten Rechtslehre dann aber wieder in vieler Hinsicht den Vorbildern und Vorgaben bei Rousseau. Doch ändert sich der Fokus im Übergang von Rousseau zu Kant. Während Rousseau in einer primär politischen Perspektive und im Horizont historischer Erfahrung auf die Formenvielfalt und die Entwicklungsverläufe staatlicher Ordnung blickt, liegt der Schwerpunkt bei Kant auf der streng rechtlichen Regelung der bürgerlichen Gesellschaft nach reinen, erfahrungsfreien Standards von bürgerlichen Rechten und Pflichten. Beide Philosophen argumentieren normativ und formulieren Anforderungen, die die bürgerliche Gesellschaft erfüllen und auf deren Realisierung sie sich gezielt zubewegen soll. Doch divergieren Rousseau und Kant im Hinblick auf das anzustrebende Ziel und auf die zu wählenden Mittel.

Rousseau argumentiert im Horizont der antiken und frühmodernen Erfahrungen mit republikanisch eingerichteten Staaten, die einige wenige oder auch viele Bürger an der politischen Verantwortung beteiligen und deren Funktionieren von einer emphatischen und praktisch wirksamen Identifikation der aktiven Staatsbürger mit dem politischen Ganzen (Bürgersinn, Patriotismus) abhängt. Typischerweise sind solche raren Bedingung in einem vergleichsweise kleinen Staatswesen gegeben, etwa einem Stadtstaat antiker oder moderner Art wie dem Athen des fünften Jahrhunderts v. Chr. oder dem zeitgenössischen Genf, Rousseaus Geburtsstadt, als deren Bürger er sich auf dem Titelblatt des *Contrat social* identifiziert. Dagegen ist Kants primärer Erfahrungshorizont der monarchisch verfasste Territorialstaat der Moderne, für den die reine Rechtslehre die Bedingungen, den Umfang und die Grenzen politischer Macht und Gewalt formuliert[65].

Der unterschiedliche politisch-historische Blickwinkel auf Recht, Geschichte und Politik bedingt auch die abweichende Einschätzung des gegenwärtigen Entwicklungszustandes und des zukünftigen Entwicklungsverlaufs staatlicher Ordnung bei Rousseau und Kant. Für Rousseau geht es um die Herstellung eines radikal republikanischen Staatswesens, in dem freie und gleiche Vollbürger das Gemeinwesen (*res publica*) und das Gemeinwohl über das Eigeninteresse und

---

64 *Ebenda.*
65 Vgl. Zöller 2015a; Zöller 2016a; Zöller 2017.

das persönlich Wohlergehen stellen. Rousseaus neo-republikanische Vision einer antik-modernen bürgerlichen Gesellschaft umfasst sogar die Einrichtung einer Zivilreligion (*religion civile*) samt öffentlichem Kultus zum Zweck der moralischen Stärkung der staatsbürgerlichen Gesinnung[66].

Auch Kant weiß sich der republikanischen Tradition in der politischen Philosophie verpflichtet, allerdings temperiert durch die spezifisch moderne Vorstellung von individueller Freiheit und pluraler Weltanschauung. So wandelt sich der Republikanismus bei Kant von einer Philosophie des politischen Lebens zum Rechtsprinzip für eine politische Ordnung unter den Bedingungen von bürgerlicher Freiheit und Gleichheit. Insbesondere umfasst der ins Strukturelle und Funktionale gewendete Republikanismus – dessen „Geist" (VI, 340) – bei Kant die institutionelle Trennung von Gesetzgebung (Legislative) und Regierung (Exekutive) und den Erlass solcher und nur solcher Gesetze, die dem (fiktiven) Allgemeinwillen entsprungen oder gemäß sind (VIII, 297).

Kants Dissoziation des strukturell-funktionellen Republikanismus von der empirisch-faktischen Republik gründet in der Unterscheidung zwischen der äußeren Form eines Staates („Staatsform"), die monarchisch, aristokratisch oder demokratisch oder daraus gemischt sein kann, wie Kant im Rückgriff auf die klassische politische Theorie ausführt, und der inneren Verfassung seiner Regierung („Regierungsart"), die – so Kant – entweder republikanisch ist und die Gewaltenteilung beinhaltet oder despotisch verfasst und durch die Verschmelzung der ursprünglich getrennten Gewalten von Gesetzgebung und Regierung gekennzeichnet ist (VI, 340-341; VIII, 352). Im übrigen stimmen Rousseau und Kant, wenn auch aus unterschiedlichen Gründen, überein in der skeptischen Einschätzung der radikalen Demokratie, unter der beide – dem zeitgenössischen Verständnis entsprechend – die direkte Demokratie durch Vollversammlung des Volkes verstehen (VI, 339; VII, 91; VIII, 351).

Rousseau und Kant trennt auch, über grundsätzliche Gemeinsamkeiten in den philosophischen Grundlagen der gerechten Gesellschaft in Gestalt der Prinzipien von bürgerlicher Freiheit und Gleichheit hinaus, eine unterschiedliche Einstellung zu politischen Umwälzungen, die Rousseau als quasi-natürliche Entwicklungen im organisch konzipierten Staatskörper (*corps politique*) auffasst und zulässt, während Kant legitime politische Verbesserung auf Reform statt Revolution und speziell auf die graduelle Selbstreform der politischen Führung („von oben") einschränkt (VI, 322-323). Nachdem die Akteure der Französischen Revolution sich für die Begründung ihres radikalen Umbaus von Staat und Gesellschaft primär auf Rousseau berufen hatten, reagiert Kant auf die terroristischen Exzesse des politischen

---

66 Vgl. Rousseau 2010, S. 286-312; darüber vgl. Zöller 2014.

Revolutionismus mit der Bestreitung des Rechts auf politischen Widerstand und der unbedingten Verpflichtung der Bürger auf Rechtsgehorsam.

Am auffälligsten und weitreichendsten manifestiert sich die politisch-philosophische Distanznahme Kants von Rousseau in der Einstellung zum modernen Phänomen der politischen Repräsentation, durch die eine natürliche oder rechtliche Person anstelle anderer Personen agiert. Schon Hobbes hatte mittels einer dem Theaterwesen entlehnten Unterscheidung den absoluten Monarchen als den Akteur (*actor*) vom souveränen Gemeinwesen als dem Urheber (*author*) politischer Macht und Gewalt unterschieden. Für Rousseau ist die souveräne Macht im Staate, die ursprünglich bei dem vertraglich zum Staatskörper vereinigten Volk liegt, nicht eigentlich teilbar und auch nicht delegierbar. Nach Rousseaus Verständnis bildet die Regierung keine eigenständige Gewalt neben der souveränen Gesetzgebungsgewalt, die letztlich beim Staatsvolk selbst liegt, sondern ist nur das dazu beauftragte Gremium für die Ausführung und Durchsetzung der gesetzlichen Regelungen. Ebenso wenig darf in der von Rousseau konzipierten Republik die souveräne gesetzgebende Gewalt des Volkes auf selbständig agierende Volksvertreter, die in einer parlamentarischen Versammlung Gesetze beraten und verabschieden, übertragen werden.

Dagegen vertritt Kant den Repräsentationalismus als Prinzip rechtlich geregelter politischer Herrschaft (VI, 341; VIII, 352-353). Dies gilt schon für das Verhältnis des nach der Idee des Gesellschaftsvertrages gedachten ursprünglich-idealen Souveräns („Volk") zu einer die oberste Gewalt repräsentierenden („vorstellenden") physischen oder moralischen Person („Oberhaupt"), die monarchisch, aristokratisch oder demokratisch konstituiert sein kann (VI, 338-339). Vor allem aber befürwortet Kant den politischen Repräsentationalismus in der Gesetzgebung, bei der eigens designierte Vertreter des allgemeinen Willens den Interessen und Anliegen des Volkes nach Maßgabe der Prinzipien der Freiheit und Gleichheit der Bürger im Verhältnis zueinander wie zur staatlichen Macht Rechnung tragen sollen (VI, 322). Kant verzichtet dabei auf die für heutige Verhältnisse selbstverständliche Festlegung, dass die Auswahl der Vertreter durch freie allgemeine Wahl erfolgen soll. Entscheidend ist für ihn die politisch-juridisch geregelte Repräsentation der Rechte und Belange des Volkes bei der Gesetzgebung, unabhängig vom Wahlmodus, durch den die Repräsentanten bestimmt werden.

Der generelle Konsens – bei allem Dissens in den Details – zwischen Rousseaus und Kants politischem Denken im Allgemeinen und ihrer Einschätzung des Fortschrittsverhältnisses zwischen Naturzustand und bürgerlichem Zustand im Besonderen betrifft aber nicht nur die Gründung und Ausgestaltung der politischen Gemeinschaft auf der Ebene einzelner Staaten. Auch den Zusammenschluss separater Staaten auf supra- und internationaler Ebene stellen Rousseau wie Kant in die progressive Perspektive des Überganges vom Naturzustand zum bürgerlichen Zustand. Dabei sind Rousseaus Überlegungen und Planungen zum „ewigen Frieden" zwischen den Völkern und Nationen (*paix perpétuelle*), die ihrerseits im Anschluss an Überlegungen des Abbé de St. Pierre erfolgen, historisch versiert und politisch konkret gehalten. Kant sieht dagegen in der Einrichtung einer internationalen Friedensordnung ein primär rechtliches Problem, das einer juridischen Lösung in Gestalt eines umfassenden und dauerhaften Friedensvertrages bedarf (VI, 343-344; VIII, 348-349). Insbesondere vergleicht Kant den Übergang vom anhaltenden, teils latenten, teils patenten Kriegszustand zwischen individuellen Staaten zu deren vertraglich geregelter friedlicher Koexistenz mit dem Übergang einzelner Menschen vom Naturzustand zum bürgerlichen Zustand. Doch statt auch für den internationalen Zusammenschluss eine übergreifende souveräne politische Macht („Weltrepublik": VIII, 357) zu propagieren, deren Einrichtung die innere und äußere politische Selbständigkeit (Autonomie, Souveränität) der Mitgliederstaaten vernichten würde, denkt Kant, auch darin Rousseau folgend, an eine internationale rechtlich-politische Föderation („Staatenverein", „Staatencongreß": VI, 350), wie sie dann im zwanzigsten Jahrhundert, zuerst durch den Völkerbund (League of Nations) und später durch die Vereinten Nationen (United Nations) ins Leben gerufen wurden.

Insgesamt ergibt sich für Kants Verhältnis zu Rousseau in der politischen Philosophie im Allgemeinen und bei der normativen Einschätzung des Überganges vom Naturzustand in den bürgerlichen Zustand im Besonderen das doppelte Bild von Kontinuität im Großen und Ganzen und von Differenz in der Ausgestaltung des den beiden gemeinsamen Fokus auf bürgerlicher Freiheit und Gleichheit. Charakteristisch für Kants Philosophie der bürgerlichen Gesellschaft sind die Verbindung eines streng juridisch rekonstruierten Republikanismus (Rechtsstaat) mit einem den modernen Parlamentarismus vorbereitenden Repräsentationalismus der exekutiven und der legislativen Gewalt sowie die Erweiterung der rechtlich-politischen Perspektive vom Staatsrecht auf das internationale Recht. Im Vergleich mit Rousseaus zivilethisch dimensioniertem direktdemokratischen Republikanismus erweist sich so Kants politisches Denken, das auf Reform statt auf Revolution und auf Repräsentation statt auf Partizipation setzt, als faktisch wie normativ vorausschauender und zukunftsweisender.

Literatur

Adorno, T. W. (2003). *Gesammelte Schriften in 20 Bänden*. Bd. 10: Kulturkritik und Gesellschaft. Prismen. Ohne Leitbild. Eingriffe. Stichworte. Anhang. 2 Bde. Frankfurt/M.: Suhrkamp.

Cassirer, E. (2001). *Werke* (Hamburger Ausgabe), hrsg. v. B. Recki, Bd. 7. Freiheit und Form. Hamburg: Meiner.

Delfosse, H. P., Hinske, N., Sadun Bordoni, G. (2010). *Kant-Index*, Bd. 30, Teilbände 1 und 2. Stuttgart-Bad Canstatt: Frommann-Holzboog.

Diderot, D. (1946). *Supplément au voyage de Bougainville*. In *Œuvres*, hrsg. v. A. Billy. Paris: Gallimard.

Rohbeck, I., Steinbrugge, L. (Hrsg.). (2015). *Jean-Jacques Rousseau: Die beiden Diskurse zur Zivilisationskritik. Klassiker auslegen*. Bd. 53. Berlin/New York: De Gruyter.

Rousseau, J.-J. (1971). *Schriften zur Kulturkritik* (Die zwei Diskurse von 1750 u. 1755). Französisch-Deutsch, hrsg. v. K. Weggang. Hamburg: Meiner.

Rousseau, J.-J. (1997). *Diskurs über die Ungleichheit/Discours sur l'inégalité*. Kritische Ausgabe des integralen Textes, hrsg. v. H. Meier. Paderborn/München/Wien/Zürich: Schöningh.

Rousseau, J.-J. (2010). *Du contrat social ou Principes du droit politique/Vom Gesellschaftsvertrag oder Grundsätze des Staatsrechts*. Französisch/Deutsch, hrsg. v. H. Brockard. Stuttgart: Reclam.

Velkley, R. (1989). *Freedom and the End of Reason: On the Moral Foundation of Kant's Critical Philosophy*. Chicago/London: University of Chicago Press.

Zöller, G. (2001). Die Bestimmung der Bestimmung des Menschen bei Mendelssohn und Kant. In *Kant und die Berliner Aufklärung. Akten des 9. Internationalen Kant-Kongresses (26. bis 31. März 2000 in Berlin)*, Bd. 4, hrsg. v. V. Gerhardt, R. P. Horstmann und R. Schumacher (S. 476-489). Berlin/New York: de Gruyter).

Zöller, G. (2011). Between Rousseau and Freud. Kant on Cultural Uneasiness. In *Rethinking Kant*, Bd. 3, hrsg. v. O. Thorndike (S. 52-77). Newcastle upon Tyne: Cambridge Scholars Publishing.

Zöller, G. (2011a). Kant's Political Anthropology. In *Kant Yearbook 3*, 131-161.

Zöller, G. (2014). The Virtuous Republic. Rousseau and Kant on the Relation Between Civil and Moral Religion. In *Kant, Fichte, and the Legacy of German Idealism*, hrsg. v. H. Kim und S. Hoeltzel (S. 31-51). Lanham/Boulder/New York/London: Lexington Books.

Zöller, G. (2015). „[O]hne Hofnung und Furcht". Kants Naturrecht Feyerabend über den Grund der Verbindlichkeit zu einer Handlung. In *Kant's Lectures/Kants Vorlesungen*, hrsg. v. B. Dörflinger, C. La Rocca, R. Louden und U. Rancan de Azevedo Marques (S. 197-210). Berlin und Boston: De Gruyter.

Zöller, G. (2015a). *Res Publica. Plato's "Republic" in Classical German Philosophy*. Hong Kong: The Chinese University Press und Albany, NY: State University of New York Press.

Zöller, G. (2016). Die Bestimmung des Menschen. Ein Diskurs in der deutschen Spätaufklärung. Erscheint in *Orientierung am Menschen. Anthropologische Konzeptionen und normative Perspektiven*, hrsg. v. O. Müller und G. Maio. Göttingen: Wallstein.

Zöller, G. (2016a). "True Republic." Kant's Legalist Republicanism in Its Historical and Philosophical Context. Erscheint in *Kants Metaphysik der Sitten (Rechts- und Tugendlehre)*, hrsg. v. J.-C. Merle und C. F. von Villiez. Berlin/New York: De Gruyter.

Zöller, G. (2016b). „Lois de la liberté". Autonomie et Conformité à la loi dans le cours *Naturrecht Feyerabend* de Kant. Erscheint in *Kant. L'Année 1784*, hrsg. v. J. Ferrari et al. Paris: Vrin.

Zöller, G. (2017). "General Civic Liberty." Kant's Republicanism and Its Historico-Systematic Context. Erscheint in *Proceedings of the 12th International Kant Congress, Vienna 21-25 September 2015*, hrsg. v. V. L. Waibel und M. Ruffing. Berlin und Boston: De Gruyter.

Teil II
Souveränität.
Bestimmungen und Ambivalenzen

Innere Staatssouveränität: zwischen souveräner Unzwingbarkeit und Volkssouveränität

Massimo Mori

1   Einleitung

Hobbes und Rousseau sind für Kant die beiden Vorbilder, die auf das grundlegende Problem der Politik Antworten liefern. Schon in einer *Reflexion* aus der zweiten Hälfte der sechziger Jahre werden beide Namen nebeneinandergestellt. Im Leviathan äußert sich „der Zustand der Gesellschaft, der der Natur des Menschen gemäß ist"; dagegen bildet der Gesellschaftsvertrag „das ideal des Staatsrechts (nach der Regel der Gleichheit) *in abstracto* Erwogen, ohne auf die besondere Natur des Menschen zu sehen" (R 6593, XIX, 99). Auf der einen Seite die Kraft, welche die Macht unwiderstehlich, auf der anderen das Vertragselement, das sie rechtmäßig macht. Ein auf der Erkenntnis der menschlichen Natur beruhender politischer Realismus entgegen dem Ideal der Vernunft, das im Menschen den Ausdruck einer sowohl moralischen als auch politischen Autonomie erblickt. Im Souveränitätsbegriff, der im Mittelpunkt der kantischen Staatsauffassung steht, spiegeln sich diese beiden Anforderungen wider und verflechten sich, was jedoch einige Probleme aufwirft[1].

2   *Covenants without sword are but words*

Kants politischem Denken liegt die moderne Naturrechtslehre zugrunde. Seine Staatsauffassung definiert sich also durch die Beziehung zwischen dem bürgerlichen

---

[1]   Zum Souveränitätsbegriff bei Kant vgl. Riley 1983, Kap. 5, S. 98-112; Williams 1986, Kap. 8, S. 191-220; Sassenbach 1992, Kap. 3, S. 113-167; Maus 1997; Stammen 1999; Williams 2003, Ottmann 2009. Für eine allgemeinere Einführung: Salin 2008, besonders Kap. 2., S. 60-103 und Maliks 2014.

Zustand und der idealen Annahme eines ihm vorausgehenden Naturzustands.
Unter diesem Gesichtspunkt ist Hobbes ein unabdingbarer Bezugspunkt: „der
Stand der Natur: ein Ideal des hobbes" (*ebenda*). Hobbes hat zwei Grundaspekte
des Naturzustandes herausgestellt. Der erste besagt, dass es ein Kriegszustand sei
(*De cive*, Kap. I, § 12): „so kann man nicht leugnen, daß der natürliche Zustand der
Menschen, bevor sie zu Gesellschaften zusammentraten, der *Krieg* gewesen ist, und
zwar nicht der Krieg schlechthin, sondern der Krieg aller gegen alle"[2]. Der zweite
unterstreicht, dass der natürliche Kriegszustand nicht unbedingt als Ausübung der
Waffengewalt zu verstehen ist, sondern als drohender Konflikt in einer Situation,
in der keine höhere Gewalt existiert (*Leviathan*, XIII): „Denn Krieg besteht nicht
nur in Schlachten und Kampfhandlungen, sondern in einem Zeitraum, in dem der
Wille zum Kampf hinreichend bekannt ist"[3]. Beide Annahmen werden von Kant in
Zum ewigen Frieden knapp formuliert übernommen: „Der Friedenszustand unter
Menschen, die nebeneinander leben, ist kein Naturzustand (*status naturalis*), der
vielmehr ein Zustand des Krieges ist, d. i. wenn gleich nicht immer ein Ausbruch
der Feindseligkeiten, doch immerwährende Bedrohung mit denselben"[4]. Mit Hobbes
und entgegen der vorherrschenden naturrechtlichen Tradition geht Kant somit von
der Annahme aus, dass der Friedenszustand „gestiftet" (VIII, 349) werden muss,
weil sich hinter der bloßen Abwesenheit von Feindseligkeiten im Naturzustand
doch ein latenter Krieg verbirgt. Bei Hobbes wie bei Kant ist der Staat das Resultat
einer unabdingbaren Forderung: *exeundum esse e statu naturali* (VI, 97).

Trotz dieser Gemeinsamkeiten entwickeln Hobbes und Kant zwei sehr verschiedene Auffassungen des Naturzustands, vor allem was die Beziehung zum Recht
anbelangt. Nach Hobbes gibt es im Naturzustand keine rechtliche *Ordnung*. Zwar
spricht er, wie jeder Naturrechtler, von einem Naturrecht (*ius naturale*), doch besteht dieses – so Hobbes (*De cive* Kap. 1, § 8) – einfach im Recht eines jeden, „alle
Mittel zu gebrauchen und alle Handlungen zu tun, ohne die er sich nicht erhalten
kann"[5]. Das Naturrecht geht mit anderen Worten in einem „Recht auf alles" (*ius in
omnia*) auf, das dadurch, dass es jeglichen individuellen Anspruch rechtfertigt, die
Entstehung einer natürlichen Ordnung verhindert und stattdessen den „Krieg aller
gegen alle" (*bellum omnium contra omnes*) befördert. Im Naturzustand liefert das
„Naturgesetz" den einzigen Hinweis auf eine Rechtsordnung. Im Unterschied zum
Naturrecht drückt das Naturgesetz keine „Freiheit [aus], die jeder Mensch besitzt,
seine eigene Macht nach Belieben, zur Erhaltung seiner eigenen Natur, das heißt

---

2   Hobbes 1994, S. 83.
3   Hobbes 1996, S. 104.
4   VIII, 348-349. Vgl. auch *Religion*, VI, 97.
5   Hobbes 1994, S. 81.

seines eigenen Lebens, zu gebrauchen", sondern eine „von der Vernunft entdeckte Vorschrift, oder allgemeine Regel, wodurch einem Menschen untersagt wird zu tun, was sein Leben vernichtet"[6]. Die vom Naturgesetz gewollte Rechtsordnung impliziert jedoch den Verzicht auf das Naturrecht und folglich den Ausgang aus dem Naturzustand. In Letzterem gibt es keine Rechtsordnung, die vielmehr erst errichtet werden kann, wenn man durch die Stiftung des Staates den Naturzustand verlässt. Dagegen ist Kant der Ansicht, dass die Rechtsordnung schon im Naturzustand möglich sei. Das Recht ist „der Inbegriff der Bedingungen, unter denen die Willkühr eines jeden mit jedermanns Freiheit nach einem allgemeinen Gesetze zusammen bestehen kann"[7]. Es besteht also aus einem *System der Vereinbarkeit* der individuellen Freiheiten bzw. der Räume, in denen die Individuen ihre äußere Freiheit so ausüben, dass jeder frei handeln kann, ohne die anderen zu behindern. Als System der Vereinbarkeit, das heißt der Widerspruchslosigkeit zwischen den einzelnen Freiheiten, kann die Struktur des Rechts a priori von der reinen Vernunft bestimmt werden. Theoretisch kann das Recht somit, ebenso wie die Rechtsordnung, die es nach Kant automatisch mit sich bringt, auch im Naturzustand verwirklicht werden. Im Unterschied zu Hobbes gibt es für Kant kein rechtliches Prinzip, das – wie das *ius in omnia* – die Möglichkeit der Realisierung einer natürlichen Recht*ordnung* schon theoretisch ausschließen würde.

Das Problem ist jedoch, dass der Naturzustand die Rechtsordnung nicht *garantieren* kann, da er ein Kriegszustand, potenziell also ein faktischer Unrechtszustand ist. Mit Kants Worten ist das Recht hier nicht „peremtorisch", also nicht durch die in einem *wirklichen* bürgerlichen Zustand herrschende Zwangsgewalt garantiert, sondern es ist nur „provisorisch" und kann jederzeit gebrochen werden (VI, 257). Soll aus dem provisorischen Recht, das im Naturzustand nur als „Privatrecht" gelten kann, ein peremtorisches Recht werden, so muss es also in „öffentliches Recht", in Staatsrecht überführt werden. Nur „unter eine[m] allgemeinen äußeren (d. h. öffentlichen)" Zustand, nämlich dem „bürgerlichen" (VI, 256), kann es Rechtssicherheit geben. Trotz seiner anderen Rechtsauffassung stimmt Kant also mit Hobbes hinsichtlich des notwendigen Zwangscharakters des Rechts überein. Im Kap. XVII des *Leviathan* heißt es: „Verträge ohne das Schwert sind nur Worte"[8]. Analog ist das Recht für Kant notwendigerweise mit der „Befugniß zu zwingen" verbunden (VI, 231). Der allgemeine Imperativ *exeundum e statu naturali* wird daher im „Postulat des öffentlichen Rechts" genauer bestimmt: „Du sollst im Verhältnisse eines unvermeidlichen Nebeneinanderseins mit allen anderen aus jenem

---

6   Hobbes 1996, S. 107-18.
7   *Die Metaphysik der Sitten*, VI, 230. Vgl. auch *Über den Gemeinspruch*, VIII, 289-290.
8   Hobbes 1996, S. 141.

[natürlichen] heraus in einen rechtlichen Zustand, d.i. den einer austheilenden Gerechtigkeit, übergehen" (VI, 307).

Die unterschiedliche Rechtsauffassung von Kant und Hobbes impliziert jedoch auch eine verschiedenartige Begründung des Prinzips *exeundum e statu naturali.* Nach Hobbes müssen die Menschen den Naturzustand aus einem *utilitaristischen* Grund verlassen. Der natürliche Zustand des Krieges aller gegen alle stellt die persönliche Unversehrtheit nicht sicher, sondern setzt alle der Möglichkeit des Todes, dem größten aller natürlichen Übel, aus. Es geht also darum, aus einem Zustand herauszufinden, in dem das Leben „einsam, armselig, widerwärtig, vertiert und kurz" ist[9]. Kant teilt die negative Anthropologie von Hobbes. Wie die *Anthropologie in pragmatischer Hinsicht* und vor allem die *Religion innerhalb der Grenzen der blossen Vernunft* belegen, bezieht er sich auf ähnliche Erfahrungsbereiche wie Hobbes, um zu zeigen, dass der Mensch „von Natur böse" ist: das Verhalten der wilden Völker, das Misstrauen, das sich selbst innerhalb der bürgerlichen Gesellschaft in die Beziehungen zwischen den Einzelnen einschleicht, und schließlich den internationalen Zustand, in dem „zivilisierte Völkerschaften gegen einander im Verhältnisse des rohen Naturzustandes (eines Standes der beständigen Kriegsverfassung) stehen" (VI, 33-34). Doch das ist nicht der Grund für den notwendigen Ausgang aus dem Naturzustand. Die Menschen könnten darin „auch so gutartig und rechtliebend gedacht werden, wie man will" (VI, 312). Der Naturzustand schließt die gesellschaftliche Bedingung nicht aus, wie Hobbes' Annahme *nulla societas ante civitatem* besagte[10]. Entsprechend einem weit verbreiteten naturrechtlichen Modell, das gegen Hobbes gerichtet war und das auch Rousseau teilweise übernahm, können der Naturzustand und der gesellschaftliche Zustand durchaus Überschneidungsbereiche aufweisen. Der wesentliche Grund für das Prinzip des *exeundum* ist also nicht anthropologischer oder utilitaristischer, sondern *rechtlicher* Art. Der Naturzustand muss nicht deshalb oder nicht nur deshalb überwunden werden, weil er gefährlich ist, sondern weil es ihm *innerlich an Rechtlichkeit fehlt.* Die Notwendigkeit, den Naturzustand zu verlassen, ergibt sich nicht aus der – in diesem Zusammenhang irrelevanten – empirischen Tatsache, dass die Menschen böse sind, sondern aus einem notwendigen Begriff a priori: Die reine praktische Vernunft in ihrem rechtlichen Gebrauch lehnt die bloße „Vernunftidee eines solchen (nicht-rechtlichen) Zustandes" ab (*ebenda*)[11].

---

9   Hobbes 1996, S.105.

10   Vgl. VI, 242 und VI, 306.

11   Aus diesem Grund hat der Staat keinen utilitaristischen, sondern einen rein juristischen
      Zweck. Das hindert aber nicht, dass die Politik die Bedingungen festlegt, damit jeder
      Bürger seine eigene Glückseligkeit verfolgen kann (vgl. Dierksmeier 2009, S.50-54).

Diese konstitutiven Bestandteile von Kants politischem Denken lassen sich anhand des Souveränitätsbegriffs beschreiben. Hobbes und Kant meinen beide, dass im Naturzustand jedes Individuum souverän ist, weil es über ihm kein Zwangsgesetz gibt. Beide verurteilen diese individuelle Souveränität, jedoch aus verschiedenen Gründen. Der Grund, weshalb Hobbes meint, dass die Naturgesetze verhindern, sein eigener Richter zu sein[12], ist wiederum ein rein utilitaristischer. Der Zustand, in dem jeder in eigener Sache richtet, also keiner höheren Souveränität unterworfen ist, erzeugt nämlich den Krieg aller gegen alle und gewährleistet keine persönliche Sicherheit. Einen rechtlichen Widerspruch sieht Hobbes in der Existenz mehrerer individueller Souveränitäten trotzdem nicht: Das Naturrecht wird durch die Ausübung des *ius in omnia* nicht geleugnet, sondern realisiert. Stattdessen beinhaltet nach Kant die natürliche Souveränität des Individuums, wodurch ein jeder aus seinem eigenen Recht tun kann, „was ihm recht und gut dünkt"[13], einen rechtlichen Widerspruch, da diese individuelle Souveränität die Durchsetzung des Rechts als System der Vereinbarkeit der individuellen Freiheiten verhindert. Paradoxerweise bedeutet das individuelle Recht zur Souveränität eine Verletzung des allgemeinen Rechts: „*alter* iure *aggreditur, alter* iure *resistit*" (R 7726, XIX, 501, meine Hervorh.), stellt Kant in Nachahmung des aus *De Cive* (Kap. I, § 12) übernommenen Satzes „alter *iure* invadit, alter *iure* resistit"[14] polemisch fest. Sowohl Hobbes als auch Kant sind also der Ansicht, dass an die Stelle der individuellen eine allgemeine Souveränität treten muss, der sich jeder Einzelne im Staat unterwirft. Ist das Problem für Hobbes aber nur das der persönlichen Unversehrtheit, so geht es Kant hingegen darum, den Widerspruch aufzuheben zwischen einem Recht, das allgemeine Geltung beansprucht (das Naturrecht als System der Freiheiten), und einer Art von Souveränität, die dem Einzelnen die Freiheit lässt zu entscheiden, worin sein eigenes Recht besteht.

3   *Chacun se donnant à tous ne se donne à personne*

Die unterschiedliche Begründung, die Hobbes und Kant für den Ausgang aus dem Naturzustand anführen, schlägt sich zwangsläufig in der Natur des daraus entstehenden Staates nieder. Hobbes verlangt vom Staat lediglich die Funktion der Gewährleistung jener Sicherheit und persönlichen Unversehrtheit, die im Na-

---

12 Vgl. Hobbes 1966, S. 107 f.
13 VI, 312; vgl. auch *Religion*, VI, 97.
14 Hobbes 1966, S. 166.

turzustand nicht möglich war. Nach Kant muss der Staat dagegen in erster Linie das Recht garantieren und nur als Folge davon die Sicherheit von Menschen und Eigentum. Das bedeutet jedoch, dass die Grundlage des Staates und folglich die Natur der Souveränität andere sein müssen. Laut Hobbes reicht es, die individuelle Souveränität, die der Einzelne dank seines natürlichen Rechts über alles ausübt, gewaltsam zu unterdrücken und die Souveränität einer einzelnen Person zu übertragen, die über eine absolute, unbezwingbare Macht verfügt. Bei Kant muss die staatliche Macht dagegen eine vernünftige Grundlage haben, deren Legitimität von allen anerkannt wird, insofern sie das Recht schützt. Dem Hobbes'schen Modell muss daher ein anderes Modell zur Seite gestellt werden, das nicht auf der Unterwerfung der Individuen unter einen absoluten Souverän, sondern auf ihrer Teilhabe an der Souveränität beruht. An die Stelle des Untertanenstaats muss der Bürgerstaat treten. Im Europa der zweiten Hälfte des 18. Jahrhunderts war dieses Staatsmodell unangefochten mit einem Namen verbunden: Rousseau.

Die Rousseau'sche Souveränitätsauffassung wurde in ihren tragenden Linien im *Contrat social* von 1762 umrissen. Einerseits verlangt der Vertrag „die völlige Entäußerung jedes Mitglieds mit allen seinen Rechten an das Gemeinwesen als Ganzes"; andererseits garantiert er jedem Bürger als Mitglied des Ganzen seine Freiheit: „jeder, indem er sich mit allen vereinigt, nur sich selbst gehorcht und genauso frei bleibt wie zuvor... Schließlich gibt sich jeder, da er allen gibt, niemandem"[15]. So vermochte Rousseau die (Hobbes'sche) Forderung der Unbezwingbarkeit der souveränen Macht mit derjenigen der Autonomie des Bürgers zu verbinden, der als Mitglied des gesamten Volkes vollberechtigt an der Souveränität teilhat. Kant geht nicht über Rousseaus Text hinaus, wenn er feststellt, dass aus dem Vertrag ein „politischer Körper, Republic" hervorgeht: „In demselben werden alle Glieder zusammengenommen betrachtet als bekleidet mit der obersten Gewalt"; sie bilden den „Souverain", während sie einzeln betrachtet „Unterthan" sind (R 7536, XIX, 449). Als Mitglied des souveränen Körpers gehorcht jeder Einzelne allein dem gemeinsamen Willen: „nur so [kann] eines jeden freyheit mit seiner subiection durchgängig zusammenstimmen" (R 7974, XIX, 568).

Der zentrale Begriff des Rousseau'schen Vertrags, der dem einzelnen Bürger die Teilhabe an der dem Volk insgesamt zustehenden Souveränität ermöglicht, ist der *allgemeine Wille*, also ein Wille, der nicht die bloße Summe des Willens aller (la *volonté de tous*) ausdrückt, sondern das Sich-Wiedererkennen jedes Einzelnen in einem Willen, dem es allein um das Gemeinwohl zu tun ist. Kant rezipierte die Lehre vom allgemeinen Willen wahrscheinlich bereits in den siebziger Jahren. „Es muß eine uneingeschränkte oberste Gewalt seyn: souverainität. Nur der Gemein-

---

15 Rousseau 1977, S. 17-18.

schaftliche Wille kann diese oberste Gewalt haben" (R 7713, XIX, 498). Spätere Aufzeichnungen nehmen ausdrücklich auf das „Prinzip des allgemeinen Willens" Bezug, welches das Prinzip des *summus imperans*, der Souveränität darstellt (R 7921, XIX, 555). Dem allgemeinen Willen kommt somit die Gesetzgebung zu. Diese „muß *ex voluntate communi* hergenommen seyn und nicht *ex arbitrio quodam privato et in favorem*" (R 7987, XIX, 573). Der allgemeine Wille ist unfehlbar: „Er kann nicht unrecht thun" (R 7713, XIX, 498) und ist „immer gut" (R 7921, XIX, 555). Er geht nämlich direkt vom Volk aus: „Der Souverain ist der Gesetzgeber, er kan nicht unrecht thun, also ist er das Volk" (R 7952, XIX, 563). Die gedruckten Schriften bestätigen Kants Übereinstimmung mit der Vorstellung von einem „jeden anderen verbindenden, mithin collectiv allgemeinen (gemeinsamen) Willen" (VI, 256).

> Alles Recht hängt nähmlich von Gesetzen ab. Ein öffentliches Gesetz aber, welches für Alle das, was ihnen rechtlich erlaubt oder unerlaubt sein soll, bestimmt, ist der Actus eines öffentlichen Willens, von dem alles Recht ausgeht, und der also selbst niemand muß Unrecht thun können (*Gemeinspruch*, VIII, 294).
> Die gesetzgebende Gewalt kann nur dem vereinigten Willen des Volkes zukommen. Denn da von ihr alles Recht ausgehen soll, so muß sie durch ihr Gesetz schlechterdings niemand unrecht thun können. Nun ist es, wenn jemand etwas gegen einen Anderen verfügt, immer möglich, daß er ihm unrecht thue, nie aber in dem, was er über sich selbst beschließt (denn *volenti non fit iniuria*). Also kann nur der übereinstimmende und vereinigte Wille Aller, sofern ein jeder über Alle und Alle über einen jeden ebendasselbe beschließen, mithin nur der allgemein vereinigte Volkswille gesetzgebend sein (*Rechtslehre*, VI, 313-314).

4 Der ursprüngliche Vertrag und das Widerstandsrecht

Die Lehre vom allgemeinen Willen steht im Einklang mit den Voraussetzungen der transzendentalen Philosophie. Diese beruht auf der Vorstellung von einem transzendentalen Subjekt, das seinen Gegenstand durch eine Synthese a priori bestimmt. Im theoretischen Bereich besteht die Synthese in der Vereinigung der zahlreichen sinnlichen Anschauungen, das heißt der Erfahrungsdaten, durch die Formen a priori der Sinnlichkeit (Raum und Zeit) und des Verstandes (Kategorien). Auf der praktischen Ebene besteht sie dagegen in der unmittelbaren – also durch die Sinnlichkeit unbeeinflussten – Bestimmung des Willens durch die Vernunft (wie im Fall des kategorischen Imperativs). Auf beiden Ebenen zeigt das Subjekt eine eigene Tätigkeit, die aus seiner transzendentalen Natur entspringt. Im Theoretischen äußert sich diese Tätigkeit als „Spontaneität", das heißt als Fähigkeit, die durch die Erfahrung passiv erhaltenen Daten zu einem Erkenntnisgegenstand

zu verarbeiten, der von den Erkenntnisstrukturen des Subjekts abhängt. Im Praktischen manifestiert sich die Tätigkeit des Subjekts hingegen als „Autonomie",
als Fähigkeit, sich sein eigenes Gesetz zu geben. Die transzendentale Vernunft ist
nämlich mit dem innersten Wesen des Menschen identisch. Indem der Mensch
den Vernunftgesetzen gehorcht, gehorcht er sich selbst bzw. den Gesetzen, die er
sich selbst gibt. Die Lehre vom allgemeinen Willen überträgt also das Prinzip der
Autonomie von der ethischen auf die politische Ebene. Durch die Bildung des
allgemeinen Willens bestimmt das Subjekt – hier weder ein theoretisches noch
praktisch-ethisches, vielmehr ein praktisch-*politisches* Subjekt – einen gemeinsamen Willen, der gleichzeitig Ausdruck der allgemeinen Vernunft und eines von
allen geteilten individuellen Willens ist.

Diese Übereinstimmung mit dem Ansatz der transzendentalen Philosophie
bildet die theoretische Grundlage der Lehre vom allgemeinen Willen bei Kant.
Sie verweist aber auch auf deren politische Grenzen. Der allgemeine Wille ist,
genau wie die vom kategorischen Imperativ vorgeschriebene Vollkommenheit der
moralischen Handlung, ein *Ideal* der Vernunft. Er bildet mit anderen Worten das
normative Kriterium, das stets befolgt werden muss, wenn man politisch korrekt
handeln will. Doch die Ideale der Vernunft unterscheiden sich als solche von der
tatsächlichen Wirklichkeit. Das Sollen lässt sich nie auf das Sein zurückführen. Die
in ihrer idealen Reinheit unantastbare Norm ist im konkreten (und unvollkommenen) Bestehenden nie gegeben. Praktisch folgt aus dieser theoretischen Position,
dass der „ursprüngliche Vertrag", aus dem der allgemeine Wille hervorgehen soll,
kein „Factum", sondern „eine *bloße Idee* der Vernunft" ist (VIII, 297). Noch in der
Rechtslehre von 1797 blickte Kant mit Misstrauen auf die Suche nach einem historischen Ursprung des Staatsvertrags: „die Wilden errichten kein Instrument ihrer
Unterwerfung unter das Gesetz, und es ist auch schon aus der Natur roher Menschen
abzunehmen, daß sie es mit der Gewalt angefangen haben werden" (VI, 339). Auch
in der naturrechtlichen Schule betrachtete man den Gesellschaftsvertrag freilich
nicht als ein tatsächliches historisches Ereignis, das der Entstehung der bürgerlichen
Gesellschaft zugrunde lag. Er erschien jedoch als Ausdruck einer *stillschweigenden*
Übereinkunft, die durch die faktische Existenz der Gesellschaft vorausgesetzt wird.
Der naturrechtlichen Auffassung des stillschweigenden Vertrags setzt Kant die des
fiktiven Vertrags entgegen (*als ob*), der niemals von den Individuen geschlossen
wurde, auch nicht in stillschweigender Form. Die Funktion des ursprünglichen
Vertrags ist keine genetische, sondern eine rein normative. Er sagt nichts darüber,
wie der bürgerliche Staat entstanden ist, „sondern wie er seyn soll" (R 7740, XIX
504). Der Vertrag „ist die Regel und nicht der Ursprung der Staatsverfassung"
(R 7734, XIX, 503): kein *principium fiendi*, sondern *cognoscendi* (R 7956, XIX, 564).

Der die Vernunftidee des ursprünglichen Vertrags bestimmende Grundsatz fordert, „jeden Gesetzgeber zu verbinden, daß er seine Gesetze so gebe, als aus dem vereinigten Willen eines ganzen Volks haben entspringen *können*, und jeden Unterthan, so fern er Bürger sein will, so anzusehen, als ob er zu einem solchen Willen mit zusammen gestimmt habe" (VIII, 297). Wie der kategorische Imperativ einen ausschließlich formalen Charakter besitzt, also keine Inhalte angibt, sondern die allgemeine Regel aufstellt, um über die Sittlichkeit einer Maxime zu entscheiden, so bewertet die Regel des ursprünglichen Vertrags die Gerechtigkeit eines Gesetzes danach, dass ein ganzes Volk, also der allgemeine Wille, den es ausdrückt, ihm ideell zustimmen könnte. Das Gesetz kann nicht gerecht sein, wenn „ein ganzes Volk *unmöglich* dazu seine Einstimmung geben *könnte*" (VIII. 297) „ist es aber nur *möglich*, daß ein Volk dazu zusammen stimme, so ist es Pflicht, das Gesetz für gerecht zu halten: gesetzt auch, daß das Volk jetzt in einer solchen Lage, oder Stimmung seiner Denkungsart wäre, daß es, wenn es darum befragt würde, wahrscheinlicherweise seine Beistimmung verweigern würde" (VIII, 297).

Da der Vertrag sich auf keine reale Übereinkunft bezieht, weder zwischen den Bürgern noch zwischen den Bürgern und dem Souverän, kann er für keinerlei Forderung herangezogen werden. Die darin vorgesehenen Rechte sind rein ideal, insofern die Vernunft sie vorschreibt, und ergeben sich aus keinem realen Vorgang. „Die idee des socialcontracts ist nur die Richtschnur der Beurtheilung des Rechts und der Unterweisung der prinzen imgleichen einer möglichen Vollkommenen Staaterrichtung, aber nach dieser idee hat das Volk nicht wirkliche rechte" (R 7737, XIX, 504).

Kant ist somit der Ansicht, dass das ideale Prinzip des ursprünglichen Vertrags mit der Leugnung jeglichen Widerstandsrechts gegen die bestehende Obrigkeit perfekt vereinbar sei. Unmissverständlich hält er fest, „daß alle Widersetzlichkeit gegen die oberste gesetzgebende Macht, alle Aufwiegelung, um Unzufriedenheit der Unterthanen thätlich werden zu lassen, aller Aufstand, der in Rebellion ausbricht, das höchste und strafbarste Verbrechen im gemeinen Wesen ist: weil es dessen Grundfeste zerstört". Dieses Verbot ist „unbedingt". Selbst wenn der Souverän den ursprünglichen (idealen) Vertrag augenscheinlich verletzt, hat der Untertan kein (reales) Recht, Widerstand zu leisten, „weil bei einer schon subsistirenden bürgerlichen Verfassung das Volk kein zu Recht beständiges Urtheil mehr hat, zu bestimmen: wie jene solle verwaltet werden" (VIII, 299-300). Jegliche Auflehnung gegen einen bestehenden Staat stellt nämlich das „Postulat des öffentlichen Rechts" in Frage, wonach man aus dem Naturzustand heraustreten soll. Gegenüber der Rechtlosigkeit, die den nichtstaatlichen Zustand prägt, stellt der bestehende Staat stets ein verwirklichtes Recht dar. Der Widerstand gegen die konstituierte Gewalt ist folglich eine Zuwiderhandlung gegen die praktisch-rechtliche Vernunft, welche die Realisierung des Rechts unbedingt will. Dass ein weiter fortgeschrittenes, dem Ideal des ursprünglichen Vertrags und dem allgemeinen Willen mehr entsprechendes Recht besser wäre als ein willkürlicher Rechtszustand, steht außer Frage. Doch das Recht, in diese Richtung zu wirken, kommt, wie wir sehen werden, allein dem Souverän zu, der tatsächlich die Macht innehat und alles nach seinem Willen lenkt.

5 Die republikanische Verfassung

Die Regierungsform, in der die Macht nach dem allgemeinen Willen des Volkes ausgeübt wird, ist die republikanische Verfassung, die „allen Arten der bürgerlichen Constitution ursprünglich zum Grunde liegt", insofern sie „aus dem reinen Quell des Rechtsbegriffs" entsprungen ist (VIII, 350-351). Das Kriterium, das die republikanische Verfassung definiert, ist nicht das traditionelle der *Herrschaftsform* (*forma imperii*), das auf der Zahl der Machthaber beruht (einer in der Autokratie, wenige in der Aristokratie, alle in der Demokratie), sondern die *Regierungsart* (*forma regiminis*). Wie Montesquieu nahelegt, der bereits zwischen den beiden Kriterien unterschied, berücksichtigt Letztere die *Weise* der Machtausübung. In diesem Fall gibt es nur zwei Möglichkeiten: entweder die *republikanische* Verfassung, die auf der Achtung des allgemeinen Willens als Wille des Volkes beruht, oder die *despotische*, wenn der Souverän die Macht willkürlich ausübt.

Kant nennt die drei Grundmerkmale der republikanischen Verfassung: Freiheit, Gleichheit und Unabhängigkeit. Die *Freiheit* gebührt jedem Individuum als *Mensch*. Sie wird also nicht durch eine politische Beziehung begründet, sondern bildet ein angeborenes, natürliches Recht, das durch die bürgerliche Verfassung lediglich geschützt werden muss. Die *Gleichheit* verweist auf die Bedingung, wonach jedes Staatsmitglied als *Untertan* der souveränen Gewalt auf dieselbe Weise unterstellt ist wie alle anderen: Vor dem Gesetz sind alle gleich. Die sozialen und ökonomischen Ungleichheiten, die von den eigenen Kräften oder vom Ererbten abhängen, sind gerechtfertigt, aber alle haben das Recht, die gesellschaftliche und wirtschaftliche Stellung zu erwerben, die sie dank ihrer Fähigkeiten erreichen können. Die *Unabhängigkeit* begreift Kant als Selbstständigkeit (*sibi sufficientia*) bzw. als wirtschaftliche Unabhängigkeit. Implizit Bezug nehmend auf die Unterscheidung zwischen aktiven und passiven Bürgern, wie sie beispielsweise in den Verfassungen des revolutionären Frankreich vorkommt, meint er, nur wer imstande sei, sich durch seine (manuelle, professionelle, geistige) Arbeit zu erhalten und sie zu einem Eigentum zu befestigen, sei als *Bürger* mit Stimmrecht anzusehen (eine Stimme pro Kopf: der Handwerker ist dem Großgrundbesitzer gleichgestellt).

Wer stattdessen für sein Überleben nur über seine Arme verfügt, also kein sich selbst tragendes Werk hervorzubringen vermag, wie der Tagelöhner, ist bloß ein „Schutzgenosse" unter der Autorität des Staates[16].

Die republikanische Verfassung ist mit der Idee vom allgemeinen Willen und folglich mit der des ursprünglichen Vertrags eng verbunden. Genau wie diese ist sie daher mehr ein Ideal der Vernunft als eine politische Realität. Wie die Achtung des ursprünglichen Vertrags einfach dadurch gewährleistet ist, dass das Handeln des Souveräns dem allgemeinen Willen nach der „Idee der Vernunft" entspricht, so braucht auch die Ordnung einer Verfassung nicht wirklich republikanisch zu sein, um dennoch so genannt zu werden. Es reicht, dass der Souverän der „Idee" des Volkswillens gemäß handelt und die Entscheidungen trifft, die das Volk getroffen hätte, wenn es mit Blick auf das Gemeinwohl entschieden hätte. So kann es nicht überraschen, dass Kant die autokratische Regierung von Friedrich II. als Modell einer republikanischen Verfassung anführt, denn er handelte wie „der oberste Diener des Staats" (VIII, 352). Die Idee einer republikanischen Verfassung wird von Kant genau wie die des allgemeinen Willens und des ursprünglichen Vertrags ausdrücklich in eine Reformperspektive gestellt:

> der Geist jenes ursprünglichen Vertrages (*anima pacti originari*) enthält die *Verbindlichkeit* der constituirenden Gewalt, die *Regierungsart* jener Idee angemessen zu machen und so sie, wenn es nicht auf einmal geschehen kann, allmählich und continuirlich dahin zu verändern, daß sie mit der einzig rechtmäßigen Verfassung, nämlich der einer reinen Republik *ihrer Wirkung nach* zusammenstimme (VI, 340).

Wie Hobbes lehrte – so Kant – sind die Staaten aus der Gewalt entstanden, mit der der Stärkste eine Vielzahl von Menschen gezwungen hat, als Untertanen in eine bürgerliche Gesellschaft zu treten. Denn fast alle Kant zeitgenössischen Staaten – vielleicht mit Ausnahme des revolutionären Frankreich – waren *de facto* despotisch. Auch ist es, wie gesagt, unzulässig, sich gegen sie aufzulehnen, um Recht und Freiheit zur Durchsetzung zu verhelfen, da jede konstituierte Gewalt bereits eine Verwirklichung des Rechts im Gegensatz zur Rechtlosigkeit des Naturzustands ist. Die einzige Perspektive ist nach Kant die der allmählichen Reform[17]. „Alle Herrschaft ist *facto* usurpirt, *iure* soll sie constitutional seyn" (R 8046, XIX, 592). Die gewaltsame Durchsetzung einer Herrschaft ist nicht das letzte Wort, sondern sie muss sich im Laufe der Zeit zu einer republikanischen „Form" fortentwickeln (XXIII, 163).

---

16 Vgl. *Über den Gemeinspruch*, VIII, 290-296; dazu auch *Zum ewigen Frieden*, VIII, 349-350, wo das Thema etwas anders behandelt wird.

17 Dazu vgl. Langer 1986.

Die Reform aber kann nur „von oben herab" (VII, 328) stattfinden; sie kann nur dem guten Willen des Souveräns entspringen, der seiner Macht spontan eine Grenze setzen soll. In einer *Vorarbeit* zum *Gemeinspruch*, die zwischen Furcht und Hoffnung schwankt, erkennt Kant selber, wie problematisch dieser Weg ist: „Aus dem Willen des Souveräns selbst muss die Reform hervorgehen. Dieser ist aber *in Facto* nicht der Vereinigte Volkswille sondern der soll allmälig herauskommen" (XXIII, 134). Ähnlich ist er sich in *Zum ewigen Frieden* darüber im Klaren, dass „wer einmal die Gewalt in Händen hat, [...] sich vom Volk nicht Gesetze vorschreiben lassen" wird (VIII, 371). Die kantische Reformperspektive konnte also nur im Kontext eines wahrhaft aufgeklärten Despotismus zum Tragen kommen. Wo die Fürsten selbst nicht aufgeklärt sind – so der Schluss in *Was ist Aufklärung* – kann die Regierung nur durch die Verbreitung der Aufklärung unter den Untertanen und deren „öffentlichen Gebrauch" der Vernunft beeinflusst werden. Die einzige Form der Reaktion, die Kant dem Untertan zuerkennt, ist nämlich die Denk- und Ausdrucksfreiheit, das heißt die Möglichkeit der öffentlichen Diskussion, um den Fürsten über das wahre Interesse des Volks aufzuklären (VIII, 41-42). Dies setzt freilich voraus, dass das unangemessene Verhalten des Souveräns auf einen bloßen Mangel an Aufklärung zurückgeht. Der allgemeine Wille, den der aufgeklärte Souverän verkörpern soll, ist unfehlbar.

6   Die Gewaltenteilung und die repräsentative Regierung

Die republikanische Verfassung, deren konstitutive Merkmale die Freiheit, Gleichheit und Unabhängigkeit ihrer Mitglieder sind, vollzieht sich durch zwei formale Einrichtungen: die repräsentative Regierung und die Gewaltenteilung. In Kants Texten lassen sich jedoch drei Bedeutungen des Repräsentationsbegriffs ausfindig machen, die gleich viele Auffassungen der Beziehung zwischen den Gewalten implizieren[18]. Die Unterschiedlichkeit dieser Repräsentationsbegriffe (und der Gewaltenteilung) ergibt sich unmittelbar daraus, dass die republikanische Verfassung – sowie der ihr zugrunde liegende allgemeine Wille und der ursprüngliche Vertrag – eine rein ideale Bedeutung haben. Vor diesem Hintergrund ändert sich die Bedeutung der Repräsentation und der Gewaltenteilung je nachdem, ob sie sich auf den idealen Zustand oder auf tatsächliche Regierungen beziehen, die auf jeden

---

18 Schon Reiss 1977, S. 38 f., weist auf die Ambivalenzen der Repräsentationsprozeduren bei Kant hin.

Fall, wie gesagt, eine Verwirklichung des Rechts darstellen, gegen die es keine Form von Widerstand geben darf. Die Repräsentation in ihrem vollsten Sinn ist diejenige, welche die Beziehung zwischen dem souveränen Volk und den es repräsentierenden Abgeordneten beschreibt. Diese Auffassung kommt in der *Rechtslehre* am deutlichsten zum Ausdruck: „Alle wahre Republik aber ist und kann nichts anders sein, als ein *repräsentatives* System des Volks, um im Namen desselben, durch alle Staatsbürger vereinigt, vermittelst ihrer Abgeordneten (Deputirten) ihre Rechte zu besorgen" (VI, 341). Der Gedanke findet sich aber bereits in *Über den Gemeinspruch*, wo Kant schreibt, der allgemeine Wille werde nur durch „eine Mehrheit der Stimmen [ausgedrückt] und zwar nicht der Stimmenden unmittelbar (in einem großen Volke), sondern der dazu Delegirten als Repräsentanten des Volkes" (VIII, 296). Die Repräsentation ist hier an eine politische Ordnung parlamentarischer Art gebunden. In dieser ersten und stärksten Bedeutung vollzieht sich die Repräsentation somit *innerhalb* der gesetzgebenden Gewalt zwischen dem souveränen Volk, das sie nominal innehat, und den Abgeordneten, die sie in seinem Namen ausüben. Trotz des Unterschieds zu Rousseau, der radikal gegen jede Form von Repräsentation eingestellt war, ist diese Position Kants von den Thesen des *Contrat social* am wenigsten weit entfernt, da sie an der Annahme festhält, dass die gesetzgebende Gewalt, und somit die Souveränität, ausschließlich vom Volk ausgeübt werden soll.

In einer zweiten Bedeutung – die bei Kant am häufigsten vorkommt – übt die exekutive Gewalt die Repräsentation gegenüber der legislativen aus. Die republikanische Regierungsform ist diejenige, in der die exekutive Gewalt die legislative insofern ‚repräsentiert' als sie deren Anweisungen auf der Handlungsebene umsetzt, während das Gesetz in der despotischen Form willkürlich als „Privatwille" des Souveräns angewandt wird (VIII, 352). Dieser Repräsentationsbegriff ist aufs Engste mit der Gewaltenteilung verknüpft, denn nur durch sie kann die Exekutive zu einem Repräsentanten, d. h. zu einem treuen Interpreten der Legislative werden und ihre Unterordnung unter die Volkssouveränität aufrechterhalten. In einer Regierungsform, in der dieselbe Person oder dasselbe politische Organ beide Gewalten innehat, wendet die Exekutive dagegen ein Gesetz an, das nicht den souveränen Willen des Volkes, sondern den willkürlichen des Machthabers, also der Exekutivgewalt selber, ausdrückt[19]. Jede nichtrepräsentative Regierungsform, die das Prinzip der Gewaltenteilung nicht achtet, ist daher „eigentlich *eine* Unform" (VIII, 352), da sie in der bloßen willkürlichen Machtausübung aufgeht, ohne auf den allgemeinen Willen des souveränen Volkes Bezug zu nehmen.

---

19 Vgl. besonders *Zum ewigen Frieden*, VIII, 351-352.

Kant versteht die Gewaltenteilung also nicht – wie bisweilen behauptet wurde[20]
– im Sinne der Tradition von Locke und Montesquieu als *balance des pouvoirs*, wo
die Gewalt tatsächlich zwischen den drei Funktionen aufgeteilt wird, die einander
kontrollieren und ausgleichen[21]. Er ist genau wie Rousseau (und Hobbes) der Ansicht,
dass die souveräne Macht unteilbar sei. Die drei Gewalten (die legislative, exekutive
und judikative) sind in Wirklichkeit nur „so viele Verhältnisse des vereinigten, a
priori aus der Vernunft abstammenden Volkswillens" (VI, 338). Die Teilung ist eher
als eine Unterscheidung zu verstehen, die im Fall der Beziehung zwischen Legislative
und Exekutive aus ihren unterschiedlichen Zuständigkeitsbereichen entsteht (die
Legislative ist zuständig für das allgemeine Gesetz, die Exekutive für das besondere
Dekret); dabei ist es der Exekutive, die in der Abhängigkeit gehalten wird, untersagt,
Gesetze zu erlassen, wie es im Despotismus geschieht. Für die Unterscheidung der
Legislative von der Exekutive aufgrund der Allgemeinheit ihrer Funktionen lieferte
Rousseau das Vorbild. Doch Rousseau reduzierte diese Unterscheidung auf ein
Mindestmaß, indem er die Exekutive als bloßen Ausfluss der Legislative begriff,
um die größtmögliche Einheit der unteilbaren Souveränität zu garantieren[22]. Kant
dagegen unterscheidet klarer zwischen den beiden Gewalten, denn er betrachtet sie
als zwei verschiedene „moralische Personen" (das heißt juridische Personen) bzw.
potestates (VI, 316). Jedenfalls spielt aber die Exekutive gegenüber der Legislativen
eine untergeordnete Rolle, die in der besonderen Anwendung allgemeiner Gesetze
besteht. Zieht man zum Vergleich die Sätze eines Syllogismus heran, so verhält sie
sich zur Legislativen wie der Untersatz zum Obersatz[23]. Genau in dieser Bedingung
einer getrennten, aber untergeordneten Gewalt besteht die Repräsentationsfunktion
der Exekutive im Verhältnis zur Legislative. Die Erstere muss Letztere im besonderen Bereich der Gesetzesanwendung, in dem die Legislative, der nur allgemeine
Funktionen zukommen, nicht handeln kann, treu ‚repräsentieren'.

Die dritte Bedeutung, in der Kant den Repräsentationsbegriff verwendet, erfährt
keine ausdrückliche Formulierung, kommt aber *de facto* häufig vor. Dieser dritte Fall
kann als Ausweitung der zweiten Bedeutung betrachtet werden. Hier bezieht sich das
‚Repräsentieren' jedoch nicht auf den Akt, mit dem der Regent (die Exekutive) den
Willen des Souveräns (der Legislative) ausführt, wobei sie beide als unterschiedene
politische Subjekte („moralische Personen") gelten. Die Repräsentation besteht hier
vielmehr in der rechtlichen Konstitution einer Souveränität durch die Repräsentationsfunktion des Regenten. Die Souveränität wird direkt und ausschließlich

---

20 Typisch in diesem Sinn: Vlachos 1962, S. 487-489, und Reiss 1977, S. 37.
21 Vgl. Locke 2007, Kap. 12; Montesquieu 2011, Buch 11, Kap. 6.
22 Vgl. Rousseau 1977, S. 61-62.
23 Vgl. VIII, 352; VI, 313.

gestiftet und zugleich repräsentiert von dem, der sie verwirklicht, das heißt dem Machthaber, der die Individuen zu einer politischen Einheit zwingt. Souverän und Regent/Machthaber fallen im Repräsentationsprozess in eins.

Bei der Stiftung der Souveränität ist ein Abstraktionsakt vonnöten, durch den man vom Volk als physische Größe, als *multitudo* bzw. Menge von Individuen, zum Volk als juridische Größe, zum *populus* als politisches Subjekt übergeht, das einen kollektiven Willen ausdrückt. Die Repräsentation besteht genau in diesem Abstraktionsakt, durch den eine physische oder juridische Person das Volk vertritt, insofern es dieses als *populus* im Gegensatz zur *moltitudo* konstituiert und ab diesem Moment an seiner Stelle handelt. Hier wird die Nähe zu Hobbes (*Leviathan*, XIX) erkennbar, für den der Souverän die Person ist, „die alle und jeden einzelnen der Menge vertritt"[24]. Das Repräsentationsniveau wird also umso höher sein, je mehr man von der Menge der physischen Individuen abstrahiert. Deshalb bemerkt Kant, dass ein umgekehrtes Verhältnis zwischen der Zahl der politischen Machthaber und dem Repräsentationsgrad besteht[25]. Die Monarchie ist repräsentativer als die Aristokratie, während in der Demokratie – hier mit Rousseau als direkte Demokratie verstanden – gar keine Repräsentation, das heißt keine Unterscheidung der institutionellen Funktion von dem sie ausübenden physischen Subjekt möglich ist. Nicht der allgemeine Wille (der ein abstrakter Begriff ist) verwirklicht sich darin, sondern im besten Fall der Rousseau'sche „Wille aller" und im häufigeren Fall die Diktatur der Mehrheit der physischen Individuen, da „alle über und allenfalls auch wider Einen (der also nicht mit einstimmt), mithin Alle, die noch nicht Alle sind, beschließen; welches ein Widerspruch des allgemeinen Willens mit sich selbst und mit der Freiheit ist" (VIII, 352). Kants Abneigung gegen die Demokratie Athens hat offensichtlich denselben Grund[26].

7 Probleme und Ambivalenzen

Die drei Bedeutungen der Repräsentation haben ein gemeinsames Element. Die souveräne Macht ist in jedem Fall unbegrenzt und unteilbar. Sei es, dass die Legislative sie innehat und repräsentiert (erster Fall), sei es, dass die Legislative sie innehat und die Exekutive sie repräsentiert (zweiter Fall) oder die Exekutive sie *de facto* so weitgehend ausübt, dass sie sich mit ihr deckt (dritter Fall) – stets ist

---

24 Hobbes 1996, S. 166.
25 Vgl. VIII, 353.
26 Vgl. R 8054, XIX, 15-17.

die souveräne Macht unbezwingbar[27]. Obgleich die beiden politischen Vorbilder Kants, Hobbes und Rousseau, die oberste Gewalt in verschiedene Hände legen, stimmen sie hinsichtlich der Unantastbarkeit dieser Absolutheit überein. In diesem Punkt, der in einer auf Jean Bodin zurückgehenden Tradition wurzelt, hat Kant nichts einzuwenden.

Betrachtet man die drei Repräsentationsbegriffe unter dem Gesichtspunkt der Beziehung zwischen Macht und Recht bzw. zwischen Realität und Idealität, so sind sie dagegen sehr unterschiedlich und rücken auch den Souveränitätsbegriff in ein je anderes Licht. Im „*repräsentativen* System", wie der erste Fall es umreißt, hat das Volk die Macht inne, die nicht vom allgemeinen Willen abweichen kann: Zwischen Recht und Macht besteht keinerlei Unstimmigkeit. Angesichts seiner Geringschätzung der britischen Verfassung konnte Kant allein in der revolutionären französischen Republik eine historische Verwirklichung dieses parlamentarischen Modells finden[28]. Dieser Repräsentationsbegriff, der keine Interpretationen zulässt, die eine unangemessene Anwendung ermöglichen würden, bezeichnet ein rationales und ideales Modell, das es normativ zu verfolgen gilt. Auch die zweite Bedeutung findet nur wenige Beispiele in der politischen Wirklichkeit des 18. Jahrhunderts, wenn man sie wörtlich nimmt. Interpretiert man sie jedoch freier, so dass die Gewaltenteilung keine physische Unterscheidung der Personen beinhaltet, sondern einfach die Art der Machtausübung benennt, so lässt sie sich auch zur Rechtfertigung der despotischen Regierungen heranziehen, vorausgesetzt sie sind aufgeklärt. In diesem Fall wird die Macht nach Zwecken ausgeübt, die der Vernunftidee des Volkswillen entsprechen, jedoch in institutionellen Formen, die sie verletzen: Der Einklang zwischen Recht und Macht ist substanziell, aber nicht formal. Im dritten Fall schließlich ist die Übereinstimmung zwischen Macht und Recht minimal, denn sie besagt lediglich, dass die Macht eine Bedingung des realisierten Rechts ist, ohne zu berücksichtigen, ob dieses dem idealen Recht entspricht. Es kann also ein offener Konflikt zwischen der Machtausübung und dem vernünftigen Recht bestehen. Einer so allgemeinen Form der Repräsentation kann man in jeder bestehenden Regierung begegnen. Jeder Inhaber der staatlichen Macht ‚repräsentiert' die Souveränität des Staates aus dem einfachen Grund, dass er sie *de facto* verwirklicht, auch wenn dies *sine titulo de jure* geschieht. Diese realistische Auslegung der Repräsentation, die sich daraus rechtfertigt, dass jede auch noch so unvollkommene Rechtsverwirklichung besser ist als der Naturzustand[29], durchzieht Kants gesamtes politisches Denken.

---

27 Vgl. z. B.. R 7494, XIX, 414; R 7713, XIX, 498; R 7898, XIX, 548; R 7899, XIX, 548; R 7901, XIX, 549.

28 Vgl. VI, 90; R 8077, XIX, 606.

29 Vgl. *Zum ewigen Frieden*, VIII, 373, Fußnote.

Vor allem in den neunziger Jahren tritt sie jedoch allmählich hinter den anderen Bedeutungen des Begriffes und somit hinter einem sich abzeichnenden größeren Idealismus bezüglich der Staatsauffassung zurück.

Die weiteste Bedeutung der Repräsentation beinhaltet offenkundig eine zweideutige Konzeption der Souveränität. Kommt die als unbegrenzt und unwiderstehlich anerkannte souveräne Macht nur dem Volk zu oder geht sie durch die Repräsentation auf den Fürsten über, der sie *de facto* ausschließlich ausübt[30]? Anders gefragt: Sind die Souveränität, welche die Legislative innehat, und der Fürst oder König, der die Exekutivgewalt ausübt, Vorstellungen, die getrennt bleiben müssen, oder laufen sie dank des Repräsentationsbegriffs in einer einzigen Realität zusammen? Offensichtlich geht es hier um zwei verschiedene Souveränitätsbegriffe: Der erste, der sie ausschließlich in die Hände des Volkes, einziger Quell des allgemeinen Willens, legt, geht auf Rousseau zurück; der zweite, der als Souverän denjenigen anerkennt, der die unbegrenzte Macht tatsächlich in seinen Händen konzentriert hat und das Gesetz willkürlich handhaben kann, stammt von Hobbes. Doch eine klare Unterscheidung zwischen den beiden Bedeutungen, also eine eindeutige Wahl zwischen Hobbes und Rousseau, lässt sich in Kants Texten nicht immer erkennen.

Auch terminologisch bleibt Kant ambivalent. Am deutlichsten tritt diese Ambivalenz freilich in den Reflexionen aus dem *Nachlass* zutage, die von noch nicht ausgereiften Phasen seines Denkens Zeugnis ablegen. Manchmal scheint Kant auch lexikalisch klar zu unterscheiden zwischen dem „Souverän", der auch als „*summus imperans*" (R 7922), „Herrscher" oder „Beherrscher" (R 7977, R 8020) bezeichnet wird, und dem tatsächlichen Machthaber, das heißt dem „Regierer" oder „Regenten", dem „Monarchen" (R 8009, R 8011, R 8017), *superior sive princeps* (R 7899), *summus Rector* (R 792), der auch „Oberster" (R 7719) bzw. öfter „Oberherr" oder „Staatsoberhaupt" (R 7977, R 8020, R 8020) heißt. Einige dieser Unterscheidungen kehren fast wortgleich auch in den gedruckten Werken, vor allem in der späten *Rechtslehre* wieder. Hier wird die Legislative, welche die „Souveränität" oder „Herrschergewalt" (VI, 313) innehat, als „Beherrscher" (VI, 317) oder einfach als „Herrscher" (VI, 319) bezeichnet, wohingegen der „Regierer" oder „Regent (*rex, princeps*)" (VI, 316), der die Exekutivgewalt ausübt, „Oberfehlshaber" (VI, 316), „Befehlshaber" (VI, 319) bzw. häufiger „Oberhaupt" oder „Staatsoberhaupt" (VIII, 291) genannt wird. Oft vermischt Kant jedoch die Begriffe und vor allem die entsprechenden Funktionen und neigt dazu, sie in einer einzigen Person zusammenlaufen zu lassen[31].

---

30 Schon der Jakobiner und Kantianer Johann Adam Bergk betonte diese Ambivalenz (Bergk 1797, S. 211 f.)
31 Vgl. z. B. R 7968, XIX, 566; R 8017, XIX, 582; R 8011, XIX, 581.

Doch bleibt die Zweideutigkeit in den gedruckten Werken auch in einem systematischeren Sinn bestehen. Obwohl der zweite Teil von *Über den Gemeinspruch* sich schon im Untertitel als Kritik an Hobbes präsentiert, enthält er eine Formulierung der souveränen Macht, die eindeutig an Hobbes gemahnt.

Ein jedes Glied des gemeinen Wesens hat gegen jedes andere Zwangsrechte, davon nur das Oberhaupt desselben ausgenommen ist (darum weil er von jenem kein Glied, sondern der Schöpfer oder Erhalter desselben ist), welcher allein die Befugniß hat zu zwingen, ohne selbst einem Zwangsgesetze unterworfen zu sein. Es ist aber Alles, was unter Gesetzen steht, in einem Staate Unterthan, mithin dem Zwangsrechte gleich allen andern Mitgliedern des gemeinen Wesens unterworfen; einen Einzigen (physische oder moralische Person), das Staatsoberhaupt, durch das aller rechtliche Zwang allein ausgeübt werden kann, ausgenommen. Denn könnte dieser auch gezwungen werden, so wäre er nicht das Staatsoberhaupt, und der Reiher der Unterordnung ginge aufwärts ins Unendliche (VIII, 291).

Kant benutzt den Ausdruck „Staatsoberhaupt" (VIII, 303) unter ausdrücklicher Bezugnahme auf den Souveränitätsbegriff, den Hobbes in *De Cive*, Kap. 7, § 14, beschreibt[32]. Der Souverän wird also als der oberste Inhaber der tatsächlichen Macht verstanden. Er repräsentiert das Volk nur, insofern er „der Schöpfer oder Erhalter" des Staates ist: derjenige, der die Souveränität durch die erzwungene Einigung der *multitudo* zu einem *populus* errichtet hat und sie durch die Fortsetzung seiner Herrschaft bewahrt. Folglich ist er – wiederum in Analogie zu Hobbes – kein Glied des gemeinsamen Körpers. Da das Staatsoberhaupt die absolute Macht innehat, fällt es mit dem „Gesetzgeber" in eins. Ihm allein steht es zu, die Zweckmäßigkeit der gesetzgeberischen Maßnahmen zu bewerten, und jeder Widerstand gegen ihn kommt einer Auflehnung gegen die Legislativgewalt gleich. Das Staatsoberhaupt repräsentiert die Legislative nicht deshalb, weil er als deren Ausführender von ihr abhängen würde, sondern einfach weil er alle Macht innehat. Auch im *Gemeinspruch* finden sich allerdings Hinweise auf einen Repräsentationsbegriff, der eine tatsächliche Unterscheidung zwischen den beiden Gewalten und eine Unterordnung der Exekutive unter die Legislative voraussetzt. Kant sagt beispielsweise, dass der Befehlshaber des Staates nur der „Agent" (VIII, 299) der Legislativgewalt ist bzw., noch klarer, dass sein Wille „bloß dadurch, daß er den allgemeinen Volkswillen repräsentirt, Unterthanen als Bürgern Befehle giebt" (VIII, 304).

Wahrscheinlich ist die *Rechtslehre* die Schrift, in der Kant nicht nur lexikalisch, sondern auch gedanklich am klarsten zwischen dem „Herrscher" als „Souverän"

---

32 Vgl. aber auch Hobbes 1994, Kap. 6, § 13.

und dem „Regenten", zwischen Legislative und Exekutive unterscheidet[33]. Doch auch hier neigen die beiden Funktionen dazu, ineinander aufzugehen, wenn Kant erneut auf das – für ihn obsessive – Thema der Leugnung des Widerstandsrechts zu sprechen kommt. In diesem Fall geht die unbezwingbare Macht trotz der Unterscheidung der Funktionen unübersehbar vom Souverän auf den Regenten über.

> Der Herrscher im Staat hat gegen den Unterthan lauter Rechte und keine (Zwangs-) Pflichten. – Ferner, wenn das Organ des Herrschers, der Regent, auch den Gesetzen zuwider verführe, z. B. mit Auflagen, Recrutierungen und dergl. wider das Gesetz der Gleichheit in Vertheilung der Staatslasten (*gravamina*), so darf der Unterthan dieser Ungerechtigkeit zwar Beschwerden, aber keinen Widerstand entgegensetzen (VI, 319).

Die tatsächliche Vermischung der Funktionen wird kurz darauf durch den Gebrauch des Oxymorons „gesetzgebende[s] Oberhaupt des Staats" (VI, 320) unterstrichen, mit dem Kant dem Staatsoberhaupt die Legislativfunktion zuschreibt. Die Begründung für die Leugnung des Widerstandsrechts bestätigt diese Konvergenz. Der Widerstand gegen die Missbräuche der „oberste[n] Gewalt", die selbstverständlich die Exekutive bezeichnet, kommt einem Widerstand gegen „die höchste Gesetzgebung" gleich. Dies aber wäre nur legitim, wenn ein Gesetz den Widerstand des Volkes erlauben würde, das heißt wenn die höchste Gesetzgebung eine Verordnung enthielte, wonach sie nicht länger ein Ausdruck der Souveränität wäre, sondern von den Untertanen bekämpft werden könnte – was freilich ein offener Widerspruch wäre[34].

Eine ähnliche Bezugnahme auf die Hobbes'sche Repräsentationsauffassung findet sich in den Aufzeichnungen aus dem *Nachlaß*, in denen Kant die einzige Begründung erarbeitet, die die Französische Revolution rechtfertigen konnte, ohne der Leugnung des Widerstandsrechts zu widersprechen. Durch die Einberufung der Generalstände hat Ludwig XVI. die Funktion eines Repräsentanten des Volkes nämlich abgelegt und an das Volk zurückgegeben. In der R 8046 wird deutlich, dass die Repräsentation des Volkes durch den Souverän, wie der Vertrag sie verwirklicht, eine vollständige Machtübertragung an den Souverän impliziert: Das Volk als Repräsentiertes statt als Repräsentant hat überhaupt keine Macht mehr, weder ein Widerstandsrecht noch irgendeine andere Gewalt. Umgekehrt entspringt die Macht des Souveräns allein daraus, dass ihm jedes Recht durch den Vertrag vom Volk verliehen wurde. Er ist „nichts mehr als Stellvertreter, Statthalter, mit welchem das Volk nicht Contract gemacht hat sondern ihm blos seine Rechte zu vertreten aufgetragen hat". Solange er seinen Status als Repräsentant des Volkes aufrechterhält, besitzt der Regent/Souverän demnach eine unbezwingbare Macht. Er kann

---

33 Vgl. *Rechtslehre*, §§ 45-49.
34 Vgl. VI, 320-322.

„alle Bewegungen des Volks hindern, dadurch sie sich zu constituiren Vorhabens sind". Doch die Frage bezüglich der von Ludwig XVI. mit der Einberufung der Generalstände geschaffenen Situation ist, „ob, wenn ein Souverän die ganze Nation zusammenberuft und sie sich vollständig repräsentiren läßt, er alsdann die Rechte eines Souverains in dieser Zeit behalte?" Kants Antwort ist entschieden negativ. Wenn der König das Volk zusammenruft und ihm gestattet, sich als solches wieder zu konstituieren, gibt er ihm damit die Repräsentation zurück und verliert jede mit ihr verbundene Macht: „so ist seine Autorität nicht allein suspendirt, sondern sie kann gar aufhören, wie das Ansehen eines jeden repraesentanten, wenn sein Machtgeber selbst gegenwärtig ist" (R 8408, XIX, 593). Kants Rückgriff auf einen Repräsentationsbegriff, der alle Hobbes'schen Komponenten einschließt, könnte gar nicht deutlicher sein. Der Vertrag wird nicht zwischen dem Volk und dem Souverän, sondern zwischen den Individuen zugunsten des Souveräns geschlossen, der Nutznießer des Vertrags ist, ohne in ihn einzutreten. Kraft dieses Vertrags ist der Souverän der exklusive Repräsentant des Volkes und der Einzige, der eine uneingeschränkte Macht ausübt. Aufgrund desselben Vertrags verliert das repräsentierte Volk jede Macht, an erster Stelle die des Widerstands, da die Macht ganz in Händen des Repräsentanten liegt. Der einzige Unterschied gegenüber Hobbes ist, dass dieser keine Möglichkeit vorsah, den Vertrag rückgängig zu machen. Auch für Kant ist der Vertrag in Wirklichkeit irreversibel, denn er kann nicht vom Volk widerrufen werden, da der Souverän nicht in ihn eintritt. Doch Kant glaubte, er befinde sich in der seltsamen historischen Situation, in der ein Souverän selbst den Vertrag auflöste, auf seine Funktion als Repräsentant und Inhaber der absoluten Macht verzichtete und die Repräsentation und Macht an das Volk zurückgab. Genau das hat Ludwig XVI. mit der Einberufung der Generalstände getan. Paradoxerweise dient Hobbes' Lehre der Repräsentation und der mit ihr verknüpften absoluten Macht hier zur Rechtfertigung des höchsten Ausdrucks, den der politische Widerstand in der Geschichte der Moderne fand.

(Übersetzung von Leonie Julia Schröder)

Literatur

Bergk, J.A. (1797). *Briefe über Immanuel Kants Metaphysische Anfangsgründe der Rechtslehre, enthaltend Erläuterungen, Prüfungen und Einwürfe.* Leipzig: Heinsius.
Dierksmeier, C. (2009). Von systematischer Liberalität von Kants Politik und Staatsbegriff. In Ottmann 2009, S. 42-63.

Hobbes, T. (1966). *The Elements of Law, Natural and Politic*. In *English Works*, Bd. 4. Aalen: Scientia Verlag.

Hobbes, T. (1994). *Vom Menschen. Vom Bürger. Elemente der Philosophie II/III*. Hamburg: Meiner.

Hobbes, T. (1996). *Leviathan*. Hamburg: Meiner.

Joung, H-W. (2006). *Volkssouveränität, Repräsentation und Republik*. Würzburg: Königshausen und Neumann.

Langer, C. (1986). *Reform nach Prinzipien. Untersuchungen zur politischen Theorie Immanuel Kants*. Stuttgart: Klett-Cotta.

Locke, J. (2007). *Zweite Abhandlung über die Regierung*. Frankfurt a. M.: Suhrkamp.

Maus, I. (1997). Staatssouveränität als Volkssouveränität: Überlegungen zum Friedensprojekt Immanuel Kants. *Jahrbuch. Kulturwissenschaftliches Institut Essen* 5: 1996 (1997), S. 167-194.

Montesquieu, C. L. de Secondat (2011). *Vom Geiste der Gesetze*. Stuttgart: Reclam.

Ottmann, H. (2009). *Kants Lehre von Staat und Frieden*. Baden Baden: Nomos.

Reiss, H. (1977). *Kants politisches Denken*. Bern u. a.: Peter Lang.

Rousseau, J.-J. (1977). *Gesellschaftsvertrag oder Grundsätze des Staatsrechts*, Stuttgart: Reclam.

Salin, S. (2008). *Einführung in Kants politisches Denken: Der Republikbegriff und seine Geschichte*. Freiburg: Maurer.

Sassenbach, U. (1992). *Der Begriff des Politischen bei Immanuel Kant*. Würzburg: Königshausen & Neumann.

Stammen, T. (1999). *Kant als politischer Schriftsteller*, Würzburg: Ergon-Verlag.

Vlachos, G. (1962). *La pensée politique de Kant*. Paris: PUF.

Williams, H. (1986). *Kant's Political Philosophy*. New York: St. Martin's Press.

Williams, H. (2003). *Kant's critique of Hobbes: sovereignty and cosmopolitanism*. Cardiff: University of Wales Press.

Äußere Staatssouveränität: zwischen Völkerstaat und Völkerbund

6

Massimo Mori

1   Einleitung: Das Analogieproblem

Der Übergang vom Naturzustand zur bürgerlichen Gesellschaft durch den staatlichen Vertrag löst sowohl nach Kant wie nach Hobbes das Problem des individuellen Krieges, denn es tritt dadurch eine souveräne Gewalt auf, die das Zwangsrecht den Individuen gegenüber ermöglicht. Kann nun das Gleiche auch für die Staaten gelten, damit der zwischenstaatliche Krieg durch eine internationale Obrigkeit vermieden wird? Mit anderen Worten: Ist die von heutigen Politologen *domestic analogy* genannte Korrespondenz zwischen der individuellen und der internationalen Ebene möglich, so dass das für Erstere geltende Vertragsmodell auch auf Letztere angewandt werden kann? Diese Frage beantwortet Hobbes negativ. Er schließt die Ausweitung des Gesellschaftsvertrags von einer einzelstaatlichen auf die zwischenstaatliche Ebene aus: Der Staat ist die höchste Form von politischer Institution, über der es keine andere Obrigkeit gibt. Der Souverän ist mit der schon von Jean Bodin theoretisierten *potestas absoluta* ausgestattet, die ihn allein Gott unterstellt. Im Übrigen entspricht das von Hobbes erarbeitete Denkmodell der internationalen Realität seiner Zeit. Nach dem Westfälischen Frieden von 1648, mit dem *de facto* die übernationalen Funktionen von Papsttum und Kaiserreich schwanden, bildete sich das *jus publicum europaeum* heraus, mit dem die internationale Ordnung nun auf ein System souveräner Staaten gegründet wurde, also auf das Gleichgewicht zwischen Nationen, die sich als gleichberechtigt betrachteten und gegenseitig ihre Unabhängigkeit anerkannten.

Diesem politischen Modell entsprach andererseits auch die herkömmliche naturrechtliche Tradition, die mit Hobbes die These vom vertraglichen Ursprung des Staates teilte. Zwar waren die meisten Vertreter der Naturrechtsschule im Unterschied zu Hobbes der Ansicht, dass es ein nicht nur die Individuen, sondern auch die Staaten betreffendes Naturrecht gebe. Das internationale Naturrecht hindere die

Staaten an Gewaltanwendung, also an Kriegen, außer zur Selbstverteidigung oder Zurückweisung eines Angriffs (*vim per vim repellere licet*, wie der alte Spruch von Ulpian lautet). Die Gewaltanwendung sei nur gerechtfertigt, wenn sie der Wiederherstellung der verletzten Rechtsordnung diene. Auf diesem Gedanken beruht die Lehre vom „gerechten Krieg". Aber gerade weil das internationale Naturrecht den Naturrechtsphilosophen für die Regelung der zwischenstaatlichen Beziehungen völlig ausreichend erschien, hielten sie es mit dem Prinzip der absoluten Souveränität für durchaus vereinbar. Die souveränen Staaten selbst hatten es anzuwenden. Deshalb schlossen die Naturrechtsphilosophen – genau wie Hobbes – die Notwendigkeit einer Ausdehnung des Gesellschaftsvertrags von der individuellen auf die staatliche Ebene kategorisch aus. Die einzige Ausnahme bildete Christian Wolff, der die Entstehung einer die besonderen *civitates* umschließenden *civitas maxima* anstrebte[1]. Allerdings bestätigt die Ausnahme die Regel. Obgleich sein Schüler Emer de Vattel, Verfasser eines *Droit des gens*, das als Handbuch in der europäischen Diplomatie weite Verbreitung fand, dem Lehrer in allen wichtigen Fragen bis ins Kleinste folgte, ging er zu der Lehre von der *civitas maxima* entschieden auf Abstand. In seinen Augen war sie von Grund auf falsch, weil sie den Staaten ihre Unabhängigkeit nahm[2]. In der naturrechtlichen Perspektive, wie sie die politische Kultur des 17. und 18. Jahrhunderts allgemein beherrschte, war die Achtung des internationalen Rechts somit in das Ermessen der einzelnen souveränen Staaten gestellt, ohne Anrufungsmöglichkeit irgendeiner höheren Rechtsinstanz. Das vor Kant dominierende politische Modell, auf das die Politologen noch heute unter dem Begriff ‚Westfälisches Modell' Bezug nehmen, fußt demnach wesentlich auf dem Prinzip der internationalen Anarchie.

Diesem Hobbes'schen und allgemein naturrechtlichen Modell setzte Kant die Theorie entgegen, derzufolge die Situation zwischen den Staaten im Naturzustand die gleiche ist wie die zwischen den Individuen – es handelt sich jeweils um einen Kriegszustand – und das Vertragsmodell, das auf die einzelnen Menschen bereits angewandt wurde, auch auf die Staaten ausgedehnt werden muss. In Kants transzendentaler Sprache bedeutet dies, dass auch die Staaten, genau wie die Individuen, dem „Postulat des öffentlichen Rechts" entsprechen sollen („Du sollst im Verhältnisse eines unvermeidlichen Nebeneinanderseins mit allen anderen aus jenem [natürlichen] heraus in einen rechtlichen Zustand, d. i. den einer austheilenden Gerechtigkeit, übergehen", VI, 307).

---

1   Wolff 1969, Prolegomena, §§ 9-21.
2   Vattel 1959, S. XVII-XVIII.

Völker als Staaten können wie einzelne Menschen beurtheilt werden, die sich in ihrem Naturzustande (d. i. in der Unabhängigkeit von äußern Gesetzen) schon durch ihr Nebeneinandersein lädiren, und deren jeder um seiner Sicherheit willen von dem andern fordern kann und soll, mit ihm in eine der bürgerlichen ähnliche Verfassung zu treten, wo jedem sein Recht gesichert werden kann (VIII, 354).

Gehen wir also davon aus, dass die Staaten ebenso wie die Individuen in eine Art internationale Gesellschaft treten müssen, um aus dem natürlichen Kriegszustand herauszufinden, so stellt sich jedoch folgende Frage: Beinhaltet die Ausweitung des Vertragsmodells von der zwischenmenschlichen auf die zwischenstaatliche Ebene eine vollkommene oder eine unvollkommene Analogie zwischen beiden Ebenen? Anders gefragt: Ist die *domestic analogy* eine absolute Analogie oder ist sie notwendigerweise nur relativ und begrenzt? Beide Alternativen ziehen höchst unterschiedliche Folgen nach sich. Ist die Analogie vollkommen, so müssen die Staaten einer einzigen Zentralgewalt unterstehen, wie die Bürger sich einer einzigen Regierung unterwerfen. Mit Kant gesprochen wäre die daraus hervorgehende Staatengesellschaft also ein *Völkerstaat*. In unserer heutigen politischen Sprache wäre die Assoziationsform ein vollendeter Föderalismus. Wenn die Analogie hingegen nur unvollkommen ist und das auf die Individuen angewandte Vertragsmodell nur bis zu einem gewissen Punkt auf die Staaten ausgedehnt werden kann, dann gehen diese einfach in einem Organismus internationaler Koordination zusammen, der über keinerlei Zwangsgewalt (also über keine souveräne Zentralregierung) verfügt, sondern die nationale Unabhängigkeit und Souveränität der einzelnen Mitgliedsstaaten unangetastet lässt. In diesem Fall gelangt man nicht zu einem *Völkerstaat*, sondern zu einem bloßen *Völkerbund*. In der heutigen Sprache ist die Assoziationsform die des Konföderalismus. Natürlich wird der internationale Friede besser durch den *Völkerstaat* garantiert, Freiheit und Unabhängigkeit der einzelnen Staaten durch den *Völkerbund*[3].

---

3   Seit den neunziger Jahren des vergangenen Jahrhunderts gibt es eine umfängliche Sekundärliteratur zum Problem der internationalen Beziehungen bei Kant. Diese wissenschaftliche Produktion entstand gegen 1995 aus Anlass des 200-jährigen Erscheinungsjubiläums von *Zum ewigen Frieden*. Unter den vielen Studien: Cavallar 1992; Gerhardt 1995; Höffe 1995; Merkel – Wittmann 1996; Kodalle 1996; Bialas – Häßler 1996; Bohmann – Lutz-Bachmann 1997; Budelacci 2003; Caranti 2006; Mori 2008; Cavallar 2015; Lowe 2015.

2 Zwischen Völkerbund und Völkerstaat

Kants Lösung des angesprochenen Problems durchläuft eine parabelförmige Entwicklung. Obwohl er grundsätzlich stets dem Völkerbund den Vorzug gab, gewann bis Anfang der 1790er Jahre die These des *Völkerstaates* an Gewicht; danach sprach er sich hingegen immer nachdrücklicher zugunsten des *Völkerbunds* aus.

In der *Idee zu einer allgemeinen Geschichte in weltbürgerlicher Absicht* (1784) tritt die Alternative zwischen *Völkerstaat* und *Völkerbund* noch nicht hervor. Kant schwankt zwischen einer Sichtweise, die der Föderation eine gewisse Form von Staatlichkeit zuschreibt, und ihrer Beschränkung auf ein Verteidigungsbündnis. Er bezieht sich auf einen Zustand, „der, einem bürgerlichen gemeinen Wesen ähnlich, so wie ein *Automat* sich selbst erhalten kann" (VIII, 25), doch wie weit die Analogie reicht bleibt unklar. Einerseits ist von einer „innerlich- und zu diesem Zwecke auch äußerlich vollkommene[n] Staatsverfassung" (VIII, 27) die Rede und die Föderation wird mit einem „großen Staatskörper" (VIII, 28) und einer „vollkommene[n] bürgerliche[n] Vereinigung in der Menschengattung" (VIII, 29) verglichen. Andererseits wird der „große Völkerbund" als ein *foedus amphictyonum* (VIII, 24) definiert, das sich auf den Bündnisvertrag zwischen den griechischen Poleis zu beziehen scheint. Zu dieser Föderation soll man „theils durch die bestmögliche Anordnung der bürgerlichen Verfassung innerlich, theils durch eine gemeinschaftliche Verabredung und Gesetzgebung äußerlich" (VIII, 25) gelangen, wobei die „Verabredung" auf die traditionelle Praxis der internationalen Verträge anzuspielen scheint. Dieser neue „weltbürgerliche Zustand der öffentlichen Staatssicherheit" garantiere den Frieden nämlich nicht absolut (er sei „nicht ohne Gefahr"), wie es dagegen ein Völkerstaat leisten würde (VIII, 26). Er beschränkt sich darauf, ein „Prinzip der Gleichheit" einzuführen, das die gegenseitige Zerstörung verhindert. Im Vergleich zum überkommenen Gleichgewichtssystem, das die europäische Ordnung seit dem Westfälischen Frieden widerspiegelte, scheint Kants Vorschlag des *foedus* allerdings auf eine Stärkung der Institutionen sowie der politisch-militärischen Handlungsfähigkeit abzuzielen. Das Handeln des *Völkerbundes* soll gleichzeitig „von einer vereinigten Macht und von einer Entscheidung nach Gesetzen des vereinigten Willens" (VIII, 24) ausgehen. Trotz der wiederholten, zweideutigen Bezugnahme auf den Begriff „Gesetz", das aus einer höheren Quelle entspringen und sich nicht auf bi- oder multilaterale Verträge beschränken soll, scheint Kant ein könföderatives Gebilde ohne rechtliche Zwangsgewalt vorzuschweben, das sein institutionelles Defizit durch eine große Handlungsstärke auf politisch-militärischer Ebene auszugleichen vermag.

In der Schrift *Über den Gemeinspruch: Das mag in der Theorie richtig sein, taugt aber nicht für die Praxis* (1793) unterscheidet Kant erstmals eindeutig – wenigstens was die gedruckten Werke anbelangt – zwischen einer *weltbürgerlichen* Verfassung" als „weltbürgerliches gemeines Wesen unter einem Oberhaupt", das heißt einem Völkerstaat, und „ein[em] rechtliche[n] Zustand der Föderation nach einem gemeinschaftlich verabredeten Völkerrecht", also einem Völkerbund (VIII, 311). Bedingt ist die Entscheidung für eine der beiden Alternativen durch den Konflikt zwischen dem, was die „Theorie" vorschreibt und dem, was die „Praxis" nahelegt. Die auf das Völkerrecht bezogene Theorie ist unmissverständlich: Um den Kriegszustand zu überwinden, ist „kein anderes Mittel, als auf öffentliche mit Macht begleitete Gesetze, denen sich jeder Staat unterwerfen müßte, gegründetes Völkerrecht (nach der Analogie eines bürgerlichen oder Staatsrechts einzelner Menschen) möglich" (VIII, 312). Die Lösung wäre demnach der „Völkerstaat". Aber in der „Praxis" wenden die Gegner einer möglichen Anpassung der Praxis an die Theorie ein, dass die Staaten sich niemals solchen Zwangsgesetzen beugen werden; sie leugnen also die Möglichkeit eines „Völkerstaats". Dagegen spricht Kant sich gemäß der allgemeinen These der Schrift, wonach Erwägungen praktischen Nutzens die Gültigkeit der theoretischen Sätze nicht beeinflussen dürfen, zugunsten des Völkerstaats aus:

> Ich meinerseits vertraue dagegen doch auf die Theorie, die von dem Rechtsprinzip ausgeht, wie das Verhältniß unter Menschen und Staaten sein soll, und die den Erdengöttern die Maxime anpreiset, in ihren Streitigkeiten jederzeit so zu verfahren, daß ein solcher allgemeiner Völkerstaat dadurch eingeleitet werde, und ihn also als möglich (*in praxi*), und daß er sein kann, anzunehmen (VIII, 313).

In der Schrift *Zum ewigen Frieden* von 1785 wird das Problem ähnlich gestellt wie im Werk von 1793, aber Kants Position erscheint genau umgekehrt. Nach wie vor steht der Völkerstaat auf der Seite der Theorie und der Völkerbund auf der Seite der Praxis, doch pflichtet Kant jetzt den praktischen Nutzenerwägungen bei, womit er klar hinter die These von 1793 zurückgeht. Er unterscheidet zwischen einer Position „*in thesi*", also aufgrund des von der Vernunft Gesetzten (*titemi*), und einer Position „*in ypothesi*", die von nicht auf die Vernunft zurückführbaren, empirischen Voraussetzungen ausgeht. „*In thesi*" kann an der vollkommenen Analogie zwischen Staaten und Individuen und somit an der Notwendigkeit eines „Völkerstaates" kein Zweifel bestehen:

> Für Staaten im Verhältnisse unter einander kann es nach der Vernunft keine andere Art geben, aus dem gesetzlosen Zustande, der lauter Krieg enthält, herauszukommen, als daß sie eben so wie einzelne Menschen ihre wilde (gesetzlose) Freiheit aufgeben, sich zu öffentlichen Zwangsgesetzen bequemen und so einen (freilich immer wachsenden) *Völkerstaat* (*Civitas gentium*), der zuletzt alle Völker der Erde befassen würde, bilden (VIII, 357).

Was Kant aber „*in thesi*", also vom theoretischen Standpunkt, weiterhin richtig erscheint, stellt sich ihm in der Praxis als nicht umsetzbar dar, weil die Staaten nämlich „nach *ihrer* Idee des Völkerrechts" (meine Hervorhebung) von der „Ypothesis" ausgingen, dass sie nicht auf ihre Unabhängigkeit verzichten müssten. Auch Kant akzeptiert jetzt diese „Voraussetzung" und meint, man müsse sich – („wenn nicht alles verloren werden soll") – „an d[er] Stelle der positiven Idee einer Weltrepublik" mit dem „*negative[n] Surrogat* eines den Krieg abwehrenden, bestehenden und sich immer ausbreitenden Bundes" zufrieden geben, auch wenn die besagte Idee einer Weltrepublik *in thesi* rational richtig sei. Schon der Überschrift nach setzt sich der zweite Definitivartikel zum ewigen Frieden daher nur „einen Föderalism *freier* Staaten" (meine Hervorhebung) zum Ziel. Das internationale Recht zielt „lediglich auf Erhaltung und Sicherung der Freiheit eines Staats für sich selbst und zugleich anderer verbündeten Staaten, ohne daß diese doch sich deshalb (wie Menschen im Naturzustande) öffentlichen Gesetzen und einem Zwange unter denselben unterwerfen dürfen" (VIII, 356-57).

Die größte Abneigung gegen den Völkerstaat samt der daraus folgenden institutionellen Schwächung des internationalen Organismus für die Erhaltung des Friedens zeigt Kant indes in der *Metaphysik der Sitten* von 1798 (*Rechtslehre*, § 61). Trotz einer klaren theoretischen Konzession an das Prinzip, dass ein wahrer Friedenszustand „nur in einem allgemeinen Staaten-Verein (analogisch mit dem, wodurch ein Volk Staat wird)" garantiert werden kann (VI, 350), vertritt Kant die Ansicht, dass der internationale Organismus für die Erhaltung des Friedens „keine souveräne Gewalt (wie in einer bürgerlichen Verfassung), sondern nur eine *Genossenschaft* (Föderalität) enthalten müsse" (VI, 344). Der Verein, der keinerlei Einmischung in die Innenpolitik seiner Mitglieder zulassen darf, soll temporärer Art sein und muss folglich von Zeit zu Zeit erneuert werden. Kant vergleicht das so charakterisierte internationale Gebilde mit der 1719 in Den Haag einberufenen Versammlung der Generalstaaten und schreibt: „Man kann einen solchen Verein einiger Staaten, um den Frieden zu erhalten, den *permanenten Staatenkongreß* nennen, zu welchem sich zu gesellen jedem benachbarten unbenommen bleibt". Um jeglichen Zweifel auszuräumen, setzt er erläuternd hinzu, dass unter Kongress „nicht eine solche Verbindung, welche (wie die der amerikanischen Staaten) auf einer Staatsverfassung gegründet und daher unauflöslich ist", sondern einfach „eine willkürliche, zu aller Zeit auflösliche Zusammentretung verschiedener Staaten" zu verstehen sei (VI, 350-351).

Eine anerkannte Interpretation in der Kantforschung versucht die beiden Alternativen, den *Völkerstaat* und den *Völkerbund*, zu verbinden. Dieser Interpretationsrichtung zufolge bildet der Völkerstaat als Forderung der Vernunft für Kant die einzige definitive Lösung der Kriegsfrage. Da die Verwirklichung des

Völkerstaats unter den gegebenen historischen Entwicklungsbedingungen jedoch unmöglich erschien, schlug Kant den Völkerbund nicht als Alternative, sondern als vorläufige Lösung vor, während der Völkerstaat das anzustrebende Ziel blieb. Dieser versöhnlichen Lesart des zweiten Definitivartikels aus *Zum ewigen Frieden* war einiger Erfolg beschieden[4]. Tatsächlich handelt es sich um eine sehr verlockende Interpretation, da sie die pragmatischen Erwägungen mit der Reinheit des Vernunftgebots in Einklang bringt. Vom transzendentalen Standpunkt hindert nichts daran, dass der rechtliche Imperativ, nachdem er in seiner Absolutheit anerkannt wurde, schrittweise, unter Berücksichtigung der seine allmähliche Umsetzung begünstigenden empirischen Bedingungen verwirklicht wird. Das kantische Rechtssystem, das die Kriterien a priori für eine fortschreitende Rationalisierung der Wirklichkeit nennt, verlangt keine revolutionäre Umwälzung, sondern ist mit einer allmählichen Verwandlung des Seienden durchaus vereinbar. Der einzige Schwachpunkt dieser Interpretation besteht darin, dass in Kants Text keinerlei Beleg dafür zu finden ist. Nicht nur stehen Völkerstaat und Völkerbund einander in seinen Werken als sich wechselseitig ausschließende Alternativen gegenüber, sondern der Erstgenannte wird aus Gründen abgelehnt, die einen theoretischen Wert beanspruchen, wie es im Folgenden zu beleuchten gilt. Kant gibt das Projekt eines Weltstaats nicht deshalb auf, weil es zwar theoretisch empfehlenswert, praktisch jedoch unmöglich wäre, sondern weil es nicht einmal wünschenswert ist. Die Gründe dafür sind sowohl pragmatischer Art – was in einem transzendentalen Rechtssystem allerdings keine große Rolle spielen dürfte – als auch systematischer Natur. Auch unter rationalem Gesichtspunkt würde die Idee des Völkerstaats einen unvertretbaren Widerspruch beinhalten.

3   Die Gründe für eine Ablehnung

Warum weigert sich Kant also, die *domestic analogy* zu besiegeln, das heißt, das Postulat des öffentlichen Rechts, das er für die Einzelmenschen geltend macht, auf die zwischenstaatlichen Beziehungen auszudehnen? Anders gefragt: Warum lehnt er den *Völkerstaat* in der Praxis ab, nachdem er in der Theorie seine Notwendigkeit anerkannt hat? In Kants Texten lassen sich verschiedene Gründe dafür ermitteln. In wenigstens zwei Fällen handelt es sich um empirische Überlegungen: Die

---

4   Vgl. z. B.. Geismann 1996, S. 265-319; Geismann 1997, S. 333-363; Williams 1986, S. 253-57; Cavallar 1992, S. 211; Cavallar 1999, S. 120-125; M. Lutz-Bachmann 1997, S. 74; Cheneval 2002, S. 589-592; Kleingeld 2006. S. 55-73; Lowe 2015; Cavallar 2015.

übermäßige Ausdehnung eines Staates beeinträchtigt dessen Regierbarkeit; eine „Universalmonarchie" würde zudem die bürgerliche und politische Freiheit zu beschränken drohen. Doch solcherlei praktisch-empirische Betrachtungen haben keinen Wert in einer transzendentalen Rechtsauffassung, die das Rechtsgebäude a priori nach Maßgabe der reinen praktischen, allgemein gesetzgebenden Vernunft errichtet. Sie berühren deshalb nicht den Kern des Problems.

Neben diesen pragmatischen Argumenten für die Ablehnung des Völkerstaats gibt es eines, das hingegen von inneren Anforderungen des transzendentalen Systems abhängt. Die Staaten, so Kant, können nicht zum Ausgang aus dem Naturzustand gezwungen werden, in dem sie sich nach außen, in der Beziehung zu anderen, noch befinden, weil sie ihn nach innen bereits verlassen haben, indem sie sich eine politische Verfassung gegeben haben. Aufgrund dieser Argumentation entziehen sie sich also dem „Postulat des öffentlichen Rechts", weil die Analogie zu den Individuen, die sich vor ihrem Eintritt in die bürgerliche Gesellschaft in einem absoluten Naturzustand befanden, nicht gilt. Doch dieses Argument steht zu anderen Stellen bei Kant im Widerspruch, wo er sagt, dass die Völker in jeder Hinsicht und nicht nur mit Blick auf ihre internen Beziehungen aus dem Naturzustand heraustreten müssen. In einer Fußnote zum *Ewigen Frieden* wird eindeutig festgehalten, dass der natürliche Zustand zwischen den Staaten mit dem zwischen den Menschen vollkommen vergleichbar ist. Auch die Staaten sollen sich deshalb dem Postulat des öffentlichen Rechts unterwerfen, weil jegliche Art von Naturzustand mindestens potenziell die Sicherheit des Individuums bedroht. „Der Mensch aber (*oder das Volk*, meine Hervorhebung) im bloßen Naturstande benimmt mir diese Sicherheit und lädirt mich schon durch eben diesen Zustand, indem er neben mir ist, obgleich nicht thätig (*facto*), doch durch die Gesetzlosigkeit seines Zustandes (*statu iniusto*), wodurch ich beständig von ihm bedroht werde, und ich kann ihn nöthigen, entweder mit mir in einen gemeinschaftlich-gesetzlichen Zustand zu treten, oder aus meiner Nachbarschaft zu weichen" (VIII, 349).

Aber der wahre Grund für Kants Ablehnung des Völkerstaats-Gedankens erhellt erst aus einer wichtigen Seite des *Ewigen Friedens:*

> Darin [in einem Völkerstaat] aber wäre ein Widerspruch: weil ein jeder Staat das Verhältnis eines Oberen (Gesetzgebenden) zu einem Unteren (Gehorchenden, nämlich dem Volk) enthält, viele Völker aber in einem Staate nur ein Volk ausmachen würden, welches [...] der Voraussetzung widerspricht (VIII, 354).

Kant führt das Argument so vor, als zeigte es einen logischen Widerspruch auf, und zwar nach folgendem Gedankengang: Einerseits wohnt dem Begriff des internationalen Rechts die Idee der Pluralität der Völker als unbestreitbare Voraussetzung inne. Andererseits beinhaltet der universale Staat Einheit, Negation der Pluralität, das heißt Negation der Voraussetzung. Ist die Voraussetzung nach Kant aber notwendigerweise wahr, dann ist das ihr Widersprechende inakzeptabel.

In Wahrheit beinhaltet ein Völkerstaat indes keineswegs die Negation der Pluralität. Kant verwechselt bisweilen den Völkerstaat mit der *Universalmonarchie*, während beide Begriffe streng zu unterscheiden sind. In der Universalmonarchie lösen sich die Staaten in einem einzigen universalen politischen Organismus, das heißt in einem homogenen Weltstaat auf, während der Völkerstaat nicht bloß ein „Staat von Individuen", sondern von Völkern ist. Auch wenn folglich eine zentrale Bundesregierung existiert, die in einigen Bereichen (Außen-, Steuer-, Finanzpolitik) über Zwangsgewalt verfügt, bewahren die einzelnen Glieder des Völkerstaats dennoch ihre staatliche Identität und teilweise auch ihre Autonomie und Souveränität. Dies lehrte das Beispiel der Vereinigten Staaten, die von einem Staatenbund ohne Bundesregierung (Kongress in Philadelphia, 1774, der zu den 1777 verabschiedeten und 1781 in Kraft getretenen *Articles of federation* führte) zu einem Bundesstaat mit Zentralregierung übergegangen waren (Verfassungskonvent von Philadelphia, 1787). Nun war Kant mit dem amerikanischen Fall gut vertraut und führte ihn in der *Metaphysik der Sitten* sogar als Negativbeispiel an (wobei er in diesem Fall zeigte, dass er den Völkerstaat klar von der Universalmonarchie unterscheiden konnte). Warum beharrt er also auf seiner Ablehnung des *Völkerstaats* und meint, er stehe im Widerspruch zur „Voraussetzung" der Staatenvielfalt? Die „Voraussetzung", von der Kant spricht, ist in Wahrheit nicht theoretischer Natur, wie er fordert, sondern entspringt aus einer empirischen Betrachtung des Bestehenden. Sie deckt sich eher mit der „Ypothesis", von der – wie wir gesehen haben – die zeitgenössischen Staaten ausgehen, die nicht bloß ihre politisch-administrative Identität, sondern ihre Unabhängigkeit und absolute Souveränität bewahren wollen, als mit der „Thesis" der Vernunft, die für die Gründung eines Völkerstaats sprechen würde. Kant stimmt also mit den zeitgenössischen Staaten hinsichtlich der „Voraussetzung-Ypothesis" überein, dass die Souveränität absolut unteilbar sei: Entweder man besitzt sie ganz oder es ist keine Souveränität.

Dass Kant bei aller Kritik an den Vertretern der Naturrechtsschule der naturrechtlichen Konzeption, die das Prinzip der absoluten staatlichen Souveränität verteidigte, stark verhaftet blieb, beweist auch sein persönliches Exemplar des *Jus naturae in usum auditorum* von Gottfried Achenwall, das er als Handbuch für seine Vorlesungen benutzte. In Buch IV lesen wir: *Quaelibet gens respectu alterius gentis est persona moralis degens in statu naturali* (§ 210). Daraus folgt: *gentes omnes sunt liberae et a se invicem indipendentes* (§ 214)[5]. Achenwall geht davon aus, dass die Völker, oder einige von ihnen, sich in einem dauerhaften internationalen

---

5 Achenwall 1972, S. 419, 421.

Bündnis (*societas libera maior et aeterna*, § 190) frei zusammenschließen. Dieses kann entweder Zwangscharakter haben oder sich – eine Hypothese, die Achenwall augenscheinlich vorzieht – auf eine Föderation (*foederatarun rerum publicarum corpus*, § 211) beschränken[6]. Derlei Bündnisse fallen seiner Ansicht nach aber nicht unter das Naturrecht, das jeder Nation absolute Unabhängigkeit sowie das Recht verleiht, für die eigene Selbsterhaltung zu sorgen, vorausgesetzt das Naturrecht wird dadurch nicht verletzt. Bedeutsamerweise hat Kant, der die von ihm verwendeten Texte gewöhnlich mit Randbemerkungen vollschrieb, wenn er nicht einverstanden war, an diesem Teil von Achenwalls Handbuch nur wenige und eher unbedeutende Bemerkungen angebracht[7].

4   Frieden durch die Republikanisierung der Staaten

Seit Mitte der neunziger Jahre beginnt Kant sein Vertrauen auf eine juristische Institutionalisierung der Außenbeziehungen zu verlieren. Ab diesem Zeitpunkt neigt er deshalb dazu, die Verwirklichung des internationalen Friedens eher von einer inneren politischen Verwandlung zu erwarten, wodurch die Staaten sich allmählich an die vollkommene Form der bürgerlichen Verfassung, das heißt die republikanische, annähern. Wie andere Zeitgenossen glaubte Kant, die Republiken hätten an sich sowohl eine spontane Tendenz zum Frieden wie eine natürliche Abneigung gegen den Krieg. Der Grund dafür wird auf einer berühmten Seite von *Zum ewigen Frieden* dargestellt.

> Nun hat aber die republikanische Verfassung außer der Lauterkeit ihres Ursprungs, aus dem reinen Quell des Rechtsbegriffs entsprungenen zu sein, noch die Aussicht in die gewünschte Folge, nämlich den ewigen Frieden; wovon der Grund dieser ist. – Wenn (wie es in dieser Verfassung nicht anders sein kann) die Bestimmung der Staatsbürger dazu erfordert wird, um zu beschließen, ob Krieg sein solle, oder nicht, so ist nichts natürlicher, als daß, da sie alle Drangsale des Krieges über sich selbst beschließen

---

6   Achenwall 1972, S. 411, 420.

7   In der Forschung besteht Uneinigkeit über die Frage, ob Kant mit den Prämissen seines rechtlichen Denkens konsequent sei, indem er dem Völkerbund den Vorzug gegenüber dem Völkerstaat gibt. Einige Interpreten sehen keinen Widerspruch darin: Hinsley 1963; Gallie 1978; Doyle 1983, S. 205-235; Mulholland 1987, S. 25-41; Brown 1992; Gerhardt 1995, S. 94; Covell 1998; Franceschet 2002. Andere meinen dagegen, dass ein konsequenteres Anstreben des Völkerstaats eine folgerichtige Lösung gewesen wäre: Pogge 1988; Carson 1988; Habermas 1996; Lutz-Bachmann 1997; Höffe 2004; Mori 2006, S. 379-392; Mori 2013, S. 327-344.

müßten (als da sind: selbst zu fechten, die Kosten des Krieges aus ihren eigenen Habe herzugeben; die Verwüstung, die er hinter sich läßt, kümmerlich zu verbessern; zur Übermaße des Übels endlich noch eine den Frieden selbst verbitternde, nie (wegen naher, immer neuer Kriege) zu tilgende Schuldenlast selbst zu übernehmen), sie sich sehr bedenken werden, ein so schlimmes Spiel anzufangen: da hingegen in einer Verfassung, wo der Unterthan nicht Staatsbürger, die also nicht republikanisch ist, es die unbedenkliche Sache von der Welt ist, weil das Oberhaupt nicht Staatsgenosse, sondern Staatseigenthümer ist, an seinen Tafeln, Jagden, Lustschlössern, Hoffesten u. d. g. durch den Krieg nicht das Mindeste einbüßt, diesen also wie eine Art von Lustpartie aus unbedeutenden Ursachen beschließen und der Anständigkeit wegen dem dazu allezeit fertigen diplomatischen Corps die Rechtfertigung desselben gleichgültig überlassen kann (VIII, 351).

Der Weg der juristischen Institutionalisierung der zwischenstaatlichen Beziehungen und der der politischen Republikanisierung waren im Übrigen stets beide in Kants Denken präsent. Es handelte sich mehr um eine Akzentverschiebung als um eine Umkehrung der Perspektive. In der *Idee* von 1784 vertrat Kant die Ansicht, der innere Wandel der Staaten in Richtung auf die republikanische Verfassung (innerlich-vollkommene Verfassung) hänge von der Institutionalisierung ihrer internationalen Beziehungen ab (äußerlich-vollkommene Verfassung). Ab dem *Ewigen Frieden* geht die allmähliche Durchsetzung der republikanischen Verfassung (erster Definitivartikel) der Verwirklichung eines weltbürgerlichen Ganzen voraus und bedingt es (zweiter Definitivartikel). Jedenfalls gewinnt seit Mitte der neunziger Jahre der Gedanke Raum, dass der Frieden nicht aus der Durchsetzung einer übernationalen institutionellen Einrichtung folgen könne und dürfe, sondern die Schaffung eines Kerns freier republikanischer Staaten verlange, um den sich ein immer breiterer Friedensbund sammelt. Allerdings gesellen sich den vorwiegend theoretischen, systeminternen Begründungen auch in diesem Fall Anstöße hinzu, die sich aus den zeitgenössischen Ereignissen ergeben. Kant erblickte in der Französischen Revolution, die er bekanntlich auch nach der Schreckensherrschaft und dem Königsmord noch positiv beurteilte, einen Prozess der Republikanisierung (und folglich der Friedensförderung), der ganz Europa erfassen würde. Vor allem aber war er der Meinung, dass der Krieg zwischen dem revolutionären Frankreich und den Koalitionsmächten in kurzer Zeit zugunsten Frankreichs enden würde, weil er dachte, Napoleon – dessen Hegemoniewillen er nicht erkannte – würde bald das von England abhängige Portugal besetzen und damit Großbritannien in die Enge treiben. Das von Kant erhoffte Ergebnis war nicht nur politisch-militärischer Art; vielmehr „*republikanisiert*" England dadurch, wie er einem Gast anvertraute[8].

---

8 Vgl. Kants Gespräch mit Johann Friedrich Abegg am 12.06. und 05.07.1798 (Malter 1990, S. 449, 459). Vgl. auch XII, 381-82 und XXIII, 169.

Die Republikanisierung der einzelnen Staaten strebt also wenigstens annä-
herungsweise auf die Entstehung einer *Weltrepublik* zu, die wahrscheinlich als
„Republik der Republiken" zu verstehen ist. Über die institutionelle Natur dieser
Weltrepublik schweigt Kant sich weitgehend aus. Wenn sie jedoch aus den genannten
Gründen nicht als *Völkerstaat* zu verstehen ist, sondern als freie Vereinigung der
Völker[9], so ist das Problem des „Postulats des öffentlichen Rechts" auf internationaler
Ebene endgültig ad acta gelegt. Das Problem ist nicht mehr das *rechtliche* der Verwirk-
lichung des Friedens durch die institutionelle Verrechtlichung der internationalen
Beziehungen, sondern die spezifisch *politische* Frage, wie das Friedensstreben der
Staaten in Folge ihrer Republikanisierung befördert werden kann. Der Politik fällt
damit eine *Ersatzfunktion* gegenüber dem Recht zu. Sie übernimmt die Aufgabe
einer wirksamen Friedenssicherung durch die Umformung des politischen Willens
der Staaten anstelle der Einführung eines peremtorischen Völkerrechts, das sich
als unmöglich oder nicht wünschenswert erwiesen hat.

Das Problem des internationalen Friedens verbindet sich dergestalt mit dem
der Reform der Staatsverfassungen. Doch in einem gedanklichen Rahmen, in dem
kein Widerstandsrecht eingeräumt wird, bleibt diese dem guten Willen der Fürsten
überlassen – mit allen entsprechenden Schwierigkeiten, die im vorangehenden
Kapitel dargestellt wurden. Es sei denn, es kommt zu historischen Ereignissen, die
Europa revolutionieren und für das Recht und die Moralität neue Szenarien schaffen,
was von Kants geschichtlichen Überzeugungen gar nicht so weit entfernt war. So
wird die Geschichte das Problem lösen und ihrerseits eine weitere Ersatzfunktion
gegenüber einer Politik ausüben, die sich genau wie das Recht ihren Aufgaben nicht
gewachsen gezeigt hat.

5   *„Bürger eines allgemeinen Menschenstaats"?*

Das öffentliche Recht gliedert sich bei Kant in drei Ebenen. Es betrifft 1. die Beziehungen zwischen Individuen innerhalb eines Staates im Sinne der bürgerlichen
Verfassung (Staatsrecht, *ius civitatis*); 2. die Beziehungen zwischen Staaten (Völkerrecht, *ius gentium*); 3. die Beziehungen zwischen Staaten und Einzelmenschen
(weltbürgerliches Recht, *ius cosmopoliticum*) (VIII, 349, 25-35). Folglich müsste das
„Postulat des öffentlichen Rechts", das die Verrechtlichung jedes Naturzustandes
gebietet, auf allen drei genannten Ebenen Gültigkeit haben. Auch wenn die mitei-

---

9   Vgl. *Religion*, wo die „Weltrepublik" dem „Völkerbund" (VI, 34) als einem „Staatenverein
     (Republik freier verbündeten Völker)" gleichgesetzt wird (VI, 34).

nander in Beziehung tretenden Subjekte von Fall zu Fall andere sind – Individuen mit Individuen, Staaten mit Staaten, Individuen mit Staaten – müsste stets die Regel gelten, der zufolge zwei Subjekte, die in Wechselbeziehungen kommen, aus dem Naturzustand herausfinden und in einen gesetzlichen Zustand übergehen müssen. Aber genau in diesem Punkt gerät Kant gewissermaßen in Widerspruch zu sich selbst, weil er die Befolgung des „Postulats" de facto nur für die erste Ebene fordert, auf der die einzelnen Bürger der Zwangsgewalt des Staates unterstehen. Auf der zweiten Ebene, der der internationalen Beziehungen, würde die genaue Anwendung des „Postulats" nämlich unweigerlich zur Befürwortung des „Völkerstaats" führen. Aber dazu ist Kant, wie wir gesehen haben, nicht bereit.

Was passiert dann mit der dritten Ebene bzw. mit dem „weltbürgerlichen Recht", das den Inhalt des dritten Definitivartikels von *Zum ewigen Frieden* ausmacht? Hier könnte eine neue Art von politischer Souveränität zum Vorschein kommen, die eine doppelte Bürgerschaft des Individuums begründen würde. Einerseits könnte das Individuum weiterhin einer bestimmten bürgerlichen und politischen Gesellschaft als „Staatsbürger" angehören; andererseits wäre es als „Weltbürger" Mitglied einer globalen Gesellschaft, deren politische Souveränität sich direkt auf die einzelnen Individuen erstreckt. (Ähnlich gehört heute eine europäische Bürgerin ihrem eigenen Land an, darf sich aber als Bürgerin Europas im Fall von Rechtsstreitigkeiten mit ihrem Staat an den Europäischen Gerichtshof für Menschenrechte wenden; bzw. ist eine amerikanische Bürgerin, um ein noch treffenderes Beispiel zu nennen, je nach dem betreffenden Rechtsgebiet gleichzeitig der Jurisdiktion eines einzelnen US-amerikanischen Staates und der des Föderalstaats unterworfen). Die Idee dieser Weltbürgerschaft lässt sich an einigen sprachlichen Ausdrücken Kants ablesen. In diese Richtung geht z. B. die Definition des Weltbürgerrechts, die im *Ewigen Frieden* gegeben wird. Dort heißt es, dass Menschen und Staaten in ihren „weltbürgerlichen" Beziehungen „als Bürger *eines allgemeinen Menschenstaats* anzusehen sind" (VIII, 349, Anmerkung, meine Hervorh.), und anderswo ist von einem „öffentlichen Menschenrecht" (VIII, 360, 7) die Rede. Dass diese Ausdrücke mehr sein wollen als bloße Metaphern zeigt Kants Sensibilität für eine globale Gemeinschaft, in der die wechselseitige Abhängigkeit der Teile so groß ist, dass die Verletzung des Rechts eines Teils unmittelbare Auswirkungen auf alle anderen hat (vgl. VIII, 360, 1-4).

Dennoch geht Kant nicht so weit, dem Individuum als Träger eines Weltbürgerrechts irgendeinen institutionellen Status zu verleihen. Das Bewusstsein eines möglichen doppelten institutionalisierten Bürgerschaftsstatus, aufgrund dessen der Weltbürger, wenngleich auf anderer Ebene, ähnliche Rechte genießen würde wie der Bürger eines Nationalstaates, fehlt vollkommen. So lautet der „dritte Definitivartikel zum ewigen Frieden": „Das Weltbürgerrecht soll auf Bedingungen der allgemeinen Hospitalität eingeschränkt sein" (VIII, 357). Kant begnügt sich damit, das „weltbürgerliche Recht" als das Recht zu bestimmen, „sich zur Gesellschaft anzubieten", das jeder Mensch gegenüber fremden, von ihm besuchten Staaten „vermöge des Rechts des gemeinschaftlichen Besitzes der Oberfläche der Erde" besitzt (VIII, 358). Vor dem Hintergrund einer tiefen Kritik an der üblichen Kolonialpraxis wird das kosmopolitische Recht auf eine generalisierte „Hospitalität", d. h. auf ein bloßes „Besuchsrecht", beschränkt. Aufgrund der naturrechtlichen Theorie der „ursprüngliche[n] Gemeinschaft des Bodens" (VI, 262), bewahrt Kant analog in der Rechtslehre jedem Menschen das Recht, seinen Fuß auf den Boden irgendeines Landes zu setzen und eine „Wechselwirkung", ein „commercium" mit den dortigen Einwohnern zu unterhalten (VI, 352).

Das Weltbürgerrecht beschränkt sich deshalb auf die Möglichkeit, fremde Länder zu erkunden und mit fremden Völkern Handel zu treiben. Aber dieses Recht kann über keine autonome Zwangsgewalt verfügen. Es gibt keine souveräne Obrigkeit, die es „peremptorisch" garantieren kann. Das Weltbürgerrecht ist vielmehr dem guten Willen der einzelnen souveränen Staaten anvertraut. Es kann ausschließlich in den internationalen Beziehungen unter den Staaten – der zweiten Ebene des öffentlichen Rechts – seine Gewähr finden und geht ganz und gar in ihr auf. In welchem Sinn das kosmopolitische Recht „eine nothwendige Ergänzung des ungeschriebenen Codex sowohl des Staats- als Völkerrechts *zum öffentlichen Menschenrechte* überhaupt" (VIII, 360, meine Hervorh.) sein kann, bleibt daher eine weitere Ambivalenz des politischen Denkens Kants[10].

(Übersetzung von Leonie Julia Schröder)

Literatur

Achenwall, G. (1972). *Juris naturalis pars posterior, complectens Ius familiae, Ius publicum et Ius gentium in usum auditorum*, in: *Kant's gesammelte Schriften*, XIX.
Bialas, V. – Häßler, H.-J. (Hrsg.) (1996). *Frieden durch Recht. Kants Friedensidee und das Problem einer neuen Weltordnung.* Würzburg: Königshausen und Neumann.
Bohmann, J. – Lutz-Bachmann, M. (Hrsg.). (1997). *Perpetual Peace. Essays on Kant's Cosmopolitan Ideal.* Cambridge (Mass.)-London: The Mit Press.
Brown, C. (1992). *International Relations Theory: New Normative Approaches.* New York: Columbia University Press.

---

10 Unter vielen, die die Schwäche der Vorsätze des dritten Definitvartikels herausgestellt haben, vgl. Ferrari 2008, S. 49-65, besonders S. 62-65, und jüngst Kleingeld 2012, S. 86-91.

Budelacci, O. (2003). *Kants Friedensprogramm: das politische Denken im Kontext der praktischen Philosophie*. Oberhausen: Athena.

Caranti, L. (Hrsg.). (2006). *Kant's Perpetual Peace. New Interpretative Essays*. Roma: Luiss University Press.

Carson, T.L. (1988). Perpetual Peace: what Kant should have said. *Social Theory and Practice 14, 173-214.*

Cavallar, G. (1992). *Pax kantiana: systematisch-historische Untersuchung des Entwurfes „Zum ewigen Frieden" (1795) von Immanuel Kant.* Wien: Böhlau.

Cavallar, G. (1999). *Kant and the Theory and Practice of International Right.* Cardiff: University of Wales Press.

Cavallar, G. (2015). *Kant's embedded cosmopolitanism: history, philosophy and education for world citizens.* Berlin: De Gruyter.

Cheneval, F. (2002). *Philosophie in weltbürgerlicher Bedeutung. Über die Entstehung und die philosophischen Grundlagen des supranationalen und kosmopolitischen Denkens der Moderne.* Basel: Schwabe.

Covell, C. (1998). *Kant and the Law of Peace. A Study in the Philosophy of International Law and International Relations.* Houndmills u. a.: Macmillan-Saint Martin's Press.

Doyle, M.W. (1983). Kant, Liberal Legacies and Foreign Affairs. Part I. *Philosophy and Public Affairs 12, 205-235.*

Ferrari, J. (2008). *Le cosmopolitisme de Kant entre l'idéalisme transcendental et la réalité empirique*, in: Zarka, Y. C. – Guibet Lafaye, C. (Hrsg.). *Kant cosmopolitique*. Paris: Éditions de l'éclat.

Franceschet, A. (2002). *Kant and Liberal Internationalism: Sovereignty, Justice, and Global Reform.* New York-Houndmills: Palgrave-Macmillan.

Gallie, W.B. (1978). *Philosophers of Peace and War. Kant, Clausewitz, Marx, Engels, and Tolstoj.* Cambridge: Cambridge University Press.

Geismann, G. (1996). World Peace: Rational Idea and Reality. On the Principles of Kant's Political Philosophy, in: Oberer, H. (Hrsg.), *Kant. Analysen-Probleme-Kritik*, Bd. 2. Würzburg: Königshausen & Neumann.

Geismann, G. (1997). Kants Weg zum Frieden, in: Oberer, H. (Hrsg.) *Kant. Analysen-Probleme-Kritik*, Bd. 3. (S. 333-363). Würzburg: Königshausen & Neumann.

Gerhardt, V. (1995). *Immanuel Kants Entwurf „Zum ewigen Frieden".* Darmstadt: Wissenschaftliche Buchhandlung.

Hinsley, F.H. (1963). *Power and Pursuit of Peace: Theory and Practice in the History of Relations between the States.* Cambridge: Cambridge University Press.

Höffe, O. (Hrsg.). (1995). *Immanuel Kant. Zum ewigen Frieden.* Berlin: Akademie Verlag.

Kleingeld, P. (2006). Kants Arguments for the League of States, in: Caranti L. (Hrsg.). *Kant's Perpetual Peace. New Interpretative Essays* (S. 62-67). Roma: Luiss University Press.

Kleingeld, P. (2012). *Kant and Cosmopolitanism. The Philosophical Ideal of World Citizenship.* Cambridge: Cambridge University Press.

Kodalle, K.M. (Hrsg.). (1996). *Der Vernunftfrieden. Kants Entwurf im Widerstreit.* Würzburg: Königshausen und Neumann.

Lowe, C. (2015). *Zum ewigen Friedens. Die Theorie des Völkerrechts bei Kant und Rawls.* Frankfurt a. M.: Lang.

Lutz-Bachmann, M. (1997). Kant's Idea of Peace and the Philosophical Conception of a World Republic, in: Bohmann, J. – Lutz-Bachmann, M. (Hrsg.), *Perpetual Peace. Essays on Kant's Cosmopolitan Ideal* (S. 59-77). Cambridge (Mass.)-London: The Mit Press.

Malter, R. (1990). (Hrsg.). *Immanuel Kant in Rede und Gespräch*. Hamburg: Felix Meiner Verlag.

Merkel, R. – Wittmann, R. (Hrsg.). (1996). *„Zum ewigen Frieden": Grundlagen, Aktualität und Aussichten einer Idee von Immanuel Kant*. Frankfurt a. M.: Suhrkamp.

Mori, M. (2006). Friede und Föderalismus bei Kant. *Zeitschrift für Politik 53, 379-392*.

Mori, M. (2008). *La pace e la ragione. Kant e le relazioni internazionali*. Bologna: Il Mulino.

Mori, M. (2013). Reine Vernunft und Weltbürgertum: Recht, Politik und Geschichte in Kants Kosmopolitismus. In: Bacin, S. – Ferrarin, S. – La Rocca, C. – Ruffing, M. (Hrsg.). *Kant und die Philosophie in weltbürgerlicher Absicht. Akten des XI Kantkongresses 2010* (S. 327-344). Berlin u. a.: De Gruyter

Mulholland, L.A. (1987). Kant on War and International Justice. *Kant-Studien 78, 25-41*.

Pogge, T.W. (1988). Kant's Theory of Justice. *Kant-Studien 79, 407-433*.

Vattel, E. (1959). *Le droit des gens ou principes de la loi naturelle / Das Völkerrecht oder Grundsätze des Naturrechts*, Tübingen: Mohr.

Williams, H. (1986). *Kant's Political Philosophy*. New York: St. Martin's Press.

Wolff, C. (1969). *Institutiones juris naturae et gentium*. Hildesheim: Olms.

Teil III
Politik.
Die Durchsetzung der Souveränität

Politik und Geschichte als Aufklärung[1]   7

Faustino Oncina Coves

1   Wertschätzung von Kants politischer Philosophie und Misskredit der Geschichtsphilosophie

Dieses Thema treibt ein Paradoxon auf die Spitze. Einerseits ist die Wertschätzung der Philosophie Kants bis heute kontinuierlich gewachsen, besonders die politische Philosophie ist in den letzten Jahren auf immer größeres Interesse gestossen. Ihr Bezug auf den Kontext der damaligen Zeit und auf unsere Gegenwart ist vielversprechend und die Anspielung auf brisante aktuelle Fragen dient der Verlebendigung des Kritizismus. Andererseits scheint die Triade des Titels in Misskredit geraten zu sein. Der Kollektivsingular Geschichte und genauer die Geschichtsphilosophie ist ein genuiner Sprössling der Aufklärung. Einige der härtesten Einwände der Begriffsgeschichtler gegen die Geschichtsphilosophie sind von politischer Art und warnen vor deren totalitären Konsequenzen, kurzum sie steht unter Ideologieverdacht. Die Schwierigkeiten mit der Geschichtsphilosophie betreffen auch ihren aufklärerischen Hauptexponenten, Immanuel Kant. Reinhart Koselleck und Odo Marquard beispielsweise wollten der verhängnisvollen Auswirkung finalistisch inspirierter Geschichtsphilosophie, für welche Kant als Kronzeuge gilt, eine Absage erteilen. Marquards berühmt gewordene Abwandlung der 11. Feuerbachthese von Marx lautet so: „Die Geschichtsphilosophen haben die Welt nur verschieden verändert; es kömmt darauf an, sie zu verschonen"[2].

---

1   Dieser Beitrag entstand an der Universität Valencia im Rahmen des Forschungsprojektes "Hacia una historia conceptual comprehensiva: giros filosóficos y culturales" (FFI2011-244739).

2   Marquard 1973, S.13. Das Zitat wurde, leicht verändert, in einem Buch über Kant bereits früher verwendet: „Die Philosophen haben die Welt zwar verschieden verändert; es kommt aber darauf an, sie zu verschonen" (Marquard 1958, S. 52).

Joachim Ritters Schüler und Anführer des *homo compensator* (H. Lübbe, O. Marquard, R. Spaemann) pflegen einen, in konservativen deutschsprachigen Kreisen besonders wirkungsreichen, Skeptizismus in Bezug auf den im letzten Drittel des 18. Jahrhunderts sich durchsetzenden moralisierenden Universalismus und politischen Interventionismus. Die Geschichtsphilosophie nährt die Neigung zur Utopisierung und trägt zur Negierung der von den demokratisch-liberalen Gesellschaften der westlichen Welt eroberten Bürgerlichkeit bei[3]. Für Reinhart Koselleck katalysiert die Aufklärung die Pathogenese der Moderne und bereitet den Humus für die entropische Beschleunigung vor. Der Königsberger Philosoph wird dann von der Begriffsgeschichte in der Umlaufbahn des humanistischen Terrorismus verortet – als Inbegriff des moralischen (oder kritischen) Bewusstseins, das stets das Bestehende verurteilt und sich zugleich frei macht von jeglicher Verantwortung für den Verlauf der Dinge[4].

Die Aufklärung ist heute kein simples historisches Etikett mehr, sondern fungiert als kulturelle Kategorie. Sie definiert ebenso eine Epoche wie eine intellektuelle Attitüde. In der *Kritik der reinen Vernunft* hat Kant beide Aspekte im Ausdruck „Zeitalter der Kritik" (IV, 9, Anm.) vereinigt. Manche sahen die Überwindung ihrer konjunkturellen *Grenzen* und strukturellen *Defizite* in Form einer Gegenaufklärung (oder einer missverstandenen Metakritik), manche über eine Art Selbstaufklärung[5]. Auf diese Weise wurde und wird z. B. die fortschreitende und demokratische Berufung der Aufklärung bestritten, mit maskierten Herrschaftsinteressen[6] untrennbar verbunden und nun von den unterschiedlichsten Fronten als ideologisch (sei es eine Ideologie des Fortschritts[7], oder eine „Ideologie der Menschenrechte" bzw. eine „Invasion des Moralismus"[8]) abgestempelt. Der aufklärerische Anspruch auf Befreiung und Mündigkeit würde die paternalistische Hegemonie einer Leitkultur verdecken, und ihr Ethnozentrismus[9] verwandelt ihren leeren Kosmopolitismus

---

3   Lübbe 1987; Marquard 2000. Vgl. Hacke 2006.

4   Koselleck 1973, S. 81-103; Koselleck 1979, S. 333-357; Koselleck 2000, S. 172-173, 191-192; Koselleck 2001b, S. 258 ff.; Brunner, Conze, Koselleck 2004, S. 663.

5   La Rocca 2006, S. 107-127. Siehe Hamann 1951; Herder 1969; Humboldt 1904; Gadamer 1975[4], S. XXXI; Horkheimer und Adorno 1987; Foucault 1990. Der Begriff Bildung ist Ergebnis und zugleich Antwort auf die Aufklärung und verdrängt in der Folge sogar auf semantischer Ebene die Aufklärung (Koselleck 2001a).

6   Gauchet 2008, S. 156.

7   Benjamin 1980, S. 697-698; Benjamin 1982, S. 593.

8   Gauchet 2008, S. 159.

9   „wer anders als Europa...", so Habermas in Bezug auf den Protagonismus des Kontinentes innerhalb des Emanzipationsprozesses (Habermas 1985, S. 425. Vgl. Romero 2008, S. 153-168).

und Internationalismus in kolonialistische und imperialistische Allüren, so dass auch ihr pazifistisches Eigenlob als heuchlerisch markiert wird. Es ist jedoch ein fehlerhafter Ansatz, die Politik, die Geschichtsphilosophie und die Aufklärung (vorwiegend den Aufklärer Kant) durch die Lupe des ideologischen Aktivismus als Deutungshoheit zu lesen.

2 Politikbestimmumg: *moralische Politik* und *moralisierende Politik*

Beide politischen Muster, *moralische Politik* und *moralisierende Politik*, sind in der Aufklärung üblich. Das erste wird von Kant vertreten, das zweite von den sanften Machiavels[10] und auch von den mit ihnen sympathisierenden sogenannten deutschen Burkianern. Für Kant ist die Politik mit dem Recht verknüpft und eigentlich als „ausübende Rechtslehre" (VIII, 370) bestimmt. Für seine Gegner ist sie in der Erfahrung und der Geschichte verankert und dem „Vorteil des Staatsmanns" und der Vergrösserung seiner Macht „zuträglich" (VIII, 372, 375). Bedeutet diese Typologie bzw. dieser Gegensatz, dass die Politik nach Kant nichts mit der Geschichte zu tun hat? Ziele der Geschichte sind doch Republikanismus, Völkerbund, Weltbürgertum und ewiger Frieden, folglich aus der Rechtslehre entstammende Ziele[11]. Der Vorrang des normativen Charakters des Rechts ist dann eine Gemeinsamkeit zwischen Politik und Geschichte.

Kants Kanon der Politik, der sich von der Afterpolitik (VIII, 385) unterscheidet, bietet einen Prüfstein für die *wahre* gegenüber der *falschen* Aufklärung, der Aufklärerei, an[12]. Die moralische Politik, die zunächst um die *Idee* der Republik und ihre „gewünschte Folge, nämlich den ewigen Frieden" (VIII, 351) kreist, weicht sogar von dem *faktischen*, durch die Französische Revolution hervorgerufenen Republikanismus (*respublica phaenomenon*) (VII, 91), ab. Sie stützt sich *prima facie* zwar auf zwei Hauptsäulen, Gewaltenteilung und Repräsentation, ruht aber nicht nur darauf. Zum Kern seines aufklärerischen Republikanismus gehören auch das Publizitätsprinzip sowie ein *Verwirklichungstempo* dieser favorisierten *forma regiminis*, welches ein geschichts-

---

10 „unsre sanften, gütigen Machiavels". Christian Garve und Friedrich Gentz und deren Auffassung des Verhältnisses zwischen Theorie und Praxis wurden so von dem Kantianer L.H. Jakob (Jakob 1796, S. 39-40) ironisch beschrieben. August Wilhelm Rehberg teilt eine solche Auffassung.

11 VIII, 28, 349 ff. Vgl. R 1420, XV, 618.

12 Cavallar 1992; Gerhardt 1995; Oncina 2004.

philosophisches Motiv einführt. Die Geschichte löst sich von der (biblischen oder natürlichen) Chronologie und erhält ihre eigene Zeit. Das scheint besonders relevant wegen der Charakterisierung der *Neuzeit* als einer durch die Aufklärung bewirkten *„neuen Zeit"*. Eines der Kennzeichen der in dieser Epoche entstandenen Begriffe ist die Verzeitlichung (eng verbunden mit einem anderen sie auszeichnenden Trend, der Säkularisierung). Das Jenseits wird in einem zukünftigen Diesseits neu verortet und die Zukunft selbst wird zur Brücke zwischen Himmel (Reich Gottes) und Erde.

Der Terminus „Republikanismus", der zu Beginn des 18. Jahrhunderts geprägt wurde, verweist auf die Zäsur zwischen den zeitgenössischen politischen Zuständen und dem Ideal einer erst in Zukunft zu realisierenden vollkommenen Republik. Kants *Idee* der Republik beschreibt nicht länger nur die Realität, die vergangene oder die gegenwärtige, sondern enthält eine Hoffnung und wird vom Erfahrungsraum zum Erwartungshorizont. Die mögliche, von der hergebrachten entfernte Organisationsform der Gesellschaft würde zur erhofften Alternative, die durch Handeln herbeikommt. Wortbildungen wie „Naturabsicht", „Naturplan" bzw. „Mechanismus"[13] der Natur oder der Vorsehung, die Kant in einem präzisen, mit der Freiheit kompatiblen Sinn 1784 oder 1795 für die Katalyse und Garantie der *Pax* (VIII, 17 ff., 29-30, 360 ff.) gebraucht, werden durch andere wie vernünftige „Aufgabe" und moralische „Pflicht" (die gleichzeitig als göttliches Gebot gilt) ergänzt und abgelöst (VII, 85; VI, 94). Die apriorischen Prinzipien der republikanischen Konstitution sind *dynamische* Faktoren der Politik. So kommt erneut die Problematik der Verwirklichungsbedingungen des Zieles bzw. dessen Verwirklichungstempos zum Vorschein. Kants politische Philosophie und Geschichtsphilosophie sind nicht nur der Rechtslehre untergeordnet (erste Gemeinsamkeit), sondern sie fragen auch beide danach, ob das Recht auch einmal Wirklichkeit sein wird (zweite Gemeinsamkeit).

Mit wichtigen Nuancen teilt Kant den von Locke und Montesquieu aufgestellten Maßstab aller modernen politischen Systeme. Die vollziehende Staatsgewalt, die Gesetzgebung und das Gerichtswesen – also Exekutive, Legislative und Judikative – müssen ihren Aufgaben unabhängig voneinander nachkommen. Der Franzose pries die seit der Glorreichen Revolution von 1688 in England geltende Gewaltenteilung. Allerdings entsprach der englische Zustand noch keineswegs dem von Kant angestrebten Ideal. Darüber hinaus wiesen prominente Zeitgenossen und zumindest anfangs bekennende Kant-Schüler, wie Fichte ab 1796 kategorisch dieses hervorstechende Merkmal des Republikanismus zurück. Bei ihm werden gesetzgebende, ausübende und richterliche Macht von der Regierung übernommen und in den Händen der

---

13 Hinske 2005.

Exekutiven konzentriert[14]. Kant hingegen kritisiert die britische Verfassung aufgrund ihrer Toleranz für eine bloß *scheinbare* Trennung der Ausübenden von der Legislativen, des Königs vom Parlament, da die gewählten Repräsentanten der Bürger zugunsten des Königes oder zu ihrem eigenen Vorteil die Gesetze verabschieden, und fordert eine wirkliche Abkoppelung. Die vollziehende Gewalt hat bei Kant jedoch eine untergeordnete Rolle im Vergleich mit der gesetzgebenden, die den allgemein vereinigten Volkswillen ausdrückt (VI, 313-314). Gegenüber dem unrühmlichen Gegenbeispiel „des großbritannischen Volks" und „dem großbritannische[n] Monarch[en]" (VII, 90) erscheint Frankreich unter der freundlichen Chiffre eines „geistreichen Volks" (VII, 85). Die phlegmatischen Briten lassen sich über den wahren Zustand ihrer tatsächlich absoluten Monarchie täuschen und deren Verleumdungskampagne der Französischen Revolution schließen sich Garve, Brandes, Gentz und Rehberg, d. h. die sogenannten deutschen Burkianer, an. Seit 1793 waren die Differenzen Kants und Fichtes mit den deutschen Burkianern bezüglich des Verhältnisses von Theorie und Praxis wohl bekannt. Die eindeutige kantische Einstellung gegenüber der sonst verbreiteten Anglomanie, die sich dem Französischen Modell widersetzen möchte, kann als die Infragestellung der Vermittlung zwischen Politik und Geschichte im englischen Fall angesehen werden. Bei Kant ist die Optimierung des Rechts von ausschlagebender Bedeutung und die Geschichtsphilosophie trägt zu deren Unterstützung und Förderung bei. Beide Instanzen wirken synergisch[15]. Die letzten Sätze seiner Schrift über Geschichtsphilosophie 1784 sind explizit genug: das Ziel der allgemeinen Geschichte besteht in einem weltbürgerlichen Zustand (VIII, 28 ff.), der unter dem Baldachin des Bundes republikanischer Staaten steht.

Politik bedeutet für Edmund Burke[16] reformerische Behutsamkeit und Respekt vor Überlieferung bzw. vor der Geschichte. Seine Vorbehalte wendeten sich deshalb

---

14 Durch die Vereinigung dreier Gewalten in der Exekutiven will Fichte die gegenseitige Blockade vermeiden, aber die Fokalisierung der Macht in dieser Magistratur schließt die Kontrolle der Einhaltung des Rechts durch das Ephorat nicht aus (Fichte 1962 ff., I,3 S. 224-225, 323-328, 440; III,3, S. 72, 80).

15 Hier wid die Synergie betont. Moris These ist anders formuliert: Kant verwirklicht den Kosmopolitismus-Begriff auf der Ebene des *Rechts* nicht vollständig und nimmt daher auf zwei andere Ersatzebenen Bezug: auf die Politik und auf die Geschichte. Die Politik hängt wesentlich mit dem Problem der empirischen Bedingungen für die Realisierbarkeit seiner Ziele zusammen. Die Geschichte stellt weniger eine abgeschwächte, nämlich rein regulative Erkenntnisform der Gesamtentwicklung der Menschheit dar, als vielmehr eine vom moralischen Imperativ beherrschte praktische Perspektive (Mori 2013, S. 330). Trotz der verschiedenen Formulierungen und Betonungen (sei es Synergie, sei es Ersatzfunktion) gib es nicht zu übersehende Affinitäten zwischen beiden Deutungen.

16 Sein Hauptwerk ist *Reflections on French Revolution*. Das Buch erschien bereits 1790 und wurde von Gentz 1793 ins Deutsche übersetzt und reichlich (*Betrachtungen über die*

gegen die Vergötzung der Theorie bzw. Philosophie, konkreter gegen alle Speku-
lationen, die einen neuen Menschen durch den Gesellschaftsvertrag (gegen Kants
ursprünglichen Vertrag im Falle der deutschen Burkianer) erfinden wollten. Das
Herkömmliche muss bei dem Konservativen nicht unbedingt intakt bleiben, aber er
stellt sich der zerstörerischen Kritik entgegen und gibt dem Existenzrecht bestehender,
bewährter Lebenswelten eine Stimme. Kant ist in der Tat, wie sein Rückgriff auf das
Erlaubnisgesetz zeigen wird, *burkischer* als die deutschen Burkianer selbst, die durch
traditionalistische Tendenzen (Justus Möser, Herder) geprägt wurden. Konserva-
tivismus ist mit Gegenaufklärung, Rücksicht vor der Tradition mit Traditionalismus
nicht pauschal gleichzusetzen.

Wie bei Kant (und im Kontrast mit den Burkianern, die die Präeminenz der Regierenden hervorheben) haben zwar die Gesetze und nicht die Willkür der Menschen
die Herrschaft in der Regierung, es sind aber die Menschen diejenigen, die für die
Hegemonie der Gesetze sorgen, was schwer zu lösende Probleme aufwirft und deshalb
Kontrollinstanzen und institutionelle Garantien erfordert[17]. Seine Zurückweisung
der unmittelbaren Demokratie gründet sich darauf, dass das plebiszitäre Regime
einen terroristischen, rechtswidrigen Gebrauch von der Gewalt machen würde. Die
Repräsentation, also das Parlament, ist auch eine der Bedingungen der rechtmässigen
Verfassung. Die Repräsentanten müssen Rechenschaft vor dem einzigen Souveränen,
dem Volk, ablegen[18].

Das Volk überträgt die Ausübung der Souveränität auf die Deputierten und kann
souverän nur mittelbar sein. Es besteht aber immer die Gefahr, dass die Abgeordneten,
sei es durch ihre Unterwerfung unter dem Machthaber, sei es durch die Verselbständi-
gung ihrer Einsicht zu ihrem eigenen Nutzen das Urteil des Publikums usurpieren
und sich nicht an den ursprünglichen Vertrag[19] halten. Dieser Gefahr ist mit einer
Öffentlichkeitstheorie entgegenzuwirken. Alle Verhandlungen und Entscheidungen

---

*Französische Revolution mit einer Einleitung und fünf Abhandlungen zur Französischen
Revolution)* kommentiert.

17   Vgl. VIII, 353; VI, 339, 355; XII, 47.

18   VI, 339-341; VIII, 352-353. Gegenüber anderen Zeitgenossen (Friedrich Schlegels *Versuch
     über den Begriff des Republikanismus, veranlaßt durch die Kantische Schrift zum ewigen
     Frieden*, 1796, v. g.), die das britische und das griechische Modell als Vorbild einer wahren
     „Gemeinschaft der Sitten" (Schlegel 1966, S. 18) bewunderten, distanzierte sich Kant
     sowohl von der Grecomanie (XXIII, 167) als auch von der Anglomanie (Oncina 2003,
     S. 65-91).

19   Der ursprünglicher Contract oder Vertrag ist, im Unterschied zu den Burkianern, kein
     geschichtliches, über Generationen hinweg verbindliches Faktum (Burke, Gentz 1991,
     S. 193), sondern eine Idee der Vernunft mit praktischer Realität (VIII, 297; VI, 339-340;
     R 7740, XIX, 504; R 7956, XIX, 564).

einer rechtmässigen Regierung müssen die höchste Publizität haben. Publizität ist primär, aber nicht nur, die Öffentlichkeit der literarischen Publikation (Presse- und Schreibefreiheit). Die Distanz zwischen „Zeitalter der Aufklärung" und „aufgeklärte[m] Zeitalter" besteht darin, sich den Übergang (lieber auf dem Weg einer allmählichen Reform als durch einen Sprung) vom „freien Denken" zur „Freiheit zu handeln" zu wagen (VIII, 40, 41). Für Kant gilt die Publizität als ein, eine doppelte, eine negative und eine positive Formel artikulierendes ethisch-juridisches Prinzip[20], das alle institutionellen, nationalen Grenzen sprengt und weltbürgerlich greift. Die Öffentlichkeit wird vorerst von einer vergleichsweise kleinen Schicht gebildeter Bürger getragen. Er ahnt, dass dieses Milieu der Aufklärung für Indoktrination, der öffentlich-kosmopolitische für den privat-amtlichen Gebrauch der Vernunft umfunktioniert werden und sich in der Tat durch das Monopol der Publizität in den Händen des gelehrten Standes im Sinne der Brotgelehrten[21] in eine revidierte Staatsräson verklären könnte. Deshalb geht es *idealiter* auch um die Selbstaufklärung und Willensbildung der Gesellschaft durch die Teilnahme am öffentlichen Diskurs, um Selbstbestimmung der Bürger, die nicht von der Fata morgana der Mächte, von einer Fremdbestimmung getrieben werden sollten.

Publizität wäre nicht mit der öffentlichen Meinung bzw. Propaganda zu verwechseln. Ein weitverbreiteter Verdikt lautet, die öffentliche Meinung ist ein massenpsychologisches Phänomen, eine Agitations- und Manipulationsmaschinerie[22]. Kant trennt den öffentliche Gebrauch der Vernunft von „Propagande" (VIII, 369), Politik von Demagogie, Republik von direkter Demokratie, weil die Versammlung der Humus der despotischen Steuerungsinteressen ist. Er lehnt die plebiszitäre und (in Webers Diktion) charismatische Legitimation der Volkssouveränität, die mit der republikanischen konkurriert, ab. Das Volk lebt in seinen Repräsentanten, aber, nach dem Kantianer Johann Benjamin Erhard, kann ein freies Volk (z. B. die Franzosen)

---

20 Die blosse Verträglichkeit mit der Publizität bietet keine Gewähr für die Gerechtigkeit der Maximen und deshalb läuft diese negative Formulierung die Gefahr, das Recht von der Macht abhängig zu machen (VIII, 381, 384-385). Die positive Formulierung bedarf des Konsenses der Betroffenen für die Rechtsinhalte (VIII, 386). Vgl. Davis 1992.

21 In Schillers Diktion seiner berühmten Jenaer Antrittsvorlesung *Was heißt und zu welchem Ende studiert man Universalgeschichte?* (1789), wo er den Brotgelehrten, der nur einen bequemen und gut besoldeten Posten beansprucht, von dem philosophischen Kopf, der keine Mühe um der Wahrheit willen scheut, trennt (Schiller 1970, S. 360-363; vgl. Habermas 1995, S. 293-319).

22 Nach Wieland ist sie „immer die Meinung und der Wunsch einer Anzahl von Köpfen, denen daran gelegen ist, das Volk zum Werkzeug ihrer Absichten zu machen. Auch ist es ihnen wohl zuweilen gelungen, ganze Nationen zu fanatisieren" (*Über die öffentliche Meinung* (1798). Ähnlich bei Garves Aufsatz *Über die öffentliche Meinung* (1802) (Hölscher 1979, S. 112-113).

aus sklavischen Bürgern[23] bestehen, wenn die Wähler sich verführen lassen. Aber wie kann ein Haufen Untertanen zu einem Volk freier Bürger, Unmündigkeit zu Mündigkeit werden? Durch die Mitwirkung und Selbsttätigkeit der Bürger, besonders des gelehrten bürgerlichen Publikums, bei der Gesetzgebung.

Kants Aufforderung, die sich an jedermann wendet, sich seines eigenen Verstandes zu bedienen, meint nicht, dass alle Menschen in allen Bereichen Experten werden. Einerseits beruht das Aufklärungsmotto auf dem Gedanken, dass die bestehenden Institutionen durch Publizität bzw. öffentliche Publikationen der Gelehrten allmählich korrigiert werden und damit der Staat seine vernunftgemäße, republikanische Form erhält. Die szientistische Aufklärung führt in die Professionalisierung, in die Expertokratie, die von dem Impuls, für uns selbst zu urteilen, d. h. des *sapere aude* distanziert. Andererseits muss es also auch die Rücknahme von Kompetenzen aus einer verfehlten Delegation, die sich verselbständigt hat und sich jetzt dem Bürger, dem Volk, als fremde Macht entgegenstellt, einschließen. Das Abtreten von Zuständigkeiten an Experten führt immer tiefer in ein unverständliches, fremdartiges und bedrohliches Universum. Die Delegierung – die technische Spezialisierung und die Verwandlung der Politik in ein technisches Problem, in Technokratie (VIII, 377) – hält die Laien bzw. Bürger in einer gefälligen Unmündigkeit zurück. Diese endemische Heteronomie erfordert eine permanente Mobilisierung der Aufklärung. So enthält das Projekt der Aufklärung von vornherein eine Spannung von Selbstbestimmung und Fremdbestimmung, von Majorennität und Minorennität[24]. Die Gegenläufigkeit zweier Tendenzen ist eine Aporie des Repräsentationssystems, aber auch sein Lebenselixier, da die Macht verdummt, oder wie Kant höhnisch sagt, „der Besitz der Gewalt [verdirbt] das freie Urteil der Vernunft unvermeidlich" (VIII, 369). Die Bürger sollen dann wachsam bleiben und diesen Usurpierungen und Entfremdungen entgegenwirken. Die hierarchische Unterordnung der Politik unter dem Recht und die Abgrenzung zwischen moralischer Politik und blanker Klugheitslehre stehen fest. Gegenüber dem weltkundigen Staatsmann, dem Tagespolitiker, dem Jurist, dem Empiriker, dem Praktiker übernimmt der Philosoph *sensu eminenti* eine kreative und kritische Aufgabe, die Prinzipienanalyse und die Beurteilung der bestehenden Verhältnisse nach solchen Prinzipien, kurzum „das freie Urteil der Vernunft" (VIII, 343, 368-369).

---

23 Erhard 1976, S. 90.
24 Brandt 2009, S. 183-184.

3   Geschichte und kritische Philosophie

Die konservativen Gegner Kants sind davon überzeugt, die Geschichte auf ihrer Seite zu haben, und fordern deren Monopol. Hat die kritische Philosophie auf die Geschichte verzichtet? Gibt es überhaupt Berührungspunkte zwischen der moralischen Politik und der Geschichte? Wie bereits behauptet, kümmert sich Kant um die Verwirklichungsbedingungen des Rechts, „um den Graben zwischen den gegebenen Zuständen und jenen, die sie [die politische Philosophie] herbeiführen will, zu überbrücken"[25]. Die Eruierung dieser Bedingungen ist retrospektiv, situativ und prospektiv und sucht von einer normativen Perspektive aus nach Leitfäden für einen sinnvollen Zusammenhang der Geschichte, der Vergangenheit, Gegenwart und Zukunft, aber mit unterschiedlichem Gewicht und Zugriff, umfasst.

Kant spricht explizit von *Sittengeschichte* (VII, 79) und *moralischer Politik* (VIII, 372-378). Die Verknüpfung zwischen Geschichte und Politik wird bereits 1784 erwähnt, da der Leitfaden, den die „Idee zu einer allgemeinen Geschichte" liefert, „nicht bloss" aber auch „zur Erklärung des so verworrenen Spiels menschlicher Dinge, oder zur politischen Wahrsagerkunst künftiger Staatsveränderungen dienen" (VIII, 30) kann. 1798 unterstreicht er die Art Vorhersage, die aus dieser Idee entspringt und welche keinen wissenchaftlichen Anspruch „nach bekannten Naturgesetzen" hat. Fortschritt bezieht sich nicht auf die „Naturgeschichte des Menschen", sondern auf die Sittengeschichte. In der Berufung auf die Geschichte verkörpert der Kritizismus nach der Französischen Revolution ein Gegenparadigma des deutschen *Burkianismus*[26].

Die Idee des Menschen verlangt eine angemessene Chronologie für ihre geschichtliche Durchführung, die die Chronologie des Individuums übersteigt. Bei Kant erfolgt die Verzeitlichung der Vollkommenheit unter der Form der Vervollkommnung, und nur ein breiter Zeitraum ermöglicht die Entwicklung derjenigen „Naturanlagen, die auf den Gebrauch der Vernunft abgezielt sind" (VIII, 18). Deshalb bedarf sie „einer vielleicht unabsehlichen Reihe von Zeugungen, deren eine der andern ihre Aufklärung überliefert, um endlich ihre Keime in unserer Gattung zu derjenigen Stufe der Entwickelung zu treiben, welche ihrer Absicht vollständig angemessen ist. Und dieser Zeitpunkt muss wenigstens in der Idee des Menschen das Ziel seiner Bestrebungen sein, weil sonst die Naturanlagen grösstentheils als vergeblich und zwecklos angesehen werden müssten; welches alle praktischen Principien aufheben...

---

25 Cavallar 1992, S.85.

26 In *Zum ewigen Frieden* werden die Übersetzer und Apologeten von Burke, Garve und Gentz (XII, 47), direkt oder indirekt angesprochen. Bereits in *Über den Gemeinspruch* (1793) wurden die Burkianer (VIII, 277) harsch gerügt (vgl. Dietrich 1988, 1989).

würde" (VIII, 19). Diese langfristige, dauerhafte Entwicklung der Vernunftanlagen hat praktische, politische Folgen und scheint sogar mit der Architechtonik der Vernunft zu kollidieren[27]. Im Vergleich mit dem Postulat der praktischen Vernunft der Unsterblichkeit der Seele, der den unendlichen Progressus zur Vollkommenheit[28], zur völligen Angemessenheit der Gesinnungen zum moralischen Gesetz voraussetzt, muss Kant für die völlige historische Verwirklichung der Vernunftanlagen „wenigstens in der Idee des Menschen" als „das Ziel seiner Bestrebungen" spezifisch geschichtliche Zeiten einführen. Es ist nicht nur die Vergangenheit und die Gegenwart, kurz der Erfahrungsraum, relevant, sondern vorwiegend die Zukunft, der Erwartungshorizont (VIII, 18-19). Hier liegt der Schnittpunkt zwischen Geschichtsphilosophie und politischer Philosophie erneut nahe.

Die *Idee zu einer allgemeinen Geschichte in weltbürgerlicher Absicht* (1784) ebnet den Weg, selbstverständlich mit Akzentverschiebungen, zum späteren Werk, da sich die „philosophische Geschichte" die Aufgabe stellt, Richtlinien zur Evaluierung der Nähe oder der Distanz von „Völker und Regierungen" (VIII, 31) zum Ziel der Menschheit: „ein allgemeiner *weltbürgerlicher Zustand*" (VIII, 28) vorzuschlagen. Der Neunte Satz des Aufsatzes macht innerhalb eines teleologischen Rahmens den Versuch, „die allgemeine Weltgeschichte nach einem Plane der Natur, der auf die vollkommene bürgerliche Vereinigung in der Menschengattung abziele, zu bearbeiten" und er muss auch als „beförderlich" für diese Absicht gehalten werden (VIII, 29, vgl. auch 27). Die kritische Vernunft ist eine engagierte, interessierte Vernunft, welche mit dem „Indifferentismus" der Popularphilosophen, der deutschen

---

27 Es handelt sich um die Frage der Vereinbarkeit zwischen der geschichtlichen und der transzendentalen Perspektive. Die Vernunft ist janusköpfig: ideell und prozesuell, Idee ausserhalb der geschichtlichen Wirklichkeit und historische Verwirklichung, transzendentale Instanz und sich allmählich im Antagonismus durchsetzende Erzeugung. Kant entgeht dem Dilemma, indem eine mit Vernunft ausgestattete Vorsehung die Geschichte zu ihrer Entfaltung anleitet (Brandt 2009, S. 173).

28 „...eine Vollkommenheit, deren kein vernünftiges Wesen der Sinnenwelt in keinem Zeitpunkte seines Daseins fähig ist. Da sie indessen gleichwohl als praktisch notwendig gefordert wird, so kann sie nur in einem *ins Unendliche* gehende *Progressus* zu jener völligen Angemessenheit angetroffen werden". Diese Idee des unendlichen Progressus zur Vollkommenheit „ist aber nur unter Voraussetzung einer *ins Unendliche* fortdauernden *Existenz* und Persönlichkeit desselben vernünftigen Wesens (welche man die Unsterblichkeit der Seele nennt)" (V, 122) möglich. Aber, wie Kant es formuliert, ist das Subjekt des Fortschreitens in der Geschichte nicht primär der einzelne Mensch, sondern die Menschheit insgesamt (VIII, 18). Der Parallelismus zwischen dem Postulat und der Idee der Geschichte hat auch seine Grenzen jeweils bezüglich u.a der Zeitlichkeit und des Subjekts.

Machiavells und späteren Burkianer kontrastiert[29]. Gerade die Einwände Kants gegen Herder, der die Grenze zwischen dem philosophischen und dem poetischen Genre überschritten bzw. verwischt hat[30], beruhen darauf, dass die Interessen der Vernunft bzw. die Bestimmung der Menschheit auf dem Spiel stehen. Daher gilt es, die Tendenz der Menschengattung zur Entwicklung der Vernunftanlagen unter der Ägide des „Interesse der Menschheit" zu betrachten, also den Nexus dieser Idee der Geschichte mit den Interessen der Vernunft zu erhellen, was ihre nicht bloss heuristische (mit dem spekulativen, erkenntnistheoretischen Interesse bzw. mit der Frage „Was kann ich wissen?", also mit dem Ziel einer Geschichtswissenschaft), sondern auch praktische Fruchtbarkeit („Was soll ich tun?") zeigen wird[31]. Der Nutzen der Idee der Geschichte offenbart sich ebenfalls durch ihre Verschränkung mit dem gemischten Interesse der Vernunft bzw. mit der Frage: „Was darf ich hoffen?", einer Frage, die „praktisch und theoretisch zugleich" ist, „so, daß das Praktische nur als ein Leitfaden zur Beantwortung der theoretischen... führt" (*Kritik der reinen Vernunft*: III, 522-523), mit der Erwartung, dass man durch den teleologischen Plan einen „Leitfaden", der sich für die Erklärung der in den menschlichen Angelegenheiten herrschenden Verwirrung oder für die Kunst der politischen Prognose dienen kann, *entdecken* wird (VIII, 30).

---

29 Gentz, v. g., verteidigt einen solchen Indifferentismus in einem der Essays (*Über politische Freiheit und das Verhältnis derselben zur Regierung*), die seine Burkes Übersetzung der *Betrachtungen über die Französische Revolution* 1793 (1790 in Englisch erschienen) begleitet: der „Indifferentismus der Vernunft im Felde der Politik [ist] der mächtige Antagonist des politischen Fanatismus" (Burke,Gentz 1991, S. 426-430: 427-428). Bereits in der *Kritik der reinen Vernunft* tadelte Kant den Indifferentismus der Popularphilosophie (Garve, v. g.) (IV, 8).

30 Herder, in seinem „Anschlage, das, *was man nicht begreift*, aus demjenigen erklären zu wollen, *was man noch weniger begreift*", betreibt vielleicht Literatur, aber keine Philosophie: „Was kann der Philosoph nun hier zur Rechtfertigung seines Vorgebens anführen, als die blosse Verzweifelung den Aufschluss in irgend einer Kenntniss der Natur zu finden und den abgedrungenen Entschluss sie im fruchtbaren Felde der Dichtungskraft zu suchen?" (VIII, 53-54). Und Kant schreibt weiter mit einem ironischen Ton fort: „Aber eben so wenig wollen wir hier untersuchen, ob nicht der poetische Geist, der den Ausdruck belebt, auch zuweilen in die Philosophie des Verfassers eingedrungen; ob nicht hie und da Synonymen für Erklärungen und Allegorien für Wahrheiten gelten; ob nicht statt nachbarlicher Übergänge aus dem Gebiete der philosophischen in den Bezirk der poetischen Sprache zuweilen die Grenzen und Besitzungen von beiden völlig verrückt seien; und ob an manchen Orten das Gewebe von kühnen Metaphern, poetischen Bildern, mythologischen Anspielungen nicht eher dazu diene, den Körper der Gedanken wie unter einer *Vertugade* zu verstecken, als ihn wie unter einem durchscheinenden Gewande angenehm hervorschimmern zu lassen" (VIII, 60; vgl. VIII, 109-110).

31 Vgl. III, 518. Vgl. auch III, 518-519 und 522-523; VIII, 30.

Die Abfassung einer solchen Entdeckung ist zwar eine zu einem imaginären künftigen Newton oder eher zu einem Kepler der historischen Welt[32] passende Herausforderung, so scheinen aber wenigstens die Brauchbarkeit der Ideen auf der kritischen Karte überhaupt und deren Übertragung auf das historische Gebiet skizziert zu sein. Ausser dem negativen Nutzen (d. h. der Warnung vor dem *traszendentalen Schein*) (III, 235) spielen die Ideen eine positive doppelte Rolle: eine *mittelbar* optimierende erkenntnistheoretische[33] (Optimierung bedeutet keine Überschreitung der Grenzen der Erfahrung; also geht es nicht darum, das Unerkennbare zu erkennen, sondern um den *richtigen* Gebrauch des Verstandes auf das noch nicht erkannte, aber erkennbare zu erweitern) und eine praktische, da sie als beförderliche Faktoren des moralischen Verhaltens, als wirkende Ursache im analogischen Sinne, gedacht werden können[34]. Ab den 90er Jahre ist auch an die immer grössere Tragweite der *Kritik der Urteilskraft* – d. i., der Teleologie – für den Fortschritt der Erkenntnis als auch für die Einheit der Vernunft, d. h. für den möglichen Übergang von der Freiheit zur Natur bzw. den Einfluss des Übersinnlichen auf die Sinnenwelt (V, 175-176, 185-186) zu erinnern. Die dritte *Kritik* unterstreicht die Konvergenz von mechanischer Erklärung und zweckmässiger Deutung der Natur. Die Natur kann man als „Inbegriffe der Gegenstände der Erfahrung" – so die erste *Kritik* (III, 13) –, die sich nach den Kategorien der Notwendigkeit und Kausalität richten, aber auch als „eines Systems nach der Regel der Zwecke, welcher Idee nur aller Mechanism der Natur nach Prinzipien der Vernunft (wenigstens um daran die Naturerscheinung zu versuchen) untergeordnet werden muss" (V, 379), betrachten. Laut dem § 83 der *Kritik der Urteilskraft* ist der Mensch „der letzte Zweck" der Natur, und, befreit „von dem Despotism der Begierde" (V, 430, 432), tritt er in die Sittengeschichte ein. Die Kultur ist die Propädeutik (*cultivieren, civiliseren*) zur dritten Etappe auf dem Weg zur „Bestimmung des Menschen": *moralisieren*. Durch die zwei ersten wird er „ein gesittetes (wenn gleich noch nicht sittliches) zur Eintracht bestimmtes Wesen" (VII, 323-324).

Im konkreten Terrain der „Idee der Geschichte" würde der theoretische Nutzen auf die Möglichkeit einer systematischen Geschichte, einer Wissenschaft der

---

32 Obwohl Kant in Rousseau den Newton der Ethik (XX, 58-59) sah und die Möglichkeit eines Newtons „des *Grashalms*" (V, 400) ausschloss, liess er doch die Möglichkeit eines Keplers der Geschichte als Vorläufer eines Newton dieser Disziplin offen (VIII, 18).

33 Vgl. *Kritik der reinen Vernunft*: III, 250-252 und IV, 204-205; III, 254-255 und IV, 208-209.

34 Die menschliche Vernunft zeigt wahrhafte Kausalität, „wo Ideen wirkende Ursachen (der Handlungen und ihrer Gegenstände) werden, nämlich *im Sittlichen*" (III, 248 und IV, 202).

Vergangenheit abzielen[35] und der praktische – angesichts der Analogie mit der Kausalität der Sittlichkeit – auf das Entwerfen moralisch-politischer Alternativen und auf vernunftgemässe Staatsveränderungen zur Errichtung eines weltbürgerlichen Zustandes. Durch die erwähnte *Entdeckung* wird noch im Einklang mit dem gemischten Interesse der Vernunft eine „tröstende Aussicht in die Zukunft eröffnet werden, in welcher die Menschengattung in weiter Ferne vorgestellt wird, wie sie sich endlich doch zu dem Zustande empor arbeitet, in welchem alle Keime, die die Natur in sie legte, völlig können entwickelt und ihre Bestimmung hier auf Erden kann erfüllt werden" (VIII, 30). Ein solches Trösten ist mit dem Hoffen verbrüdert: „alles *Hoffen* geht auf Glückseligkeit, und ist in Absicht auf das Praktische und das Sittengesetz eben dasselbe, was das Wissen und das Naturgesetz in Ansehung der theoretischen Erkenntnis der Dinge ist"[36]. Zum selben Schluss kommt paralell die moralische Politik, die Staatsweisheit bzw. die Klugheit unter dem Diktat der Moral, in *Zum ewigen Frieden*, wo die Publicität – ein transcendentales, ethisch-juridisches Princip (VIII, 381) – zu einem Katalysator der Glückseligkeit gemacht wird: „wenn sie [die Maximen] nur durch die Publicität ihren Zweck erreichen können, so müssen sie dem allgemeinen Zweck des Publicums (der Glückseligkeit) gemäss sein, womit zusammen zu stimmen (es mit seinem Zustande zufrieden zu machen), die eigentliche Aufgabe der Politik ist" (VIII, 386). Aber die Rolle des Rechts als *conditio sine qua non* für eine solche Zusammenstimmung ist unentbehrlich, und deshalb ist das kein Beleg für den Eudämonismus und keine Unterstüzung für die „väterliche Regierung". Für Kant gerät der politische Paternalismus zwangsläufig in Despotismus (VIII, 289-291).

Selbstverständlich stehen noch einige offene Fragen im Raum: Das theoretische Interesse der Idee der Geschichte lässt eine Geschichtswissenschaft (auf der Augenhöhe mit der Mathematik und der Physik?) erahnen, deren genaue antinomische Binnenstruktur (kategoriale Bestimmung durch Kausalität / transzendentales Prinzip der Zweckmässigkeit, Mechanismus / Teleologie, Notwendigkeit / Freiheit)

---

35 Die Idee der Geschichte dürfte „uns doch als Leitfaden dienen, ein sonst planloses *Aggregat* menschlicher Handlungen wenigstens im Großen als ein *System* darzustellen", und entdecken „einen regelmässigen Gang der Verbesserung der Staatsverfassung in unserem Welttheile (der wahrscheinlicher Weise allen anderen dereinst Gesetze geben wird)" (VIII, 29 ; R 1420, XV, 618).

36 *Kritik der reinen Vernunft*: III, 523. Obwohl das pragmatische Gesetz (Regel der Klugheit) und das moralische Gesetz (Sittengesetz), Glückseligkeit und Würdigkeit, glücklich zu sein, getrennt sind, hofft die Menschengattung auf das Zusammenstimmen der Freiheit mit der Austeilung der Glückseligkeit nach Prinzipien, die nicht empirisch, sondern *a priori* sind. Das ist ihre irdische Bestimmung und dafür sind die Rechtsprinzipien ausschlaggebend.

und Gestaltung (kausal-konstitutive Erkenntnis / idealregulatives Wissen) noch bevorsteht[37]. Wäre die – nicht völlig konsequente – Verwandschaft mit den Postulaten hinreichend, um sie mit dem praktischen Interesse der Vernunft zu verknüpfen? Ausser der Ermöglichung der Erkenntnis oder Erklärung der Vergangenheit, fungiert diese Idee als politische Wahrsagerkunst, als „tröstende Aussicht in die Zukunft", was unsere „Bestimmung hier auf Erden" betrifft. Richtet sich Kant auf einen idealen rechtmässigen Zustand aus und fordert eine Utopie, die als moralische Ursache (VIII, 84, 85) in die historische Welt einfliessen kann, zurück? Die Ver-zeitlichung der Utopie in der Aufklärung löst die in der Renaissance dominierende Verräumlichung ab und man kann, einem Vorschlag Ortegas folgend, von einer Uchronie[38], oder, gemäss der eigenen Metapher Kants, von einer Asymptote (VIII, 65) sprechen. Bis zum letzten Drittel des XVIII Jh. waren die Utopien primär räumlich oder bezogen sich auf die ferne Vergangenheit, aber mit dem bereits säkularisierten und völlig erkundeten Globus und somit der Ausschöpfung der jenseitigen und räumlichen Angebote, blickt die Utopie auf die Zukunft und sie verwandelt sich in Geschichtsphilosophie. Ausgerechnet im Rahmen der Erläuterung des Terminus „Idee" in der *Kritik der reinen Vernunft* stellt sich die politische Philosophie die Aufgabe einer „Verfassung von der *grössten menschlichen Freiheit* nach Gesetzen, welche machen, *dass jedes Freiheit mit der andern ihrer zusammen bestehen kann* (nicht von der grössten Glückseligkeit, denn diese wird schon von selbst folgen)" (III, 247; IV, 201). Er fügt hinzu: „es ist höchst verwerflich, die Gesetze über das, was ich tun *soll*, von demjenigen herzunehmen…, was *getan* wird" (III, 249; IV, 203). Es ist ein vorwarnender Kommentar, der die Abrechnung mit seinen Kontrahenten, den Empirikern Garve und den Burkianern, die für eine Politik „aus Erfahrung", deren alleinige Lehrmeisterin die vergangene Geschichte ist, plädieren, vorwegnimmt.

Kant bietet 1798 ein Bündel von Möglichkeiten (Terrorismus, Eudämonismus und Abderitismus) zum Ordnen des historischen Durcheinanders und zu einer glaubwürdigen Vorhersagung an. Er lehnt diese Trias ab und wendet sich der Option für den Fortschritt[39] zu. Aber was für eine Plausibilität besitzt eine solche Option,

---

37 In dieser Beziehung hat Mori auf eine doppelte Wissensordnung der Geschichte verwiesen (Mori 2008, S. 258 ff.). Eine kontroverse Angelegenheit wäre auch die Erörterung der Bandbreite von Regelmässigkeiten und Gesetzmässigkeiten, die eine solche Wissensordnung (allgemeine Naturgesetzen, Kausalerklärungen , besondere empirische Gesetze, komparative Allgemeinheit, Statistiken, Taxonomien, Vorhersagungen, usw.) abdeckt.

38 Ortega y Gasset 1962, S. 238. Vgl. Aramayo 1992; Koselleck 2000, S. 131-149; Koselleck 2006, S. 252-273.

39 Allerdings hat Kant die Kritik Rousseaus an dem selbstgenügsamen und ideologischen aufklärerischen Begriff des Fortschrittes (unter der Signatur des Eudemonismus) in

da er die Politik „aus Erfahrung" durchaus geisselt? Seine These ist schlagkräftig: „Durch Erfahrung unmmitelbar ist die Aufgabe des Fortschreitens nicht aufzulösen [...]. Denn wir haben es mit freihandelnden Wesen zu thun, denen sich zwar vorher *dictiren* lässt, was sie tun *sollen*, aber nicht *vorhersagen* lässt, was sie thun *werden*" (VII, 83; vgl. V, 99). Aufgrund der Unvorhersehbarkeit des menschlichen Verhaltens und der Unauflösbarkeit dieser Aufgabe durch die Erfahrung (Fortschritt ist bei dem Königsberger von den *Ideen* des ursprüngliches Vertrages, der Republik und des ewigen Friedens als „höchsten politischen Gut[es]" (VI, 355; vgl. 351) in diesem Zusammenhang nicht zu trennen) wird der theoretische Anspruch einer strengen wissenschaflichen Vorhersage des politischen Kurses ausgeschlossen[40] und die Suche nach Auflösung auf die Domäne dessen, was die Menschen in der Zukunft hoffen dürfen, wenn sie vernünftig, aber nicht konfliktfrei, handeln[41], gerichtet. Die Antwort auf diese Frage kreist also um das Feld der prophetischen Geschichte und deren Merkmale. Zunächst „muss doch die wahrsagende Geschichte des Menschengeschlechts" an irgend „eine Erfahrung... angeknüpft werden" (VII, 84), und dann „denkbar" sein und „mit dem moralischen Gesetze zusammen bestehen" können, aber sie verträgt sich weder mit moralisierenden Kodexen[42] noch mit „Träumereien eines überspannten Kopfs" (VII, 92). Eine solche prophetische Geschichte navigiert

---

seinen zwei bekannten *Reden* von 1750 und 1755 aufgenommen. Der Eudemonismus galt damals als Rechtfertigung des aufgeklärten Despotismus bzw. des Paternalismus, den Kant und der junge Fichte scharf attackierten. Der Genfer hat das Verhältnis zwischen Geschichte und Philosophie auf eine Art und Weise verstanden, die auch Kants philosophische Geschichte und deren sittliche Aura beeinflusste.

40	„ [...] freilicht mit einer Sicherheit, die nicht hinreichend ist, die Zukunft desselben (theoretisch) zu *weissagen*, aber doch in praktischer Absicht zulangt und es zur Pflicht macht, zu diesem (nicht bloss schimärischen) Zwecke [des ewigen Friedens] hinzuarbeiten" (VIII, 368).

41	VIII, 366. Kants dialektische, positive Einstellung gegenüber dem Streit (Antagonism, ungesellige Geselligkeit, Krieg,...) als Förderer des menschliches Fortschrittes kann man auf die Inspiration von Mandeville (R 6631, XIX, 118; R 6637, XIX, 122; V, 40) oder Adam Smith (X, 126) zurückführen.

42	Kant bezieht sich auf die „sophistischen Maximen" *Fac et excusa, Si fecisti, nega* und *Divide et impera*, und greift erneut die moralisierenden Politiker an, die sich ausschließlich auf die gewöhnlichen staatsklugen Praktiken in der Machtausübung berufen und „jede jetzt vorhandene gesetzliche Verfassung" (die Britische v. g.) (VIII, 373-375) verehren. Solche Sophisten (Gentz, Rehberg und Garve u. a.) bestimmen die Politik als „*Theorie aus Erfahrung*" (Kant,Gentz,Rehberg 1967, S. 103, 127, 158). Dagegen wäre diese Strategie für Kant „eines Philosophen Unwürdigeres" (III, 248 und IV, 201). Kant karikiert sie als *Afterpolitik*, für deren Kasuistik (*reservatio mentalis*, *probabilismus* und *peccatum philosophicum*) und den Kurzschluss zwischen Moral und Politik Garve als Urheber gilt (VIII, 385).

zwischen der Skylla einer Futurologie und der Charybdis einer Divinationsgabe[43], und kann zugleich von der empirischen Unverifizierbarkeit/Unfalsifizierbarkeit und von der Anknüpfung an eine Erfahrung der Idee des Fortschrittes nicht absehen. Das Verhältnis zwischen Idee und Phänomen (*mutatis mutandis* zwischen *respublica noumenon* und *phaenomenon*, unsichtbare und sichtbare Kirche) kann nicht, *per definitionem*, das vollkommene Kongruierende (III, 246; IV, 200; VI, 131; VII, 91) sein, wobei die Rede „von einer Begebenheit unserer Zeit, welche diese moralische Tendenz des Menschengeschlechts beweiset" (VII,85) die Geltung des Probiersteines der Erfahrung zu bestätigen scheint. Ohne jedoch auf die Empirie fixiert zu sein, muss man der Spur der phänomenalen Indizien der Idee nachzugehen (III, 248-249; IV, 202-203; VIII, 27). Die Begebenheit besteht *prima facie* in der „Denkungsart" der Zuschauer der Französischen Revolution. Diese „grosse[n] Umwandlungen" beweisen bei den Spielenden einen „moralischen Charakter" des Menschengeschlechts, „der das Fortschreiten zum Besseren nicht allein hoffen lässt, sondern selbst schon ein solches ist" (VII, 85). Der Beweis durch diese „Begebenheit unserer Zeit" beruht sowohl auf der „Allgemeinheit" sowie auf der „Uneigennützigkeit". Diese Art der Erfahrung, an die die Idee des Fortschrittes anknüpft, wird als die „*Teilnehmung* am Guten mit *Affect*, der *Enthusiasm*" umdefiniert. Er spiegelt dessen Ambivalenz wider, weil er als empirisches Gefühl, wie „aller Affect als ein solcher Tadel verdient", aber angesichts seiner „Allgemeinheit" im anderen, reinen Sinne gehalten werden darf: „dass wahrer Enthusiasm nur immer aufs *Idealische* und zwar rein Moralische geht, dergleichen der Rechtsbegriff ist" (VII, 86). Der Bezug auf das Juridische liefert einen formalen Maßstab für die Beurteilung der Verfassungen, was die gemeinsame Betrachtung bzw. die Synergie von Sittengeschichte bzw. philosophischer Geschichte und moralischer Politik noch mehr verstärkt und zugleich auf *empirische Data* der Idee des Fortschrittes, die die asymptotische Annäherung an den Rechtsstaat indizieren, verweist (VIII, 27-28; VII, 91-92). Dieser Maßstab beansprucht, die dritte Frage bzw. die Frage nach der Hoffnung auf die Herbeiführung des Chiliasmus der Philosophie (VIII, 27) zu beantworten und stützt sich auf den Republikanismus, den Föderalismus, den Kosmopolitismus und ihre friedensstiftende Folge, d. i. auf das Recht jedes Volkes zur Selbstgesetzgebung (Idee des ursprünglichen Vertrages) und auf die

---

43 Sie ist *sensu strictu* keine Prophetie und Kant erinnert an die „jüdischen Propheten" und deren schädliche Beeinflussung (VII, 79-80). In diesem Zusammenhang sind einige Paragraphen der *Anthropologie* wichtig, wo er drei Arten, die Zukunft zu sagen, unterscheidet: *Vorhersagen* („ein Vorhersehen nach Erfahrungsgesetzen (mithin natürlich)", *Wahrsagen* („den Erfahrungsgesetzen entgegen (widernatürlich)") und *Weissagen* („übernatürlich... das eigentliche Divinationsvermögen") (VII, 187-188). Kant folgt nicht der eigenen terminologischen Differenzierungen (Willer 2013, S. 306).

Meidung des Krieges – weil nur die Verfassung, die von dem Bellizismus abhält, kann als „allein an sich rechtlich und moralisch-gut" angesehen werden (VII, 85-86; VIII, 350-351). Die Publizität, die eine unbestrittene Familienähnlichkeit mit dem kategorischen Imperativ (VIII, 381, 386) besitzt, zeugt von der Vermählung zwischen Politik und Moral. Die britische Monarchie, die die damalige Modeanglomanie als politisches Vorbild und erfolgreiche Symbiose zwischen Neuem und Altem angab und deren Muster die Amerikanische Revolution[44] folgte, wurde von Kant als korrupt und obskurantistisch[45] bezeichnet.

4 Zusammenwirkung von Politik und Geschichte gegen die Beschleunigung des Chiliasmus

Hat die Geschichte ein bestimmtes Ziel, dann ist dieses ihre Vollendung, und sie schreitet stufenweise voran. Nach der biblischen Tradition ist es das Tausendjährige Reich Christi, nach der Antike ist es das goldene Zeitalter und nach den modernen Hoffnungen ist es der ewige Frieden. Diese Vollendungsvorstellungen sind chiliastisch, und Kant verwendet sie, indem er eine geordnete Rechtsverfassung und einen Völkerbund als das irdische politische Dauerziel vorschlägt. Die Verheissung *novus ordum seculorum* hat bei ihm zu keinen messianischen Versuchungen (im Gegensatz zu einigen Grundvätern der Amerikanischen Revolution) geführt, und sein Anliegen, das Reich Gottes auf Erden zu bauen, wurde nicht mit dem oft kolonialistisch geprägten Sendungsbewusstsein, ‚die Welt erlösen' zu wollen, verbunden. Das jenseitige

---

44 „Burke nahm sich mit einer Wärme... der Amerikaner an, weil man ihnen, als *Britten, die Britische Constitution verweigerte*, weil er nach den Maximen wahrer *britischer Politik* ihre Forderungen gerecht fand" (Burke, Gentz 1991, S. 38-39).

45 „So verhindert das *Verbot* der Publicität den Fortschritt eines Volks zum Besseren... nämlich bloss sein natürliches Recht". Und in der Folge stürzt er die Ikone der Antikantianer, denn die Publizität, die Freiheit des Parlaments, die Gewaltenteilung und ihr Hang zum Frieden sind im britischen Fall ein blosser Schein: "Diese Vorstellung der Beschaffenheit der Sache hat das Trügliche an sich, dass die wahre, zu Recht beständige Verfassung gar nicht mehr gesucht wird, weil man sie in einem schon vorhandenen Beispiel gefunden zu haben vermeint, und eine lügenhafte Publicität das Volk mit Vorspiegelungen einer durch das von ihm ausgehende Gesetz *eingeschränkten Monarchie* täuscht, indessen dass seine Stellvertreter, durch Bestechung gewonnen es insgeheim einem *absoluten Monarchen* unterwarfen". In einer Fussnote besteht er darauf: „Dieses Bestechungssystem muss aber freilich Publicität nicht haben, um zu gelingen. Es bleibt daher unter dem sehr durchsichtigen Schleier des Geheimnisses" (VII, 89-91).

Heil wird in die weltliche Geschichte hineingenommen, verzeitlicht[46]. Dem hat man unterstellt, dass er konträr zu aller bisherigen Erfahrung in der Reflexion auf den kategorischen Imperativ einen Antrieb zu geschichtlicher Beschleunigung freizulegen versucht: „Es scheint, wir könnten durch unsere eigene vernünftige Veranstaltung diesen für unsere Nachkommen so erfreulichen Zeitpunkt schneller herbeiführen" (VIII, 27). Das traf auch auf die kommende friedensstiftende Republik und den Föderalismus zu: „Weil die Zeiten, in denen gleiche Fortschritte geschehen, hoffentlich immer kürzer werden" (VIII, 386).

Das kantische Erlaubnisgesetz aber bremst den Rhythmus der politischen Übereilung, denn die überstürzten Änderungen bewirken die Anarchie (VIII, 373). Kant setzt dem *horror vacui juridicus* die *lex continui*, das Ideal der auf eine *evolutio juris* zielenden Rechtsbewahrung entgegen, wobei die zu erhaltende Verfassung erst provisorisch aufgrund ihres „*rechtliche[n]*, obzwar nur in geringem Grade rechtmäßige[n]"*, Charakters zu gelten hat. Unter der Berücksichtigung der Umstände enthält ein solches Gesetz eine Befugnis, die Vollführung der Reformen *aufzuschieben*, die *Verzögerung* ihrer Ausführung bis zu besserer *Zeitgelegenheit*. Universale Geltungsansprüche lassen sich immer nur in partikularen Kontexten formulieren, und sie bleiben stets darauf angewiesen, sich auf solche Umstände hin konkretisieren und damit auch durchsetzen zu können. Die Verzeitlichung bzw. das Werden des Rechts lässt den *statu civilis* niemals in Nichts, in der Anarchie, in dem gesetzlosen Hobbes'schen Naturzustand aufgehen. Die Erlaubnis zielt auf die vorläufige Verlängerung überkommener Institutionen (z. B. eines durch Gewalt eroberten Besitzes oder eines mit Ungerechtigkeiten behafteten Standes), bis sich die Möglichkeit ihrer Verbesserung zeigt, ab. Dagegen verstossen die despotisierenden Moralisten durch vorschnell genommene oder angepriesene Maßregeln[47]. Die Kreuzung aus Taube und Schlange[48], Moral und Klugheit fördert die dem Naturrecht angemessene schleichende Verbesserung der Ungerechtigkeiten: „Da nun die Zerreißung eines Bandes der staats- oder weltbürgerlichen Vereinigung, ehe noch eine bessere Verfassung an die Stelle derselben zu treten in Bereitschaft ist, aller hierin mit der Moral einhelligen, Staatsklugheit zuwider ist, so wäre es zwar ungereimt, zu fordern, jenes Gebrechen müsse sofort und mit Ungestüm abgeändert werden" (VIII, 372).

---

46 Koselleck 1979, S. 368; Koselleck 2000, S. 191-192.

47 VIII, 347-348, 372-373. Vgl. Brandt 1982, S. 240; Oncina 1999, S. 225-230.

48 „Die Politik sagt: ‚Seyd klug wie die Schlangen'; die Moral setzt (als einschränkende Bedingung) hinzu: und ohne Falsch wie die Tauben" (VIII, 370).

Das Phänomen der neuzeitlichen Revolution[49] kann nicht von der Erfahrung der Beschleunigung losgelöst werden. Während die restaurative Legitimität des Vertrages für die Burkianer stets an die ursprünglichen und früheren Adern gebunden blieb und einzig die Sicherheit des *status quo* bezweckt, belebt ihr kantisches Gegenstück die Geschichte von der Zukunft aus. Die Zukunft ist immer anders als alles Vorhergegangene und kann bessere Aussichten eröffnen. Die Verzeitlichung der Geschichte ist nicht trennbar von zwei *prima facie* sich widersprechenden Befunden. Die Geschichte ist ein geplantes Ergebnis der Handlungen der Menschen, ein Produkt ihrer Freiheit. Aber zugleich bricht sie als den Menschen überlegene selbstständige Instanz unter der Gestalt der Natur oder der Vorsehung hervor, so dass diese sich nicht mehr als Handelnde empfinden, sondern geführt werden von ihr: Von Urhebern werden sie zu Artefakten in den Händen der Geschichte. Der Chiliasmus übernimmt entweder die Form der Absicht bzw. des Planes und des Mechanismus der Natur und der Vorsehung oder der menschlichen Aufgabe und Pflicht, aber bei Kant bilden beide keine gegensätzlichen Kräfte, die eine autonome und die andere heteronome, sondern sie sind konvergierende Denkfiguren des freien Subjekts (der bestimmenden und der reflektierenden Urteilskraft) und wirken dementsprechend zusammen. Es wäre falsch, aus diesem Jargon (so z. B. aus der Metapher des Mechanismus) reduktionistische Folgerungen, sei es einen naturalistischen, sei es einen providenziellen Reduktionismus, zu ziehen.

Paradoxerweise wird Kant von den Begriffsgeschichtlern oft jakobinischer Aktivismus zugeschrieben und so würde die Grenze zwischen Aufklärung und Illuminatismus verschwinden[50]. Aber bei dem Königsberger artikuliert die Staatsweisheit einen Fluch der politischen Ungeduld, die Gewalt und Übereilung miteinander koppelt[51]. Er hat eine nie auszufüllende Lücke zwischen Intention und Wirklichkeit, Gesinnung und Konsequenzen unterstrichen. Die Distanz zwischen Idee und Phänomen soll künftig, asymptotisch verkürzt, aber sie kann nie ganz überwunden werden (III,

---

49 Robespierre verpflichtete sich gegenüber seinen Mitbürgern, die aufklärerischen Ideale in der kürzestmöglichen Zeit zu erreichen. Glück und Freiheit sind das Schicksal der neuen Menschen, und der Revolution obliegt es, dieses zu verwirklichen (*Discours sur la Constitution* gehalten vor der Nationalversammlung in der Sitzung vom 10. Mai 1793: Robespierre 1956, S. 10).

50 Kant distanziert sich ausdrücklich von den Illuminaten, z. B. in *Die Religion* (VI, 53, 102). Vgl. Koselleck 1979, S. 368; Koselleck 2000, S. 190-192.

51 „Dagegen dringt sich die Auflösung... des *Staatsweisheitsproblems*..., macht alle Künstelei zu Schanden, führt dabei gerade zum Zweck; doch mit der Erinnerung der Klugheit, ihn nicht übereilterweise mit Gewalt herbeizuziehen, sondern sich ihm, nach Beschaffenheit der günstigen Umstände, unablässig zu nähern" (VIII, 378; vgl. 347-348, 372-373).

248; IV, 202; XXIII, 141; VI, 350). Die Quintessenz der Kritik liegt in diesem niemals aufzuhebenden Hiatus.

Kant war wichtig für das Aufkommen einer neuen Zukunftsauffassung. Der religiöse Erwartungshorizont des immer nahen Weltendes, der apokalytischen Zeitverkürzung wird im 18. Jahrhundert überschritten. Kant geht davon aus, dass die Welt unendlich lange dauern und es kein Ende der Zeit geben wird. Die Dauer der Welt, die lange Weltzeit und die Zugehörigkeit der Zukunft (nicht nur der Vergangenheit) sind zentrale Punkte seiner Geschichtsphilosophie. Er pflegte aber keine Futurolatrie und sah die Gespenster nicht mehr nur aus der Vergangenheit, sondern auch aus der Zukunft auf die Menschheit zukommen. Das historisch Übermittelte ist ein Gegengewicht dessen, was sich in der Welt so schnell verändert, darf aber weder die Alternativlosigkeit gutheissen noch die Zukunft fesseln. Kant schärfte den Blick für die Hoffnung und plädierte darüber hinaus nie für den Indifferentismus bzw. die Entpolitisierung des Intellektuellen.

Kant hat zwar nicht nur auf die Schwierigkeiten und Mängel der bereits begangenen politischen Wege und der klassischen Paradigmen in der nationalen (z. B. Vertragstheorie als historischer Ursprung oder als Rechtfertigungsinstanz von Staatsformen) und internationalen Ebene (Universalmonarchie bzw. Völkerstaat und System des Gleichgewichtes[52]) aufmerksam gemacht, aber er hat kreative Möglichkeiten angeboten und sich danach gefragt, ob und wie der Patriotismus mit dem Kosmopolitismus, die innere Republikanisierung mit der Verrechtlichung der zwischenstaatlichen Verhältnisse vereinbar sind. Der Frieden unter Republiken ist wahrscheinlicher (VIII, 351) als unter anderen Regimes, weil die Interessen der Regierungen mit den Interessen der Regierten weitgehend identisch und die internationalen Beziehungen und Verträge öffentlich sind. Alles (Motive, Ziele und Praxis) ist für alle Staatsbürger jederzeit transparent und kontrollierbar, die Regierenden vermieden jede Doppelzüngigkeit[53] und verzichteten auf Geheimstrategien. Aus heutiger Perspektive kann eine kantische These jedenfalls als widerlegt und eine

---

52 Beide Optionen wurden zurückgewiesen. Die Elefantiasis eines Staats (Universalmonarchie) hängt mit der Ineffizienz seiner Verwaltung und seine Machtkonzentration in einem einzigen weltweiten Völkerstaat mit einem „seelenlose(en) Despotism" zusammen (VIII, 367). Die „Balance der Mächte" bzw. das Gleichgewichtssystem verdeckt und beschönigt in der Tat ein Ungleichgewicht zugunsten der grossen Mächte und folglich ist ein „blosses Hirngespinst" (VIII, 312). Gentz hat dagegen die (in der Tat betrügerische und gegen die Französiche Revolution gerichtete) „Balance der Mächte" verteidigt (Gentz 1838).

53 Kant kritisierte treffend die Theorie, der Politiker könne „sich in einer doppelten Person betrachtet wissen" (VIII, 383): die Bürger sollen den Gesetzen folgen, der Fürst hingegen darf gegen sie verstoßen, wenn es seinen Zwecken (sei es das Staatswohl, sei es die Staatssicherheit) nützt.

andere als bestätigt gelten: Einerseits sichert wirtschaftliche Interdependenz keinen Frieden trotz Kants Überzeugung, dass der Handel die Eintracht fördert (VIII, 368). Die Globalisierung der Märkte und der Kommunikationssysteme brachte jedoch neue Konflikte und neue Ungleichheiten. Andererseits bedeuten verschiedene Kulturvorstellungen nicht unbedingt den Weg zum Krieg, wenn sich der republikanische Verfassungspatriotismus (VI, 316-317, VII, 291; VIII, 290-291) durchsetzt. Unter Souveränität meint er die untilgbare kulturelle Diversität (Sprachen und Religionen, v. g., aber keinen ethischen Relativismus) und besonders die Volkssouveranität des Gesetzes bzw. Rechts und nicht die überlegale Souveränität einer sich kulturwerthomogenisierenden und existenziell bewährenden Nation. Republikanische und despotische Innen- und Aussenpolitiken sollen sich voneinander durch das Publizitätskriterium unterscheiden. Die Bürger haben Anspruch auf Klarheit und Wahrheit. Transparenz, Konsequenz und Kontrolle sind Grundpfeiler republikanischen (heute würde man ‚demokratischen' sagen) Regierungshandelns. Damit sollen Minderheiten besser geschützt und Politiker am Missbrauch ihrer Ämter gehindert werden. Aber das Gewicht des moralischen Autonomie- bzw. Selbstbestimmungsmodells in der Souveranitätskonzeption eines Staates lässt an die Wirksamkeit des Völkerbundes und dessen Verrechtlichung verlieren. Zwang gehört zur Definition des Rechts (VI, 231), aber die anzustrebende Konföderation der Republiken ist eine Art Bindung ohne Zwang, eine *„fortwährend-freie Association"* (VIII, 383), ein „permanenter Staatenkongress" (VI, 350), dessen Einfluss auf die einzelnen Mitglieder aufgrund des jederzeit willkürlichen möglichen Ausstiegs wackelt und sogar schwindet (VI, 344, 351). Die Überlappung von unantastbarer nationaler und zwangsloser übernationaler Souveränität fügt sich nicht so einfach in das Völkerrecht ein und der Vorschlag Kants bleibt ergänzungsbedürftig.

5 Bilanz: Politische Wahrsagerkunst und wahrsagende Geschichte

Die in den Interessen der Menschheit verwurzelte prophetische Geschichte ist weder eine natürliche noch eine übernatürliche Geschichte; doch beherbergt sie die Möglichkeit einer politischen Wahrsagerkunst, die sich mit der Frage verbindet, *ob das menschliche Geschlecht im beständigen Fortschreiten zum Besseren sei.* Kant unterscheidet zwei Varianten von prophetischer Geschichte. Die verstoßene gründet ihre Wahrsagungen entweder auf Naturgesetze oder auf eine schwärmerische Sehergeisterei und löst sich, sei es in Naturgeschichte (die den Menschen auf etwas Physisches oder Instinktives reduziert und das eigentliche Thema des Fortschrittes, die

Sittengeschichte, missversteht), sei es in einen sektierischen Missbrauch der Politik als ideologischer Manipulation und blanker Vergrösserung der Macht[54] (mit Verachtung der Allgemeinheit), auf. Die andere, geschichtsphilosophische Variante (VIII, 31), als Prädiktion und tröstende Aussicht auf die Zunkunft der menschlichen Bestimmung auf Erden verstanden, schließt nicht nur einen moralisch gefärbten Rückblick in die Vergangenheit, sondern vor allem einen Vorausblick in normative fortschritts- bzw. friedensfördernde Projekte, ein. Sie sucht nach Spuren (VIII, 27) eines solchen zu erhoffenden Zieles. In dieser Hinsicht ist die Geschichte Lehrmeisterin und Verkünderin der Zukunft und die Erfahrung dient der Erwartung. Diese „philosophische Vorhersagung" (VII, 88) ist einerseits an irgendeine Erfahrung angeknüpft, und andererseits mit dem Sittengesetz vereinbar; kurzum mit phänomenalen Indizien und mit dem Übersinnlichen verbunden, aber sie verspricht kein empirisches oder supraempirisches Gesetz und ist darum ungewiss bezüglich des Tempos ihres Eintreffens, im Unterschied zur Unfehlbarkeit, die sich die moralisierenden Visionäre anmassen. Sie verhält sich in der Beziehung anders auf die Vergangenheit und auf die Zukunft. Die erste kann man nicht verändern, aber man kann die verflossenen emanzipatorischen Begebenheiten als Indikatoren für Fortschrittsleistungen (vorerst als Erträge der Legalität bzw. Pflichtmässigkeit der Handlungen) und Hoffnungsträger der Veredelung des Menschen hervorheben. Ein solches Geschichtszeichen weist auf das „Vermögen" des Menschengeschlechts, „moralische... Ursache" von seinem „Fortrücken zum Besseren" (VII, 84-85) zu sein, hin. Die Zukunft interessiert die Menschen auch deshalb, weil sie imstande sind, sie herbeizuführen und darum kann sie ihnen nicht gleichgültig sein (VIII, 27; VII, 88). Der ewige Friede und seine juridischen Bedingungen sind eine „Aufgabe" (VIII, 386), ein „kategorischer *Imperativ*" (VI, 318), „eine Pflicht" (VIII, 368; cf. 349, 356; VII, 85). Ist dieses Ziel ein Wunsch, der ipso facto erfüllt werden muss und dessen Verwirklichung keine Verzögerung zulässt? Kant definiert die Politik als *ausübende Rechtslehre*, aber handelt es sich um eine sofortige, eine unmittelbare Ausübung? Geht man nicht dann das Risiko der Übereilung ein? Bald witterte er die Janusköpfigkeit der Erwartung des Künftigen, eines „menschlichen Vorzuges", der dazu befähigt, „die kommende, oft sehr entfernte Zeit sich gegenwärtig zu machen, [...] um seiner Bestimmung gemäss sich zu entfernten Zeiten vorzubereiten – aber auch zugleich der unversiegendste Quell von Sorgen und Bekümmernissen, die die ungewisse Zukunft erregt" (VIII, 113). In diesem veloziferischen Zeitalter ermöglicht Kants Erlaubnisgesetz die Anwendung naturrechtlicher Normen auf die Wirklichkeit auf dem Weg einer allmählichen Reform. Kants Widersacher ignorieren die Kluft zwischen der Idee und ihrer Ausführung (III, 248; IV, 202), weil sie einen der beiden Pole abschaffen. Von dem ersten sehen

---

54   VII, 79 ff., 83, 88, 187-188; VIII, 17, 29-30, 84, 87, 344, 372.

die „Empiriker in Staatsprincipien", die Burkianer und Traditionalisten, die an den Gewohnheitsrechten, an den überkommenen Institutionen, an dem Naturgang der Geschichte und an der Autorität der Exempel hängen, ab. Von dem zweiten sehen die Moralisierenden der Revolution, die Jakobiner (XXIII, 127-131) ab. Beide Gruppen vernachlässigen das Problem des Verhältnisses der Theorie zur Praxis – die erste mit dem Rückgriff auf die *Theorie aus der Erfahrung*[55] oder *Klugheitslehre*, die zweite mit dem Rückgriff auf das Widerstandsrecht[56] –, deren Vermittlungsart Kant zum Thema der *Staatsweisheit* machte. Diese koordiniert die pragmatischen, auf die kontingente Erfahrung aufmerksamen Mittel mit den unbedingten Zwecke der Vernunft (VIII, 289), folglich Klugheit mit Moral unter dem Primat der letzten und kann je nach den Umständen die Aufschiebung der Bewerkstelligung der normativen Prinzipien „bis zu besserer Zeitgelegenheit" (VIII, 373) erlauben. Ein unrechtmässiger Zustand wird nur in Aussicht auf eine „Evolution naturrechtlicher Verfassung" (VII, 87) geduldet. Die Republik ist ein *perpetuum mobile* (XXIII, 141; VI, 350), ein asymptotisches Ziel, ein „sich [diesem utopischen Horizont] immer zu nähern" (VII, 92; cf. 91; VIII, 65, 386). Kant markiert die Differenz zwischen den mit willkürlicher Gewalt ausgestatteten tradierten Institutionen und den kommenden, von unseren Handlungen abhängigen, zwischen einer Vergangenheit, die provisorisch intakt um des *statu civilis* willen bleiben muss, und der verfügbaren Zukunft[57.] Ihm geht es tatsächlich weniger

---

55 Gentz und Rehberg setzten die *reine* Theorie der Theorie *aus der Erfahrung* entgegen. Gentz meint unter der letzten „Kenntnis des Menschen, des Einzelnen und grosser Massen, Kenntnis menschlicher Fähigkeiten, Neigungen, Schwachheiten und Leidenschaften, anhaltende Beobachtung, Vergleichung mannigfaltiger Lagen und Umstände, Studium der gesellschaftlichen Verhältnisse und vielleicht erst eine lange Reihe kostbarer Versuche" (Kant, Gentz, Rehberg 1967, S. 103). Also die „Erfahrung allein… kann den Stoff zu den praktischen Veranstaltungen liefern" (Kant, Gentz, Rehberg 1967, S. 102). Ähnlich bei Rehberg: „Die Ausbildung positiver Bestimmungen der Grundgesetze der bürgerlichen Gesellschaft ist allein von der Beobachtung und Erfahrung über die Bedürfnisse und das Betragen des Menschen in bürgerlichen Vehältnisse zu erwarten; und die Theorie aus Prinzipien muss hier nicht der blinden Praxis (welche blossen Naturtrieben und Gewohnheitsregeln folgt), sondern der Theorie aus der Erfahrung weichen" (Kant, Gentz, Rehberg 1967, S. 127).

56 Nach Kant gibt es weder Widerstandsrecht noch Recht zu einer Revolution (VI, 320; VIII, 86-87, 382-383; R 7737, XIX, 504). Die Anerkennung eines solchen Rechtes würde zur Selbstzerstörung des Rechtes führen.

57 In einem seiner Kommentare zur Burke-Übersetzung, *Über die Moralität in den Staatsrevolutionen* (1793), setzt Gentz das Kriterium einer *Total-Revolution* in das „Verfahren", „einem Staat eine in den *wesentlichen* (d. i. die Form *bestimmenden*) Punkten *neue* Verfassung ohne alle praktische Rücksicht auf die *vorhandene* zu geben" (Gentz 1837, S. 44-45). Für Gentz hatten sich die Kantianer und vor allem Kant für die *Total-Revolution* (deren Paradigma die Französische wäre) gegenüber der wohltätigen *Hauptrevolution* (deren Paradigma die

um die antiquarisch-rückblickende Darstellung vergangener Ereignisse als um eine kritisch-vorhersagende Geschichte. Hier gilt die Geschichte als Belehrung, Warnung und Hoffnung für die Zukunft, und auch in diesem Zusammenhang gewinnt an Klarheit die doppelte Rolle der Idee des *contractus originarius* als „Richtschnur der Beurteilung des Rechts" und als „Unterweisung der Prinzen"[58]. Der Rhythmus der moralischen Politik und der Sittengeschichte als Kontrastfolie und Korrektiv der faktischen, vorhandenen Lage stimmt jedoch weder mit dem Aktivismus noch mit der Trägheit, weder mit der Ungeduld noch mit der Resignation, weder mit dem Zukunftsfuror noch mit dem Reaktionarismus überein.

Kant lieferte ein argumentatives Instrumentarium und einen normativen Kompass, mit denen man über die grundlegenden Elemente der Politik und ihre Umsetzung, also über das Verhältnis von Theorie und Praxis immer wieder nachdenken kann. Er verlor nie den Mut (einen unentbehrlichen Aspekt seines Aufklärungsmottos *sapere aude*) zur politischen Phantasie und die Hoffnung darauf, dass die Welt anders und besser sein könnte, als sie ist (R 8077, XIX, 608).

Glorreiche Britische wäre) eingesetzt. Aber das trifft nicht völlig zu, da Kant versucht, zwischen legitimer Rechtsforderung und rückständiger Realität zu vermitteln (Brandt 1982, S. 255). Burke und Gentz sahen eine Kontinuität zwischen der britischen Hauptrevolution und der amerikanischen Totalrevolution, aber einen klaren Abbruch von beiden mit der französischen Totalrevolution. Merwürdigerweise war der junge Gentz sehr nah von Kant und der Französischen Revolution, wie sein bekannter Brief an Garve vom 5. Dezember 1790 beweist: „Das Scheitern dieser Revolution würde ich für einen der härtsten Unfälle halten, die je das menschliche Geschlecht betroffen haben. Sie ist der erste praktische Triumph der Philosophie, das erste Beispiel einer Regierungsform, die auf Prinzipien und auf ein zusammenhängendes, konsequentes System gegründet wird. Sie ist die Hoffnung und der Trost für so viele *alte* Übel, unter denen die Menschheit seufzt. Sollte diese Revolution zurückgehen, so würden alle diese Übel zehnmal unheilbarer" (Gentz 1909, S. 178-179; Oncina 1991).

58 R 7737, XIX, 504. Die Machthabende, die Erdengötter (VIII, 313), stehen unter einem Damoklesschwert (dem „Augapfel Gottes"). Sie erkennen die Folgen der Verletzung des ursprünglichen Vertrages: die Revolution. Diese wäre das Fatum (nach der Inspiration der Stoiker), wenn „das Heiligste,…, das *Recht der Menschen*" missachtet wird (VIII, 353; 370, VI, 489).

Literatur

Aramayo, R.R. (1992). *Crítica de la razón ucrónica*. Madrid: Tecnos.

Benjamin, W. (1980). *Über den Begriff der Geschichte*. In *Gesammelte Schriften*, Bd. I.2. Frankfurt a. M.: Suhrkamp.

Benjamin, W. 1982. *Das Passagen-Werk*. In *Gesammelte Schriften*, Bd. V.1. Frankfurt a. M.: Suhrkamp.

Bergk, J. A. (1977). *„Bewirkt die Aufklärung Revolutionen?"* (1795). In J.A. Bergk, J.L. Ewald, J.G. Fichtes, u. a. *Aufklärung und Gedankenfreiheit. Fünfzehn Anregungen, aus der Geschichte zu lernen* (S. 206-214). Frankfurt a. M.: Suhrkamp.

Brandt, R. (1982). Das Erlaubnisgesetz, oder: Vernunft und Geschichte in Kants Rechtslehre. In *Rechtsphilosophie der Aufklärung. Symposium Wolfenbüttel 1981*, Berlin: de Gruyter.

Brandt, R. (2009). La contienda de las facultades. Determinación racional y determinación ajena en la Universidad kantiana. In F. Oncina (Hrsg), *Filosofía para la Universidad, Filosofía contra la Universidad (De Kant a Nietzsche)* (S 167-197). Madrid: Dykinson – Instituto Antonio de Nebrija de Estudios sobre la Universidad de la Universidad Carlos III.

Brunner, O., Conze, W., Koselleck, R. (2004). *Geschichtliche Grundbegriffe*. Stuttgart: Klett-Cotta.

Burke, E., Gentz, F. (1991). *Über die Französische Revolution. Betrachtungen und Abhandlungen*. Berlin: Akademie.

Cavallar, G. (1992). *Pax Kantiana : systematisch-historische Untersuchung des Entwurfs « Zum ewigen Frieden » (1795) von Immanuel Kant*. Wien-Köln-Weimar: Böhlau.

Davis, K.R. (1992). Kant's Different 'Publics' and the Justice of Publicity. *Kant-Studien, 83/2*, 170-184.

Dietrich, T. (1988). Das gegenrevolutionäre Verdikt des Friedrich Gentz: „Krieg im Reiche des Friedens". *Dialektik 15*, 198-207.

Dietrich, T. (1989). Kants Polemik mit dem absprechenden Ehrenmann Friedrich Gentz. *Dialektik 17*, 128-136.

Erhard, J.B. (1976). *Über das Recht des Volks zu einer Revolution und andere Schriften*. Frankfurt a. M.: Syndicat.

Fichte, J.G. (1962 ff). *Gesamtausgabe der Bayerischen Akademie der Wissenschaften*. Stuttgart-Bad Cannstatt: Frommann.

Foucault, M. (1990). Was ist Aufklärung? In Erdmann, E. u. a. (Hrsg.), *Ethos der Moderne. Foucaults Kritik der Aufklärung*. Frankfurt a. M.: Campus.

Gadamer, H.-G. (1975[4]). *Wahrheit und Methode*. Tübingen: Mohr (Paul Siebeck).

Garve, Ch. (1788). *Abhandlung über die Verbindung der Moral mit der Politik*. Breslau: Korn.

Gauchet, M. (2008). De la critique à l'autocritique. Le combat des Lumières aujourd'hui. *Le débat*, 150.

Gentz, F. (1800). *Historisches Journal* III. Bd., December 1800, 712-790 (Nendel/Liechtenstein: Kraus Reprint, 1972).

Gentz, F. (1837). Über die Moralität in den Staatsrevolutionen (1793). In *Ausgewählte Schriften von Friedrich Gentz*, Bd. II. Stuttgart und Leipzig: Rieger.

Gentz, F. (1838). Fragmente aus der neusten Geschichte des politischen Gleichgewichts in Europa (1806). In *Ausgewählte Schriften von Friedrich Gentz*, Bd. IV. Stuttgart und Leipzig : Rieger.

Gentz, F. (1909). *Briefe von und an Friedrich von Gentz*, Bd. 1. München und Berlin: R. Oldenbourg.

Gerhardt, V. (1995). *Immanuel Kants Entwurf „Zum ewigen Frieden".* Darmstadt: Wissenschaftliche Buchhandlung.

Habermas, J. (1985). *Der philosophische Diskurs der Moderne.* Frankfurt a. M.: Suhrkamp.

Habermas, J. (1995). Kants Idee des Ewigen Friedens – aus dem historischen Abstand von 200 Jahren. *Kritische Justiz 3,* 293-319.

Hacke, J. (2006). *Philosophie der Bürgerlichkeit. Die liberalkonservative Begründung der Bundesrepublik.* Göttingen: Vandenhoeck & Ruprecht.

Hamann, J.G. (1951). *Metakritik über den Purismus der Vernunft* (1784). In *Sämtliche Werke,* Bd. III (S. 281-289). Wien: Verlag Herder.

Herder, J.G. (1969). *Eine Metakritik zur Kritik der reinen Vernunft* (1799). Bruxelles: Culture et Civilisation.

Herder, J.G. (1989-1994). *Werke in zehn Bänden.* Frankfurt a. M.: Deutscher Klassiker Verlag.

Hinske, N. (2005). Zwischen Begriff und Metapher zur Verwendung des Stichworts „Maschine" bei Kant. In M. Veneziani (Hrsg.), *Machina* (S. 477-488). Firenze: Olschki.

Hölscher, L. (1979). *Öffentlichkeit und Geheimnis.* Stuttgart: Klett-Cotta.

Hölscher, L. (1999). *Die Entdeckung der Zukunft.* Frankfurt a. M.: Fischer.

Horkheimer, M., Adorno, Th. W. (1987). *Dialektik der Aufklärung. Philosophische Fragmente.* In *Gesammelte Schriften,* Bd. 5: *Dialektik der Aufklärung und Schriften 1940–1950.* Frankfurt a. M.: Fischer, 1987.

Humboldt, W. von (1904). *Das achtzehnte Jahrhundert* (1796). In *Gesammelte Schriften,* Bd. II. Berlin: Behr.

Jakob, L.H. (1796²). *Antimachiavel oder über die Grenzen des bürgerlichen Gehorsams. Auf Veranlassung zweier Aufsätze in der Berl. Monatsschrift (Sept. und Dec. 1793) von den Herren Kant und Gentz* (1794²). Halle: Rengerschen Buchhandlung.

Kant, I., Genzt, F., Rehberg, A.W. (1967). *Über Theorie und Praxis,* Frankfurt a. M.: Suhrkamp.

Kersting, W. (1984). *Wohlgeordnete Freiheit. Immanuel Kants Rechts- und Staatsphilosophie.* Berlin/New York: de Gruyter.

Koselleck, R. (1973). *Kritik und Krise. Eine Studie zur Pathogenese der bürgerlichen Welt* (1959), Frankfurt a. M.: Suhrkamp.

Koselleck, R. (1979). *Vergangene Zukunft.* Frankfurt a. M.: Suhrkamp.

Koselleck, R. (2000). *Zeitschichten.* Frankfurt a. M.: Suhrkamp.

Koselleck, R. (2001a). Begriffliche Innovationen der Aufklärungssprache. In U. Kronauer & J. Garber (Hrsg.), *Recht und Sprache in der deutschen Aufklärung,* (S. 3-26). Tübingen: Max Niemeyer.

Koselleck, R. (2001b). Geschichte(n) und Historik. Reinhart Koselleck im Gespräch mit Carsten Dutt. *Internationale Zeitschrift für Philosophie 2,* 257-261.

Koselleck, R. (2006). *Begriffsgeschichten.* Frankfurt a. M.: Suhrkamp.

La Rocca, C. (2006). Kant y la Ilustración. *Isegoría. Revista de Filosofía moral y política 35,* 107-127.

Lübbe, H. (1987). *Politischer Moralismus. Der Triumph der Gesinnung über die Urteilskraft.* Berlin: Corso bei Siedler.

Marquard, O. (1958). *Skeptische Methode im Blick auf Kant.* Freiburg und München: Karl Alber.

Marquard, O. (1973). *Schwierigkeiten mit der Geschichtsphilosophie,* Frankfurt a. M.: Suhrkamp.

Marquard, O. (2000). *Philosophie des Stattdessen.* Stuttgart: Reclam.

Mori, M. (2008). *La pace e la ragione. Kant e le relazioni internazionali: diritto, política, storia.* Bologna: Il Mulino.

Mori, M. (2013). Reine Vernunft und Weltbürgertum: Recht, Politik und Geschichte in Kants Kosmopolitismus. In S. Bacin, A. Ferrarin, C. La Rocca C. & M. Ruffing (Hrsg.), *Kant und die Philosophie in weltbürgerlicher Absicht* (S 327-344). Berlin und Boston: Walter de Gruyter.

Oncina Coves, F. (1991). La revolución americana contra la revolución francesa. Un argumento del burkianismo contra el kantismo. In E. Bello (Hrsg.), *Filosofía y Revolución*, (S. 157-196). Murcia: Universidad de Murcia.

Oncina Coves, F. (1999). Das Tempo in Fichtes Jenaer Rechtsphilosophie: Der Zeitrhythmus des Rechtsgesetzes. *Fichte-Studien 16*, 213-235.V. (1995).

Oncina Coves, F. (2003). La pace kantiana come palinsesto: la prima ricezione dell'opuscolo *Zum ewigen Frieden*. In G. Rametta (Hrsg), *Filosofia e guerra nell'età dell'idealismo tedesco* (S. 65-91). Milano: Franco Angeli.

Oncina Coves, F. (2004). Fichtes Kritik des aufklärerischen Republikanismus. In C. de Pascale, E. Fuchs, M. Ivaldo & G. Zöller (Hrsg.), *Fichte und die Aufklärung* (S. 213-226). Hildesheim-Zürich-New York: Olms.

Oncina Coves, F. (2008). Storia morale e politica morale. In L. Fonnesu (Hrsg.), *Etica e mondo in Kant* (S. 297-316). Bologna: Il Mulino.

Oncina Coves, F. (2009). Presentación: Filosofía de la Historia e Historia Conceptual, *Devenires. Revista de Filosofía y Filosofía de la Cultura 19*, 71-83.

Oncina Coves, F. (2011). Kant und die Ideologie der Beschleunigung. In L. Cataldi Madonna & P. Rumore (Hrsg.), *Kant und die Aufklärung*. Hildesheim-Zürich-New York: Olms.

Ortega y Gasset, J. (1962). *Obras completas*, Bd. III. Madrid: Revista de Occidente.

Osten, M. (2003). *Alles veloziferisch oder Goethes Entdeckung der Langsamkeit. Zur Modernität eines Klassikers im 21. Jahrhundert*, Frankfurt a. M.: Insel.

Romero, J.M. (2008). ¿Qué queda de la Ilustración? Apuntes para un debate. *Isegoría. Revista de Filosofía moral y política 39*, 153-168.

Robespierre, M. (1956). *Textes choisis*, Bd. I. Paris: Éditions sociales.

Schiller. F. (1970). *Schillers Werke. Nationalausgabe*, Bd. 17, Weimar: Böhlaus Nachfolger.

Schlegel, F. (1966). *Kritische Friedrich-Schlegel-Ausgabe*, Bd. VIII. München: Schöningh.

Willer, S. (2013). Zwischen Planung und Ahnung. Zukunftswissen bei Kant, Herder und in Schillers „Wallenstein". In D. Weidner & S. Willer (Hrsg.), *Prophetie und Prognostik. Verfügungen über Zukunft in Wissenschaften, Religionen und Künsten*, (S. 299-324). München: Wilhelm Fink.

Politik als Moral

8

Luca Fonnesu

1   Eine Politik der reinen Vernunft

Eine politische Bedeutung wurde der Kantischen Philosophie bald zugeschrieben: So ist nur daran zu erinnern, dass Kants philosophische Revolution neben die politische Revolution in Frankreich gestellt wurde. Noch 1835 konnte ein stolzer Heinrich Heine die Größe der Klassischen Deutschen Philosophie und sogar ihre Vormachtstellung über die politische Revolution behaupten, weil die Philosophie zwischen Kant und Hegel eine „wichtige, das ganze Menschengeschlecht betreffende Angelegenheit" ist, die bald ihre praktische Anwendung finden wird: „Der Gedanke geht der Tat voraus, wie der Blitz dem Donner"[1].

Die Betonung des revolutionären Inhalts der Kantischen Philosophie hatte aber in diesen und anderen Schriften vielmehr mit der geistesgeschichtlichen Bedeutung der Kantischen Philosophie als mit den konkreten politischen Auffassungen Kants zu tun: Diesen wurde bis zum 20. Jahrhundert keine Aufmerksamkeit geschenkt. Selbst ein systematisches Werk wie die *Metaphysik der Sitten* wird bis zum Ende des 20. Jahrhunderts nur gelegentlich erwähnt und noch weniger untersucht. Auch Hannah Arendt versuchte zwar in ihrem bekannten Buch über die politische Urteilskraft, Kant eine eigene politische Auffassung zuzuschreiben, jedoch tat sie dies nur über eine theoretische Interpretation, in der sie auf die impliziten politischen Inhalte der dritten *Kritik* hinwies[2].

Heute ist der Forschungsstand ein vollkommen anderer, wie schon Volker Gerhardt 1997 hervorhob[3]. Trotzdem wird der Kantische Politikbegriff nach wie

---

1   Zit. in Schnädelbach 1983, S. 30–31.
2   Arendt 1982.
3   Gerhardt 1997.

vor nur selten untersucht: Eine Schrift wie *Zum ewigen Frieden* wird verständlicherweise viel mehr hinsichtlich des im Titel angekündigten Themas untersucht, denn hinsichtlich des Politikbegriffs, den Kant im Anhang darstellt.

Im Folgenden richtet sich unsere Aufmerksamkeit dagegen gerade auf den Kantischen Politikbegriff mit besonderer Berücksichtigung des Begriffspaares privat/öffentlich, das heißt eines problematischen Feldes, das hilfreiche Hinweise für die Interpretation des Kantischen Politikbegriffs geben kann, wie es zuerst Onora O'Neill gezeigt hat[4], und das in der ganzen Philosophie Kants eine wichtige Rolle spielt.[5] Das eben erwähnte Begriffspaar ist auch deswegen besonders wichtig, weil es Kant die Mittel gibt, eine Art Replik *ante litteram* auf die Hegelsche Kritik am Kontraktualismus zu formulieren. Die Grundidee der Hegelschen Kritik besteht bekanntermaßen darin, dass jede Form von Kontraktualismus auf einem Missverständnis innerstaatlicher Beziehungen und also der Unmöglichkeit, sie philosophisch zu rechtfertigen, beruhe. Den Staat als eine Institution anzusehen, die auf einem Vertrag gründet, bedeutet nämlich für Hegel, die höchste öffentliche Anstalt für eine *private Anstalt* zu halten und zwar weil der Vertrag eine nur private intersubjektive Beziehung ausdrückt. Kant versucht dagegen einen Kontraktualismus darzustellen, der weder *privat begründet* noch *privat orientiert* ist. Im Fall des Staatsvertrags geht es – schreibt Kant – um einen Vertrag, aber um einen, der sich von allen anderen Verträgen zutiefst unterscheidet:

> Unter allen Verträgen, wodurch eine Menge von Menschen sich zu einer Gesellschaft verbindet (*pactum sociale*), ist der Vertrag der Errichtung einer *bürgerlichen Verfassung* unter ihnen (*pactum unionis civilis*) von so eigentümlicher Art, daß, ob er zwar in Ansehung der *Ausführung* Vieles mit jedem anderen [...] gemein hat, er sich doch im Prinzip seiner Stiftung (*constitutionis civilis*) von allen anderen wesentlich unterscheidet (VIII 289).

Damit behauptet Kant auch den Vorrang der *öffentlichen* Dimension des Staats über die privaten, intersubjektiven Beziehungen und über das Privatinteresse der Einzelnen. Selbst das Privatrecht – z. B. das Eigentumsrecht –, oder besser das Recht, das heute als „privat" bezeichnet wird, ist nach Kant *öffentliches Recht*. Ein eigentliches *bloßes* Privatrecht kann nur außerhalb eines Staates, d. h. im Naturzustand, bestehen: „Denn ohne irgend einen *rechtlichen Zustand*, der die verschiedenen Personen (physische oder moralische) tätig verknüpft, mithin im Naturzustande,

---

4   O'Neill 1989.
5   Vgl. Fonnesu 2015.

kann es kein anderes als bloß ein Privatrecht geben" (VIII 383) [6]. Die Unterscheidung zwischen Privat- und öffentlichem Recht muss nach Kant keine empirische, sondern eine vernünftige Basis haben, die nur möglich ist, wenn man auf die Quelle der unterschiedlichen Rechtsformen zurückgeht: Das Privatrecht wird also mit dem Recht identifiziert, welches das eigentliche Recht des Naturzustandes ist. Im bürgerlichen Zustand ist dagegen das Recht in diesem bestimmten Sinne immer öffentliches Recht. Wir werden sehen, dass dieser Vorrang – der seine eigene Form des Staatsvertrags anerkennt – eine entscheidende Rolle in Kants Auffassung spielt.

Die Unterscheidung des Staatsvertrags von den anderen Verträgen beruht aber auch auf weiteren Merkmalen, die diesem Vertrag seine eigene Form geben und die ihm eine bestimmte *Normativität* zuschreiben. Dieser Vertrag ist also nicht mit einem Zweck verbunden, den alle tatsächlich *haben* – dieser wäre eigentlich nur eine empirische Bedingung desselben – sondern mit einem, den alle *haben sollen*, weil der Zweck des Vertrags ein Zweck an sich ist (VIII 289), der auf der Vernunft und nicht auf empirischen Bedingungen gründet. Es geht also um ein *Prinzip* der Vernunft, und nicht um ein empirisches, wirklich geschehenes Ereignis: Die Normativität des Vertrags besteht gerade darin, dass er „keineswegs" ein Factum ist, sondern „eine *bloße Idee* der Vernunft, die aber ihre unbezweifelte (praktische) Realität hat" (VIII 297).

Die eben erwähnten Grundlinien bilden den allgemeinen Rahmen der Kantischen Politiktheorie, die im Lauf der 1790er Jahre entworfen wird. Die Entwicklung der Kantischen Auffassung der praktischen Philosophie ist in dieser Hinsicht entscheidend, aber nicht so sehr, weil er, wie Hannah Arendt es dachte, in der *Kritik der Urteilskraft* eine ‚neue' Theorie der politischen Urteilskraft und der Gemeinschaft vorschlägt, sondern vielmehr weil Kant in der dritten *Kritik* eine Auffassung der Moral entwickelt, die sich mit der Frage ihrer *weltlichen* Verwirklichung beschäftigt. Darin besteht die tiefere Bedeutung der Politik als Vermittlung zwischen Theorie und Praxis, als *ausübende Rechtslehre*.

---

6   Vgl. die Kantische Stellungnahme in der *Metaphysik der Sitten*: „Dem *Naturzustande* ist nicht der gesellschaftliche, sondern der bürgerliche *entgegengesetzt*: weil es in jenem zwar gar wohl Gesellschaft geben kann, aber nur keine *bürgerliche* (durch öffentliche Gesetze das Mein und Dein sichernde), daher das Recht in dem ersteren Privatrecht heißt" (VI, 242).

2   Die Verwirklichung der Moral[7]

Das Problem der Kausalität durch Freiheit unter der Voraussetzung einer radikalen Trennung zwischen Natur und Freiheit taucht ausdrücklich am Anfang der *Idee zu einer allgemeinen Geschichte in weltbürgerlicher Absicht* auf, die in dieser Hinsicht von der *Kritik der reinen Vernunft* abhängig ist:

> Was man sich auch in metaphysischer Absicht für einen Begriff von der *Freiheit des Willens* machen mag: so sind doch die *Erscheinungen* desselben, die menschlichen Handlungen, eben so wohl als jede andere Naturbegebenheit nach allgemeinen Naturgesetzen bestimmt (VIII, 17).

Da die menschlichen Handlungen *in der Welt* wie andere Naturereignisse zu betrachten sind, kann der Geschichte nur unter der Hypothese eines *Plans der Natur* (VIII, 18) eine moralische Bedeutung zugeschrieben werden.

Nur diese neue Perspektive ist imstande, den menschlichen Handlungen insgesamt einen Sinn zu geben: Die Handlungen sind doch das Resultat der Freiheit, aber sie können einen nicht bloß einheitlichen, sondern auch moralischen, teleologischen Sinn nur von einem Plan der Natur erhalten, d. h. nur wenn sie in einen teleologischen Prozess eingeführt werden, der einem Plan der Natur entspricht. Die menschliche Geschichte wäre andernfalls eine bloße (moralisch) sinnlose Geschichte von Naturereignissen. In ihrer Eigenständigkeit ist die Welt für die Freiheit der Menschen undurchlässig und in praktischer Absicht bedeutungslos, so lange keine transzendente Instanz eingeführt wird. Kant rechtfertigt nicht die Annahme einer moralischen Teleologie, obwohl ihm bewusst ist, dass sie für problematisch gehalten werden kann: „Es ist zwar ein befremdlicher und dem Anscheine nach ungereimter Anschlag, nach einer Idee, wie der Weltlauf gehen müßte, wenn er gewissen vernünftigen Zwecken angemessen sein sollte, eine *Geschichte* abfassen zu wollen" (VIII, 29). Das kann aber für einen ‚philosophischen Kopf' erlaubt sein (VIII, 30), der keine empirische *Historie*, sondern eine philosophische Geschichte abfassen will.

Die *Idee* vertritt eine vornehmlich theoretische Einstellung, solange sie die Welt der menschlichen Handlungen als solche in Betracht zieht, und den Versuch unternimmt, eine Teleologie in die Geschichte einzuführen. Der Inhalt dieser Teleologie ist für Kant aber als *moralisch* zu verstehen, obwohl er in seiner Auffassung der menschlichen Handlung noch nicht imstande ist, die Philosophie der Geschichte in *praktischer* Absicht zu betrachten. Die Verwirklichung der Moral,

---

7   Ich nehme hier einige Thesen von Fonnesu 2013 wieder auf.

die in der *Idee*, anders als in der ersten *Kritik*, als eine geschichtliche, *weltliche* Verwirklichung zu verstehen ist (und nicht „nur in einer andern Welt", VIII, 30), wird also der Natur überlassen.

Im Jahr des Erscheinens der *Kritik der praktischen Vernunft* veröffentlicht Kant den Aufsatz *Über den Gebrauch der teleologischen Prinzipien in der Philosophie*, der sein erneutes Interesse für die Teleologie eindeutig unter Beweis stellt. Die Fragestellung umfasst nicht nur die Teleologie der Natur, sondern auch die teleologische Struktur des menschlichen Handelns. Hier zeigt sich klar derjenige Zusammenhang zwischen Teleologie der Natur und Teleologie der Handlung, der eine Vertiefung der Frage nach dem Begriff der Handlung aufweist und noch eine Erweiterung der praktischen Absicht mit sich bringt:

> Weil aber eine reine praktische Teleologie, d. i. eine Moral, ihre Zwecke in der Welt wirklich zu machen bestimmt ist, so wird sie deren *Möglichkeit* in derselben [...] nicht verabsäumen dürfen, um der praktischen reinen Zweckslehre objective Realität in Absicht auf die Möglichkeit des Objects in der Ausübung, nämlich die des Zwecks, den sie als in der Welt zu bewirken vorschreibt, zu sichern (VIII, 182–83).

Es ist nicht schwierig zu erkennen, dass in diesen wenigen Zeilen die Grundlinien des Projekts enthalten sind, das in der *Kritik der Urteilskraft* dargestellt wird. Dass das Vernunftwesen seine Zwecke verwirklichen soll, war schon ein Thema der *Kritik der reinen Vernunft*. Dort aber war die Idee der Welt an eine streng mechanische Auffassung der Natur gebunden, während die regulativen Prinzipien, die den Gebrauch eines Zweckmäßigkeitsgedankens erlaubten, lediglich der Idee einer systematischen Einheit der Natur dienten. Und mehr noch: Jetzt wird explizit die Frage gestellt, ob die Natur so angesehen werde, um in ihr die Zwecke der Freiheit zu verwirklichen. Das Problem der praktischen Teleologie betrifft das Problem der Kausalität durch Freiheit, die schon in der *Kritik der reinen Vernunft* behandelt wird: Dort taucht aber das Problem des teleologischen Charakters der menschlichen Handlungen nicht auf. Im Rahmen eines neuen Begriffs der Natur, die – für die reflektierende Urteilskraft – nicht mehr als nur von der mechanischen Kausalität beherrscht verstanden wird, wird auch das menschliche Handeln mit seinen Zwecken anders bewertet. Das Wichtigste ist aber, dass das neue Verhältnis zwischen Handlung und Welt der Frage der Verwirklichung der Moral eine andere Richtung als bisher gibt.

Die Teleologie der Natur ist für die Teleologie des Handelns der vernünftigen Wesen von Bedeutung, um einen Übergang zwischen Freiheit und Natur zu finden. Die praktische Absicht nimmt entsprechend in der *Kritik der Urteilskraft* nicht nur die Hypothese des Daseins Gottes und die These eines Endzwecks der Schöpfung in Betracht, sondern stellt auch den wesentlichen teleologischen Charakter der

Handlungen der vernünftigen Wesen in der Welt dar. Diese Perspektive bedingt, dass die Einführung der Teleologie besonders wichtig wird: Die Kausalität durch Freiheit gewinnt ganz neue Züge angesichts der Vorstellung, dass die Natur selbst für Zwecke nicht undurchlässig ist, d. h. wenn die mechanische Kausalität nicht mehr die einzige Erklärung der Natur ist. Die radikale Trennung zwischen Natur und Freiheit wird also überwunden:

> [Die] unübersehbare Kluft zwischen dem Gebiete des Naturbegriffs, als dem Sinnlichen, und dem Gebiete des Freiheitsbegriffs, als dem Übersinnlichen, [ist] befestigt, so dass von dem ersteren zum anderen (also vermittelst des theoretischen Gebrauchs der Vernunft) kein Übergang möglich ist, gleich als ob es so viel verschiedene Welten wären; deren erste auf die zweite keinen Einfluss haben kann: so *soll* doch diese auf jene einen Einfluss haben, nämlich der Freiheitsbegriff soll den durch seinen Gesetzen aufgegebenen Zweck in der Sinnenwelt wirklich machen; und die Natur muss folglich auch so gedacht werden können, dass die Gesetzmäßigkeit ihrer Form wenigstens zur Möglichkeit der in ihr zu bewirkenden Zwecke nach Freiheitsgesetzen zusammenstimme (V, 175–76).

Da die theoretische Absicht der reflektierenden Urteilskraft einen Gebrauch des Zweckbegriffs erlaubt, wird die Natur zu einem Raum, in dem die Wirkungen der zweckmäßigen Handlungen als solche verwirklicht werden können. In der praktischen Absicht kann also die Natur als ein Raum angesehen werden, der nicht undurchlässig für die Freiheit ist: Es geht nicht mehr um eine bloße Kompatibilität zweier Formen der Kausalität, sondern um die Frage einer Verwirklichung von Zwecken, die in der Natur möglich sein sollen. Darin besteht die Bedeutung der Teleologie in praktischer Absicht: neue Bedingungen der Verwirklichung der Zwecke der Vernunft zu rechtfertigen.

Mit einer neuen Betonung wird also die Freiheit in der *Kritik der Urteilskraft* als etwas verstanden, das seine eigene Realität nicht nur „durch praktische Gesetze der reinen Vernunft" gewinnt, sondern auch „diesen gemäß in wirklichen Handlungen, mithin in der Erfahrung dartun lässt" (V, 468). Unter den drei Vernunftideen ist

> [die] Idee der Freiheit [...] der einzige [Begriff] des Übersinnlichen [...], welcher seine objective Realität (vermittelst der Causalität, die in ihm gedacht wird) an der Natur durch ihre in derselben mögliche Wirkung beweiset. (V, 474) [...] [Der Begriff der Freiheit], [ist derjenige], der seine Realität durch die Causalität der Vernunft in Ansehung gewisser durch sie möglichen Wirkungen in der Sinnenwelt [...] hinreichend dartut (V, 475).

Gewisse Wirkungen nämlich – wie die der freien Kausalität des Menschen – sind nur durch absichtliche Zweckmäßigkeit erklärlich (VI, 484). Die freien menschlichen Handlungen in der Welt haben jetzt einen neuen Status: Mit der dritten *Kritik* bezieht Kant die Natur also in eine moralische Auffassung der Welt, d. h. in eine praktische Absicht, ein.

Das Interesse für das menschliche Handeln und für dessen Folgen in der Welt hat das Gebiet der praktischen Absicht erweitert. Diese Erweiterung bringt die Einbeziehung der Natur in eine praktische Absicht als Feld der Wirkungen der menschlichen Handlungen, d. h. als Verwirklichung der menschlichen Moral, mit sich. Das bedeutet, dass die Geschichte selbst – die Geschichte der Handlungen, die in die Natur fallen – mit in die praktische Absicht einbezogen wird. In der *Kritik der reinen Vernunft* und in der *Idee* wurde die Geschichte als Geschichte der Natur angesehen; nach der dritten *Kritik* kann die Natur selbst als das Feld der Geschichte der menschlichen freien Handlungen angesehen werden.

Es ist kein Zufall, dass Kant sich in den letzten zehn Jahren seiner philosophischen Produktion so intensiv mit den Fragen der Rechtstheorie, der Politik und der Geschichtsphilosophie beschäftigt hat: Dabei vertieft er das neue Gebiet jener praktischen Absicht, die die Geschichte einbezogen hat. Die rechtlichen und politischen Fragen sind in diesen Jahren das Hauptproblem einer Theorie der Verwirklichung der Moral geworden: In diesem Sinne wird die weltbürgerliche Gesellschaft am Ende der *Rechtslehre* als das *höchste politisches Gut* bezeichnet (VI, 355). Die praktische Absicht hat den Weltlauf als Geschichte in ihre eigene Perspektive einbezogen, und die Philosophie der Geschichte gehört jetzt zur *praktischen* Philosophie: Die Geschichte ist *Sittengeschichte* (VII, 79). Nach den natürlichen sind jetzt die menschlichen Bedingungen der Verwirklichung der Moral in Betracht zu ziehen, d. h. die *Institutionen*, die nicht ein Endzweck, sondern das unentbehrliche Mittel zur Verfolgung des Endzwecks ausmachen. Die Wirkungen der menschlichen Handlungen sind nicht mehr bloße Naturereignisse, sondern Produkte der Freiheit, die nicht vorhersehbar sind (VII, 83–84) und die menschliche Verwirklichung der Freiheit in der Welt darstellen. Die Bedingungen der Verwirklichung der Freiheit, d. h. der Moral, sind jetzt vom bewussten Handeln der Menschen abhängig, und die Beförderung des Fortschritts wird für eine Pflicht gehalten (VIII, 309). Und im Falle, dass die Geschichte in den Händen der Freiheit ist – oder wenigstens, dass die Menschen unter dieser praktischen Voraussetzung handeln sollen – dann sind die Menschen, die die Geschichte machen, für den Zustand der Welt verantwortlich, weil die Geschichte eine Geschichte der Freiheit ist.

3   Ein neuer Politikbegriff

Wenn man die Kantische Auffassung der Politik betrachtet, muss man auf einige
Züge seiner Reflexion in diesen Jahren hinweisen. Erstens denkt Kant – besonders
nach der Französischen Revolution –, dass seine Epoche in vielerlei Hinsicht eine
positive Wende in der Menschheitsgeschichte darstellt und dass die Zeit eine
bedeutungsvolle Intervention der praktischen Vernunft auf die Welt ermöglicht.
Diese positive Bewertung seiner Epoche wird, wie man weiß, in einem eigentlichen
politischen Sinne im *Streit der Fakultäten* ausgedrückt, als er von der „Theilnehmung" spricht, die „in den Gemüten aller Zuschauer" die Revolution gefunden hat:
Diese „Theilnehmung" ist in der Tat „eine Begebenheit unserer Zeit, welche diese
moralische Tendenz des Menschengeschlechts beweist" (VII, 85)[8].

Zweitens spielt die Natur und ihr „Plan" in der Geschichte, wie oben gezeigt
wurde (und wie aus einigen Seiten von *Zum ewigen Frieden* klar hervorgeht), immer
noch eine Rolle in Kants Denken, aber die Spannung zwischen einem Naturplan
und der moralischen Aufgabe der bewussten Menschenhandlungen scheint letzteren
eine immer entscheidendere Bedeutung zuzuschreiben: Der Plan der Natur sollte
also wenn möglich von den Prinzipien der Vernunft ersetzt werden.

Drittens hat sich auch die politische Atmosphäre in Preußen gründlich verändert,
wie Kant auch persönlich – nach der Zensurmaßnahme von Wollner – erfahren
hat. Der ‚gute Wille' des Souveräns, den Kant 1784 noch erwähnt hat, spielt jetzt
keine Rolle mehr[9], und die Betrachtungen über die Gefahr des Despotismus und
über die Machtpolitik sind auch gegen die innere und äußere Politik von Friedrich
II gerichtet.

Im eben skizzierten Kontext hält Kant es für angebracht, nicht nur eine Theorie der Moral als Rechtslehre darzustellen, sondern auch die Verwirklichung der
Moral durch einen neuen, adäquaten Begriff der *Politik* als *ausübende Rechtslehre*

---

8   In diesem Sinne ist Kants Position gegenüber seiner Zeit völlig anders als diejenige der
      offiziellen Kirchen (sowohl katholisch wie auch protestantisch), die über die Irreligiosität
      der Gegenwart sehr besorgt waren. Seine vollkommen andere Auffassung bringt er in
      seiner Religionsschrift klar zum Ausdruck, in der er die Auflösung der geschichtlichen
      Kirchenformen in eine allgemeine Kirche voraussieht: „Fragt man nun: welche Zeit der
      ganzen bisher bekannten Kirchengeschichte die beste sei, so trage ich kein Bedenken, zu
      sagen: *es ist die jetzige*, und zwar so, daß man den Keim des wahren Religionsglaubens,
      so wie er jetzt in der Christenheit zwar nur von einigen, aber doch öffentlich gelegt
      worden, nur ungehindert sich mehr und mehr darf entwickeln lassen, um davon eine
      continuirliche Annäherung zu derjenigen alle Menschen auf immer vereinigenden Kir-
      che zu erwarten, die die sichtbare Vorstellung (das Schema) eines unsichtbaren Reiches
      Gottes auf Erden ausmacht" (VI, 131–32).
9   Vgl. Castillo 2004.

zu entwerfen (VIII, 370). Gerade diese Ausübung der Rechtslehre durch die Politik ist das Thema der wichtigsten politischen Schriften: *Theorie und Praxis* und *Zum ewigen Frieden.*

Die Frage der Politik stellt in der Kantischen Perspektive einen besonderen Fall der Frage nach einer Vermittlung zwischen Theorie und Praxis dar, die ihrerseits eine bestimmte Auffassung beider Begriffe voraussetzt:

> Man nennt einen Inbegriff selbst von praktischen Regeln alsdann *Theorie*, wenn diese Regeln als Principien in einer gewissen Allgemeinheit gedacht werden, und dabei von einer Menge Bedingungen abstrahirt wird, die doch auf ihre Ausübung nothwendig Einfluß haben. Umgekehrt heißt nicht jede Hantirung, sondern nur die-jenige Bewirkung eines Zwecks *Praxis*, welche als Befolgung gewisser im Allgemeinen vorgestellten Principien des Verfahrens gedacht wird (VIII, 275).

Der Begriff selbst einer Theorie beruht also auf der Idee einer Gesetzlichkeit, einer Regelhaftigkeit als eines wesentlichen Charakterzugs der Theorie, der den Begriff einer möglichen darauf folgenden Praxis bedingt: Eine Praxis ist immer ein Handeln *nach Prinzipien*. Wie im Falle der individuellen Moral, sind auch in der Politik *objektive Prinzipien der Vernunft* als normative Prinzipien gültig, mit denen die subjektiven Prinzipien des politischen Handelns, d. h. die Prinzipien als *Maximen* des Handelns, übereinstimmen sollen. Sowohl die kritische wie auch die positive Analyse der Politik wird also eine Analyse der *Maximen der Politik* sein.

Man muss auch kurz daran erinnern, dass Kant das Problem der Beziehung zwischen Theorie und Praxis, d. h. zwischen einer Theorie und ihrer Ausübung, auch für den Fall behandelt, dass das Problem der falschen Ausübung einer Theorie einem Fehler der Urteilskraft zugerechnet werden könne. Das geschieht z. B. den Ärzten oder Rechtsgelehrten, „die ihre Schule gut gemacht haben, die aber, wenn sie ein Consilium zu geben haben, nicht wissen, wie sie sich benehmen sollen" (VIII, 275). Außerdem kann es auch den Fall geben, dass die Theorie unvollständig sei, so dass das Problem darin besteht, dass „da es dann nicht an der Theorie [liege], wenn sie zur Praxis noch wenig taugte, sondern daran, daß *nicht genug* Theorie da war" (VIII, 275). Das Problem der Urteilskraft kann in der Tat im politischen Handeln entstehen (dies werden wir unten an einem von Kant gegebenen Beispiel sehen), während man in der Rechtslehre und alsdann der Politik nicht von einem Mangel an Theorie sprechen kann, weil die Moral, die auf dem Begriff der *Pflicht* beruht, die notwendigen richtigen Hinweise in diesem Sinne gibt.

Systematisch kann man das Verfahren Kants wie folgt einteilen: 1. Kant bietet eine kritische Untersuchung des *falschen* Begriffs der Politik, der in der Tradition und in der Diskussion seiner Zeit geläufig ist; 2. Jenem Begriff stellt er den *richtigen*, mit der Moral übereinstimmenden und von ihr *abhängigen* Begriff der Politik, gegenüber. Die Kantische Behandlung der Frage der Politik hat also eine *pars destruens* und eine *pars construens*.

3.1   Pars destruens

Kant versteht unter der allgemeinen Bezeichnung eines falschen Begriffs der Politik zwei Auffassungen, die sich manchmal überschneiden (und die verbunden sind), die aber nicht dieselben Züge haben und prinzipiell getrennt werden können. Beide entsprechen aber bestimmten Formen der Theorie und der historischen Praxis, die das Ziel der Kantischen Kritik sind. Beide werden, jede in ihrer eigenen Form, von Kant für Beispiele einer überbewerteten Rolle der *Klugheit*[10] gehalten, der er die politische *Weisheit* als einen richtigen Begriff der Politik gegenüberstellt.

Die erste Form ist eine traditionelle Form, die in der Tat die Übereinstimmung der Politik mit der Moral und die Unterordnung der ersten unter die zweite behauptet, aber die Idee selbst der Moral falsch versteht, gerade weil sie die Moral als Klugheit interpretiert. Hier wird besonders deutlich, wie sehr Kant das Gebiet der Politik in Analogie zum Gebiet der individuellen Moral untersucht, d. h., wie sehr er seine eigene Auffassung der Politik für eine solche hält, die – genauso wie diejenige der Moral – eine entschiedene Zäsur mit der Aristotelischen Tradition vertritt. Diese erste Form des falschen Politikbegriffs fasst die Politik als einen Begriff auf, der auf der Idee der Glückseligkeit gründet. Ziel der Kantischen Polemik ist Christian Wolff, der in seiner *Deutschen Politik* – und in seiner praktischen Philosophie – den Zweck der menschlichen Gesellschaften in die „Beförderung der Glückseligkeit des menschlichen Geschlechts setzt"[11]. Diese „Aristotelische" Auffassung der Politik behauptet die Übereinstimmung der Politik mit der Moral aufgrund der Überzeugung, dass die Moral selbst – und konsequenterweise die Politik – auf der Idee der Glückseligkeit beruht. Zum großen Teil verwendet Kant in der Kritik dieser Auffassung die Argumente, die er schon in der Kritik des Eudämonismus der *Grundlegung zur Metaphysik der Sitten* und der *Kritik der praktischen Vernunft* verwendet hat. Aber nicht nur: Einige Aspekte der Kritik haben besonders mit der *politischen* Natur der Frage der Glückseligkeit der Menschen und der Staatsbürger zu tun. Die Kantische Kritik enthält sowohl methodologische wie auch inhaltliche, axiologische Aspekte, wie wir gleich sehen werden.

---

10   Zur Kantischen Verwendung dieses Begriffs im Allgemeinen sei hier wenigstens auf Aubenque 1975 und Hinske 1989 hingewiesen.

11   Sellin 1978, S. 831.

Der Ausgangpunkt muss die Idee eines ursprünglichen Vertrags sein, der auf dem Begriffspaar privat/öffentlich beruht, weil „kein besonderer Wille für ein gemeines Wesen gesetzgebend sein" kann (VIII, 295) und der ursprüngliche Vertrag als eine „Coalition jedes besondern und Privatwillens in einem Volk zu einem gemeinschaftlichen und öffentlichen Willen" zu verstehen ist (VIII, 297). Schon methodologisch ist nach Kant das Prinzip der Glückseligkeit inadäquat, weil es mit der besonderen, d. h. privaten, individuellen Erfahrung der Glückseligkeit zu tun hat, die eine Allgemeingültigkeit unausbleiblich verhindert. Was man braucht, ist ein Prinzip der reinen,

> *a priori* gesetzgebende[n] Vernunft, die auf keinen empirischen Zweck (dergleichen alle unter dem allgemeinen Namen Glückseligkeit begriffen werden) Rücksicht nimmt; als in Ansehung dessen, und worin ihn ein jeder setzen will, die Menschen gar verschieden denken, so daß ihr Wille unter kein gemeinschaftliches Princip, folglich auch unter kein äußeres, mit jedermanns Freiheit zusammenstimmendes Gesetz gebracht werden kann (VIII, 290).

Ein Handeln nach dem Prinzip der Glückseligkeit ist von allzu vielen Faktoren abhängig, die gerade seine Allgemeinheit als Ausdruck eines allgemeinen, gemeinsamen Willens unmöglich machen: In Ansehung der Glückseligkeit

> kann gar kein allgemein gültiger Grundsatz für Gesetze gegeben werden. Denn sowohl die Zeitumstände, als auch der sehr einander widerstreitende und dabei immer veränderliche Wahn, worin jemand seine Glückseligkeit setzt (worin er sie aber setzen soll, kann ihm niemand vorschreiben), macht alle feste Grundsätze unmöglich und zum Princip der Gesetzgebung für sich allein untauglich (VIII, 298).

Methodologisch hält Kant es also für angebracht, dass jeder seine eigene Glückseligkeit mit Freiheit suche wo er will, weil diese Suche in jedem Individuum – und also auch in jedem Staatsbürger – von vielen Faktoren bedingt wird: Der Zweck einer gesetzlichen Verfassung ist gerade, dass ihm ein Raum der Suche nach seiner eigenen Glückseligkeit garantiert wird, „wenn er nur nicht jener allgemeinen gesetzmäßigen Freiheit, mithin dem Rechte anderer Mitunterthanen Abbruch thut" (VIII, 298). Das geschieht, weil man nicht wissen kann, welche Präferenzen das Individuum haben wird. Dieser Hinweis auf die Freiheit des Einzelnen hat aber selbstverständlich auch eine inhaltliche, axiologische Bedeutung, die gerade die inhaltliche Seite der Kantischen Kritik des Glückseligkeitsprinzips als politisches Prinzip ausmacht.

Jeder Staatsbürger darf also die Glückseligkeit suchen wo er will, wenn er die Freiheit der anderen nicht verletzt, und darauf hat der Bürger auch sein eigenes *Recht* als Recht seines Freiheitsraums. Auf dieser These beruht auch ein wichtiger Aspekt der Kantischen Kritik des *Despotismus*, in der bestimmten Form des Paternalismus, d. h. in der Form, die die Rolle der Regierung als eine *väterliche* missversteht und ihre politische Handlung nicht als auf dem Prinzip des *Rechts*, sondern als auf dem Prinzip des Wohlwollens begründet interpretiert:

> Eine Regierung, die auf dem Princip des Wohlwollens gegen das Volk als eines *Vaters* gegen seine Kinder errichtet wäre, d. i. eine *väterliche Regierung (imperium paternale)*, wo also die Unterthanen als unmündige Kinder, die nicht unterscheiden können, was ihnen wahrhaftig nützlich oder schädlich ist, sich bloß passiv zu verhalten genöthigt sind, um, wie sie glücklich sein *sollen*, bloß von dem Urtheile des Staatsoberhaupts und, daß dieser es auch wolle, bloß von seiner Gütigkeit zu erwarten: ist der größte denkbare *Despotismus* (Verfassung, die alle Freiheit der Unterthanen, die alsdann gar keine Rechte haben, aufhebt) (VIII, 290–91).

Politisch gesehen ist diese Kritik Kants am Glückseligkeitsbegriff die wichtigste, weil der eudämonistische Staat gerade die wahre Natur des Staats als Institution des Rechts und alsdann der Freiheit missversteht.

Wenn das Glückseligkeitsprinzip sowohl in der Moral wie auch in der Politik ein völlig falsches Prinzip ist, bringt seine Ausübung eine weitere Konsequenz mit sich. Da der Souverän, der seine Untertanen glücklich machen will, ein Despot wird, werden die Untertanen die Prinzipien seiner Regierung als solche verstehen, die den allgemeinen und nach Kant völlig erlaubten menschlichen Anspruch auf die Glückseligkeit im Namen seines eigenen Begriffs derselben bestimmen und begrenzen wollen: „[D]as Volk will sich den allgemeinen menschlichen Anspruch auf eigene Glückseligkeit nicht nehmen lassen und wird Rebell" (VIII, 302).

Das zweite, oben erwähnte polemische Ziel von Kant entspricht jener „Verengung des Politikbegriffs zur Machtkunst" von dem Volker Sellin[12] gesprochen hat. Die traditionelle, „Aristotelische", vor allem Wolff'sche Behandlung der Politik vertritt also eine Auffassung, die doch die Übereinstimmung zwischen Politik und Moral behauptet, aber diese prinzipiell richtige Stellungnahme durch einen völlig falschen Begriff der Moral als eudämonistische Moral begründet. In der Vorrede zur zweiten Ausgabe der *Deutschen Politik* scheint Wolff die Existenz einer entgegengesetzten Auffassung von der Beziehung zwischen Politik und Moral bewusst zu sein: Es geht um die Auffassung der Politiker und Denker, die die Meinung vertreten, dass „Politik und Moral nichts miteinander haben"[13].

---

12 Sellin 1978, S. 831.
13 Ebd., S. 832.

In dem langen geschichtlichen Prozess, im Zuge dessen sich die Politik als wissenschaftliche Disziplin konstituiert[14], spielt auch die von Wolff erwähnte Idee eine
Rolle, dass die Politik für ein von der Moral unabhängiges Gebiet gehalten werden
sollte, das seine eigenen Prinzipien und Gesetze hat. Wenn es im allgemeinen um
das Prinzip geht, das damals und heute der Idee einer ‚Staatsräson'[15] entspricht
und das sich auf Machiavelli und auf den sogenannten „Machiavellismus" beruft,
nimmt es im Deutschland des 18. Jahrhunderts besondere Merkmale an, die den
Wolff'schen Hinweis erklären. Die Idee der Politik „als Wissenschaft" hat in dieser
Perspektive immer mehr mit der Macht des Fürsten, anstatt mit dem Gemeinwohl
(*Bonum commune*) zu tun. Besser gesagt: Die Macht des Fürsten und das Gemeinwohl
sind noch verbunden, aber der erste Aspekt spielt eine zunehmend größere Rolle,
mit dem Ziel, einen Politikbegriff und eine konkrete politische Wissenschaft zu
entwickeln, die einerseits in einer größeren Wirklichkeitsnähe, andererseits in einer,
sowohl innerpolitisch als außenpolitisch, erweiterten Macht des Fürsten bestünde.
Damit wird der Politikbegriff zu einer Machtkunst verengt[16]. Dieser relativ neue
Horizont der politischen Disziplinen steht höchstwahrscheinlich auch vor Kants
Augen, wenn er einen neuen, ganz anderen Politikbegriff beschreibt.

Auch aufgrund der Betrachtungen, die er in seiner Schrift *Theorie und Praxis*
über das Problem der Politik angestellt hat, schildert Kant im Anhang von *Zum
ewigen Frieden* seinen eigenen Begriff der Politik unter Verweis auf den expliziten
Gegensatz zwischen einer Politik als *Weisheitslehre* und einer Politik als *Klugheitslehre*. Letztere ist nach Kant nur als eine Theorie der Mittel, genauer als eine Theorie
der Maximen zu verstehen, „zu seinen auf Vorteil berechneten Absichten die taug-
lichsten Mittel zu wählen". Eine These also, die bedeuten würde, zu „läugnen, daß
es überhaupt eine Moral gebe" (VIII, 370). Der Gegensatz zwischen Weisheitslehre
und Klugheitslehre, die man als zwei unterschiedliche Modelle der *politischen Ethik*
interpretieren kann, wird von Kant auch durch eine Terminologie ausgedrückt,
die zwei Figuren des Politikers unterscheidet und zwar den weisen Politiker als
moralischen Politiker und den nur klugen Politiker als *politischen Moralist* (VIII,
372; einmal als *moralisierender Politiker* bezeichnet, VIII, 373).

Wenn die Politik als bloße Klugheitslehre verstanden wird, dann entsteht in der
Tat ein Konflikt mit der Moral. Der Horizont des politischen Moralisten ist der
des *status quo*, d. h. eine Perspektive, die wie im Falle des Glückseligkeitsprinzips

---

14 Darüber s. die ausführliche Untersuchung von Scattola 2003.
15 Über diesen Begriff lohnt es sich, noch an Meinecke 1924 zu erinnern.
16 Vgl. Sellin 1978, S. 831-32: darin besteht z. B. die Rolle des Kameralismus und der Ein-
    richtung der kameralistischen Lehrstühlen in Halle und Frankfurt a d. Oder im Jahre
    1727.

die Prinzipien ihres Handelns aus der Erfahrung wählt und die nicht imstande ist, ihre Prinzipien jenseits der Erfahrung aus der Normativität des Rechts und damit aus der reinen Vernunft heraus zu wählen. Da der politische Moralist sich auf die Natur und auf die bestehenden Verhältnisse beruft, ist sein Wissen ein bloßes *theoretisches* Wissen, das an sich keine Normativität haben kann, weil alles, was geschehen soll, von der Natur abhängt, weil „alles, was geschieht oder geschehen kann, bloßer Mechanism der Natur ist" (VIII, 372). Aus dieser Perspektive ist das einzig mögliche Wissen das Wissen der Natur und besonders der menschlichen Natur so wie sie ist: Hier ist aber das Wissen des Politikers ein bloßes *technisches* Problem, eine *Kunstaufgabe*, die nur eine kluge Anwendung der Prinzipien der Natur und der menschlichen empirischen Psychologie voraussetzt (VIII, 377). Das kann ein schwieriges Problem sein, weil die Entdeckung der Mittel bisweilen sehr kompliziert und von den empirischen Umständen abhängig ist (VIII, 377–78). Es geht hier aber nicht um ein eigentliches *sittliches* Problem, weil es nicht um eine eigentliche *praktische* Frage geht. Die Kenntnis der Menschen *so wie sie sind* und der unterschiedlichen Umstände ist aber auf jeden Fall das Leitprinzip, und auch das Scheitern des vorausgesehenen Erfolgs wird toleriert, wenn diese Politiker zeigen können, dass das Ziel ihre eigene Macht war (VIII, 375).

Die Denkweise des politischen Moralisten gründet sich also auf die Voraussetzung, dass die Dinge so bleiben sollen, wie sie sind, auch weil diese Einstellung es denjenigen, die aus einer bestimmten historischen Situation Privilegien oder Privatvorteile bekommen, erlaubt, diese nicht zu verlieren. Diese Einstellung charakterisiert nach Kant die Juristen, die die bestehende positive Gesetzgebung nur anwenden und jede Veränderung dieser Gesetzgebung annehmen, eine Einstellung, die es ihnen erlaubt, auch „für alle Sättel gerecht zu sein" (VIII, 374). Wenn aber die Juristen den Versuch machen, an die Grundlage der Gesetzgebung zu denken, geht es nicht besser: Sie können keinen „höheren Standpunkt der anthropologischen Beobachtung" erreichen und sie leiten auch in diesem Fall die Prinzipien der Politik aus der Erfahrung der bestehenden, meistens rechtswidrigen politischen Zustände ab (VIII, 374). Die Grundthese des politischen Moralisten ist, dass der aktuelle Mensch nie wollen kann, was von der Vernunft gefordert wird (VIII, 371). Jener höhere Standpunkt – der Standpunkt der praktischen Vernunft – könnte den Juristen dagegen eine neue Perspektive eröffnen, d. h. diejenige, die zeigt, was aus dem aktuellen Menschen gemacht werden soll.

Der Konservatismus der politischen Klugheit entspricht nach Kant einem Vorrang des Privatvorteils und des Privatinteresse über die öffentlichen Vorteile und Interessen, oder, wenn man will, des privaten über das öffentliche Recht: Ein echtes öffentliches Recht kann nur in einer republikanischen Verfassung verwirklicht und ausgeübt werden, die einzige, „welche aus der Idee des ursprünglichen Vertrags hervorgeht" und auch die einzige, die zum ewigen Frieden führen kann (VIII, 350). Sonst hat man nach Kant eine weitere Seite des Despotismus, d. h. einen Staat, in dem der Souverän der Eigentümer des Staats ist: „Despotism ist das [Staatsprinzip] der eigenmächtigen Vollziehung des Staats von Gesetzen, die er selbst gegeben hat, mithin der öffentliche Wille, sofern er von dem Regenten als sein Privatwille gehandhabt wird" (VIII, 352). In diesem Politikmodell wird dem Prinzip selbst des Rechts – eine auf den gemeinsamen Willen begründete Macht – widersprochen, im Namen des Aggregats der Privatinteressen der Bürger und vor allem des Privatwillens und des Privatinteresses des Souveräns. Man kann also nicht einmal von einer eigentlichen Praxis sprechen – schreibt Kant – sondern nur von *Praktiken*, die allein der Macht und ihrer willkürlichen Ausübung dienen (VIII, 373).

Die Auffassung der Politik als Klugheitslehre ist also eine solche, die jeden Fortschritt behindert. Wenn die apriorischen Prinzipien des Rechts nicht die Basis des politischen Handelns sind, d. h. wenn der politischen Weisheit des moralischen Politikers die politische Klugheit des politischen Moralisten im Namen der Macht vorgezogen wird, ist jeder Fortschritt ausgeschlossen. In dieser Denkweise werden die politischen Moralisten hier moralisierende Politiker genannt „durch Beschönigung rechtswidriger Staatsprincipien unter dem Vorwande einer des Guten nach der Idee, wie sie die Vernunft vorschreibt, nicht fähigen menschlichen Natur, so viel an ihnen ist, das Besserwerden unmöglich machen und die Rechtsverletzung verewigen" (VIII, 373).

Das bedeutet aber nicht, dass die moralische Politik, d. h. eine Politik als Moral, keiner Klugheit bedürfe. Mit der Französischen Revolution hat man nach Kant gerade ein historisches Beispiel vor Augen gehabt, in dessen Kontext ein doch richtiges Wissen der Prinzipien eine falsche Anwendung zur Folge gehabt habe: Es geht also um den oben erwähnten Fall einer auf eine richtige Theorie begründeten fehlenden Urteilskraft. In diese Richtung geht der Kantische Hinweis auf „despotisirende Moralisten" der Revolution: „Es mag also immer sein: daß die despotisirende (in der Ausübung fehlende) Moralisten wider die Staatsklugheit (durch übereilt genommene oder angepriesene Maßregeln) mannigfaltig verstoßen" (VIII, 373).

Die Französische Revolution und ihre Protagonisten hatten also die richtigen Prinzipien, aber ihre „Ausübung" der Rechtslehre war falsch. Das ist ein Fehler ihrer Praxis. Aber in diesem Fall, da sie die richtigen Prinzipien haben, ist die Möglichkeit der Verbesserung nicht ausgeschlossen, weil sie mit einer aus der Rechtslehre erleuchteten Erfahrung die Fähigkeit erhalten, ihr Handeln „in ein besseres Gleis [zu] bringen" (VIII, 373).

3.2   Pars construens

Worin besteht also der richtige Begriff der Politik als Weisheitslehre? Er hat mit der
Frage der Vermittlung zwischen Theorie und Praxis zu tun: Dass es eine Vermittlung geben soll, schreibt Kant, „fällt in die Augen" (VIII, 275), genauso wie auch
klar ist, dass die praktische Vernunft, gerade in ihrer Eigenschaft als Theorie, mit
Gesetzen und konsequenterweise mit *Pflichten* einhergeht, die erfüllt werden sollen,
d. h. dass eine konkrete Ausübung der Rechtslehre als Politik von der Vernunft und
von ihren Prinzipien geleitet werden soll.

Kant betont beide Aspekte dieser Ausübung. Auf der einen Seite behauptet er:
„[I]n einer Theorie, welche auf dem Pflichtbegriff gegründet ist, fällt die Besorgniß
wegen der leeren Idealität dieses Begriffs ganz weg. Denn es würde nicht Pflicht
sein […]." (VIII, 276–77). Das hat mit dem Begriff selbst der Moral zu tun:

> Die Moral ist schon an sich selbst eine Praxis in objectiver Bedeutung, als Inbegriff von
> unbedingt gebietenden Gesetzen, nach denen wir handeln *sollen*, und es ist offenbare
> Ungereimtheit, nachdem man diesem Pflichtbegriff seine Autorität zugestanden hat,
> noch sagen zu wollen, daß man es doch nicht *könne*. Denn alsdann fällt dieser Begriff
> aus der Moral von selbst weg (*ultra posse nemo obligatur*)… (VIII, 370).

Auf der anderen Seite ist eine Vermittlung zwischen der Theorie und ihrer Ausübung
nach Kant unentbehrlich, weil das Programm einer Verwirklichung der Moral,
wenn es wie im Falle der Rechtslehre auf eine konkrete, *weltliche* Verwirklichung
hinauslaufen will, notwendigerweise seine Prinzipien als Prinzipien des Handelns
in der wirklichen Welt versteht. Das philosophische Problem besteht also darin,
die Natur der Vermittlung, d. h. die Praxis als Politik zu untersuchen.

Die Prinzipien der Politik sind die Prinzipien der Moral als Rechtslehre. Es geht
also vor allem um ein Wissen, das die Moral betrifft, und das mithin ein eigentliches
praktisches Wissen ist, dessen Gewissheit nicht in Frage gestellt werden kann: Eben
deswegen ist für den moralischen Politiker das Problem der Politik nicht – oder
besser nicht nur – ein *technisches*, sondern ein *sittliches* Problem. Dieses Wissen
soll auch durch das theoretische Wissen der Umstände seiner Praxis eine Ausübung suchen (wie Kant es anhand des Beispiels von einer richtigen Theorie, die
eine falsche Praxis mit sich bringt, gezeigt hat: die Französische Revolution), es ist
aber vor allem ein *praktisches*, moralisches Wissen der Prinzipien. Das politische
Handeln soll die besten Mittel zur Verwirklichung der Moral finden, aber nur
unter der Voraussetzung, dass die höchsten Prinzipien des Handelns nicht die der
Klugheit – Glückseligkeit oder Macht – sondern die der Rechtslehre sind. Es ist also
eine Pflicht – vor allem der Regenten – dass diese Prinzipien für einen Leitfaden der
Praxis gehalten werden, obwohl es auch notwendig sei, dass sie nicht unabhängig

von den konkreten Umständen ausgeübt werden, wie Kant betont, auch im Falle einer gesetzeswidrigen Verfassung:

> Da nun die Zerreißung eines Bandes der Staats- oder weltbürgerlichen Vereinigung, ehe noch eine bessere Verfassung an die Stelle derselben zu treten in Bereitschaft ist, aller hierin mit der Moral einhelligen Staatsklugheit zuwider ist, so wäre es zwar ungereimt, zu fordern, jenes Gebrechen müsse sofort und mit Ungestüm abgeändert werden; aber daß wenigstens die Maxime der Nothwendigkeit einer solchen Abänderung dem Machthabenden innigst beiwohne, um in beständiger Annäherung zu dem Zwecke (der nach Rechtsgesetzen besten Verfassung) zu bleiben, das kann doch von ihm gefordert werden (VIII, 372)[17].

Daraus entsteht der Begriff eines *Erlaubnisgesetzes*[18], das vorläufig auch eine gesetzeswidrige Verfassung bestehen lässt und „die Verzögerung der Ausführung bis zu besserer Zeitgelegenheit erlaubt" (VIII, 373). Darin besteht neben anderen Aspekten der Politik ihre Rolle der Vermittlung in der konkreten Praxis. Es kann also wohl sein, dass die Verwirklichung der Politik als Moral nicht unmittelbar in einer gegebenen Situation möglich sei, und gerade einer Verzögerung unterliege: Sie muss aber das höchste Ziel der Ausübung des Rechts vor Augen haben.

Eigentlich geht es nicht nur um die Verzögerung: Die Ausübung der Rechtslehre als Politik setzt so gesehen offenbar eine Reihe von Qualitäten des Politikers voraus. Die Ausübung ist keine mechanische Anwendung, sondern vielmehr eine Untersuchung, die sehr kompliziert sein kann: etwas, „das nicht zu lehren und schwer zu erklären ist"[19].

Gegen die Lehre des politischen Moralisten als eines Vertreters der Politik als Klugheitslehre legt Kant seine eigene Lösung des Problems der Beziehung zwischen Politik und Moral dar. Die Grundidee von Kants Auffassung der Politik besteht darin, dass die politische Praxis sich durch ein moralisch orientiertes Handeln ausdrücke, das den allgemeinen Zweck der republikanischen Verfassung immer vor Augen behalte, obwohl dieser Zweck, als normative Idee, nicht zu erreichen sei, sondern als ein Ziel zu verstehen ist, dem man sich immer mehr annähern soll. So wird nach Kant eine konkrete Ausübung der Rechtslehre als Politik möglich: Die Politik als Moral ist also mit der Moral nicht nur kompatibel, sondern vielmehr eng verbunden.

---

17 Vgl. VIII, 378: Der moralische Politiker soll immer zum Zweck der Rechtslehre handeln, aber führt dabei gerade zum Zweck; „doch mit der Erinnerung der Klugheit, ihn nicht übereilterweise mit Gewalt herbei zu ziehen, sondern sich ihm nach Beschaffenheit der günstigen Umstände unablässig zu nähern."

18 Zu diesem Begriff vgl. Brandt 1982.

19 Gerhardt 1997, S. 483.

Der politische Moralist kann in allen seinen Formen nur die Misshelligkeit zwischen der Moral und der Politik darstellen. Der moralische Politiker handelt dagegen nach dem richtigen Begriff der Politik, der seine eigenen, den „sophistischen Maximen" des politischen Moralisten gegenübergestellten Prinzipien hat. Der Gegensatz nimmt bei Kant ganz entschiedene Züge an: Es gibt also kein „Mittelding eines pragmatisch-bedingten Rechts (zwischen Recht und Nutzen) [...] alle Politik muß ihre Kniee vor dem erstern beugen [...]" (VIII, 380).

Die wichtigsten politischen Texte Kants werden von einem Gegensatz beeinflusst, der in der Kantischen Lösung des Problems der Politik seinen Ausgang findet: Der Gegensatz zwischen dem, was besonders und privat, und dem, was allgemein, gemeinsam, öffentlich oder *publicum* ist. Schon der Begriff eines ursprünglichen Vertrags und die konsequente Idee einer republikanischen Verfassung und eines gemeinen Wesens werden auf dieser Basis aufgebaut. Der ursprüngliche Vertrag ist das (normative) Grundgesetz, „das nur aus dem allgemeinen (vereinigten) Volkswillen entspringen kann", weil „kein besonderer Wille für ein gemeines Wesen gesetzgebend sein" kann (VIII, 295): Die republikanische Verfassung ist die einzige, die aus dieser normativen Idee hervorgehen kann (VIII, 350). In diesem Sinne ist der Gegensatz privat/öffentlich derjenige, der die Unterscheidung zwischen „Despotism"und „Republikanism" ermöglicht: „[D]er Despotism ist das [Staatsprinzip] der eigenmächtigen Vollziehung des Staats von Gesetzen, die er selbst gegeben hat, mithin der öffentliche Wille, sofern er von dem Regenten als sein Privatwille gehandhabt wird" (VIII, 352). Die ganze Kritik der Politik als bloße Klugheit, d. h. des falschen Begriffs der Politik, ist eigentlich eine Kritik des *privatistischen* Geistes der Klugheitslehre in allen ihren Formen, die im Grunde alle privatistisch und egoistisch sind. Es geht um den Privatvorteil des Souveräns und der Juristen – die in der Kantischen Zeit meistens die zukünftigen Politiker waren – denen die allgemeine, gemeinsame, öffentliche Dimension des gemeinen Wesens gegenübergestellt wird. Darin besteht übrigens die Analogie zwischen der individuellen Moral und der Moral als Rechtslehre: das allgemeine Prinzip der Vernunft gegen das besondere, private Interesse der Einzelnen und der Staaten.

Im eben skizzierten Rahmen lässt sich die Kantische Lösung der *Publizität*, die am Ende der Schrift *Zum ewigen Frieden* steht, behandeln. Das Prinzip der Publizität bietet im negativen und positiven Sinne das Kriterium, welches es erlaubt, die politischen Maximen, die mit der Moral kompatibel sind und sie befördern, von denjenigen zu unterscheiden, die gegen die Moral sind. Wie wir gleich sehen werden, liegt diesem Prinzip die Kantische Überzeugung der Relevanz der Mitteilung und der Kommunikation zugrunde, um durch die Politik den Fortschritt der Vernunft und der Menschheit zu befördern.

In der Perspektive einer Annäherung an die beste republikanische Verfassung als Grundsatz der Politik ist es klar, dass die Idee selbst eines Prozesses, der es erlaubt, eine kontinuierliche Verbesserung der politischen Institutionen mit sich zu bringen, eine grundlegende Rolle spielt. Vor allem muss man die bestehenden Institutionen beurteilen können, obwohl das Mittel der Publizität auch ein wesentlicher, positiver Bestandteil der Verbesserung des positiven Rechts ist. Das Prinzip der Publizität enthält also sowohl das Kriterium der Beurteilung der bestehenden politischen Verhältnisse, wie auch den Hinweis auf das Mittel, sie auf das Ziel der Verbesserung hin zu orientieren. Als Prinzip des Urteils stellt Kant zwei Kriterien auf, die er für *transzendentale* Prinzipien des öffentlichen Rechts hält.

Vor allem gibt es ein *negatives* Prinzip, das nur imstande ist, „was gegen Andere nicht recht ist, zu erkennen" (VIII, 381), und es lautet: „Alle auf das Recht anderer Menschen bezogene Handlungen, deren Maxime sich nicht mit der Publicität verträgt, sind Unrecht" (VIII, 381). Dieses Prinzip ist, wie Kant ausdrücklich behauptet, gleichzeitig ein juridisches und ein ethisches Prinzip, aber da es nur ein negatives Prinzip der Beurteilung gibt, muß es von einem *bejahenden* Prinzip begleitet werden, das seinerseits lautet: „Alle Maximen, die der Publicität *bedürfen* (um ihren Zweck nicht zu verfehlen), stimmen mit Recht und Politik vereinigt zusammen" (VIII, 386).

In der Idee der Publizität fasst Kant eine Theorie zusammen, die „die praktische Philosophie mit sich selbst einig" machen kann (VIII, 376) und der die öffentliche, gemeinsame Natur der Vernunft als allgemeine Menschenvernunft zugrunde liegt. Hinsichtlich der Publizität geht es selbstverständlich vor allem um die moralisch notwendige *Transparenz* der politischen Handlung und besonders der Ausübung der Macht. Die Bedeutung aber dieser Stellungnahme geht über diese These hinaus, weil sie gerade mit der Kantischen Überzeugung des öffentlichen Charakters der Vernunft zu tun hat. Die politische Gewalt ist öffentlich und sie kann nur in der Öffentlichkeit vollzogen werden[20], weil sie sich mit jenem *öffentlichen Gebrauch* der Vernunft[21] auseinandersetzen soll, von dem Kant in *Was ist Aufklärung?* gesprochen hatte: „Ich verstehe […] unter dem öffentlichen Gebrauche seiner eigenen Vernunft denjenigen, den jemand als *Gelehrter* von ihr vor dem ganzen Publicum der *Leserwelt* macht" (VIII, 37). In der eigentümlichen Kantischen Interpretation ist der Privatgebrauch der Vernunft dagegen derjenige, der „öfters sehr enge eingeschränkt sein [darf]" (ebd.), weil es in diesem Fall um den Gebrauch geht, den jeder Staatsbürger in seinem bestimmten Amt machen soll: Hier muss man den öffentlichen Gesetzen gehorchen. Diese Einschränkung ist keine Einschränkung

---

20 Hierzu siehe Habermas 1962.
21 Von O'Neill 1989 gründlich untersucht.

der Aufklärung. Aber ganz anders steht es um den öffentlichen Gebrauch der Vernunft, der absolut frei sein soll, weil ihn einzuschränken würde dagegen die Einschränkung der Aufklärung bedeuten. Eben deswegen besteht Kant in der Schrift *Zum ewigen Frieden* paradoxerweise auf dem einzigen *geheimen* Artikel der Politik, der darin besteht, dass die Maximen der Philosophen zu Rate gezogen werden sollen (VIII, 348). Hier kommt ganz klar der Vorrang der Philosophie als eines Wissens zum Ausdruck, das nicht nur die bestehenden politischen Institutionen, sondern auch die Perspektive ihrer Verbesserung und ihres Fortschritts in Betracht ziehen kann. Die entscheidende Rolle der Philosophie hat nicht das Ziel, „daß Könige philosophiren, oder Philosophen Könige würden" (VIII, 369), weil Kant bewusst ist, dass „der Besitz der Gewalt das freie Urtheil der Vernunft unvermeidlich verdirbt" (ebd.). Man muss aber erlauben und ermöglichen, dass sie ihre eigene Rolle in der Ausübung der Politik spielen, die doch den Regenten, d. h. der Politik selbst, gelassen werden soll. Diese erweiterte Perspektive der Philosophie ist dagegen den Juristen nicht möglich, gerade weil sie die Aufmerksamkeit nur auf die bestehenden Institutionen lenken: „[D]er Jurist, der nicht zugleich (auch der Moralität nach) Philosoph ist, [hat] die größte Versuchung, weil es seines Amts nur ist, vorhandene Gesetze anzuwenden, nicht aber, ob diese selbst nicht einer Verbesserung bedürfen, zu untersuchen" (ebd.)[22].

Die Kantische Auffassung der Politik wird also durch seine Idee einer praktischen Vernunft, die ihre Aufgabe erfüllen will, begründet: Diese Aufgabe kann nicht ein frommer Wunsch bleiben, sondern will verwirklicht werden. Kant ist völlig bewusst, dass in der politischen Praxis die Prinzipien der Vernunft nicht unmittelbar verwirklicht werden können, wenn die historische Situation es nicht erlaubt. Die Notwendigkeit einer Vermittlung bedeutet aber nicht, dass diese Prinzipien schlicht und einfach beiseite gestellt werden: Kants politische Ethik besteht gerade darin, dass die schwierige Aufgabe einer Politik der Vernunft kein nur pragmatisches oder, noch schlimmer, nur an der Macht orientiertes Handeln bedeute, sondern dass es die Mittel herausfinde, um die Verwirklichung der Vernunft in der Welt zu befördern.

---

22 Der Gegensatz zwischen der philosophischen und der juristischen Fakultät wird von Kant, wie bekannt ist, im *Streit der Fakultäten* (1798) untersucht.

Literatur

Arendt, H. (1982). *Lectures on Kant's Political Philosophy*. Chicago: Chicago Universiy Press.

Aubenque, P. (1975). La prudence chez Kant. *Revue de Métaphysique et de Morale 80*, 156-182.

Brandt, R. (1982). Das Erlaubnisgesetz, oder: Vernunft und Geschichte in Kants Rechtsleh-re. In Ders. (Hrsg.), *Rechtsphilosophie der Aufklärung* (S. 233-285). Berlin: de Gruyter.

Castillo, M. (2004). Moral und Politik: Mißhelligkeit und Einhelligkeit. In O. Höffe (Hrsg.), *Zum ewigen Frieden* (S. 195-220). Berlin: Akademie Verlag.

Fonnesu, L. (2013). Entwicklung und Erweiterung der praktischen Absicht. In S. Bacin, A. Ferrarin, C. La Rocca & M. Ruffing (Hrsg.), *Kant und die Philosophie in weltbürgerlicher Absicht. Akten des XI. Internationalen Kant-Kongress* (Bd. 3: S. 173-184). Berlin: de Gruyter.

Fonnesu, L. (2015). Kant on Private Faith and Public Knowledge. *Rivista di Filosofia 106*, 361-390.

Gerhardt, V. (1997). Ausübende Rechtslehre. Kants Begriff der Politik. In G. Schönrich & Y. Kato (Hrsg.), *Kant in der Diskussion der Moderne* (S. 464-488). Frankfurt a. M.: Suhrkamp.

Habermas, J. (1962). *Strukturwandel der Öffentlichkeit*. Neuwied: Luchterhand.

Hinske, N. (1989). Die Ratschläge der Klugheit im Ganzen der Grundlegung. In O. Höffe (Hrsg.), *Grundlegung zur Metaphysik der Sitten. Ein kooperativer Kommentar* (S. 131-147). Frankfurt a. M.: Klostermann.

Meinecke, F. (1924). *Die Idee der Staatsräson in der neueren Geschichte*. München-Berlin: Oldenbourg.

O'Neill, O. (1989). *Constructions of Reason. Explorations of Kant's Practical Philosophy*. Cambridge: Cambridge University Press.

Scattola, M. (2003). *Dalla virtù alla scienza. La fondazione e la trasformazione della disciplina politica nell'età moderna*. Milano: Angeli.

Schnädelbach, H. (1983). *Philosophie in Deutschland 1831-1933*. Frankfurt a. M.: Suhrkamp.

Sellin, V. (1978). Politik. In O. Brunner, W. Conze & R. Koselleck (Hrsg.), *Geschichtliche Grundbegriffe. Historisches Lexikon zur politisch-sozialen Sprache in Deutschland* (Bd. 4: S. 789-874). Stuttgart: Klett-Cotta.

Autorenverzeichnis

Dr. Christine Bratu ist wissenschaftliche Assistentin am Lehrstuhl für Philosophie IV der Ludwig-Maximilians-Universität München. Sie forscht zu Freiheit und Autonomie im Staat, Liberalismus-Theorie, Selbstachtung und Themen der feministischen Philosophie.
Fakultät für Philosophie, Wissenschaftstheorie und Religionswissenschaft. Ludwig-Maximilians-Universität München. Geschwister-Scholl-Platz 1, 80539 München.
christine.bratu@lrz.uni-muenchen.de

Prof. Dr. Luca Fonnesu unterrichtet Geschichte der Philosophie und Geschichte der Ethik und der moralischen Begriffe an der Universität Pavia (Italien). Schwerpunkte der Forschung: Deutsche Klassische Philosophie, Ethik-Diskussion der Gegenwart.
Dipartimento di Studi Umanistici, Università di Pavia. Piazza Botta 6, 27100 Pavia, Italien.
luca.fonnesu@unipv.it

Prof. Dr. Wolfgang Kersting, seit 1974 Lehrtätigkeit in Hannover, Marburg, Göttingen und München; Lehrstuhl für Philosophie in Kiel von 1993 bis 2011. Hauptforschungsgebiete: Platons politische Philosophie; politische Philosophie der Neuzeit und Gegenwart; praktische Philosophie Kants; Theorien der Gerechtigkeit; philosophische Sozialstaatsbegründung.
wkersting@gmail.com

Prof. Dr. Massimo Mori ist Professor für Geschichte der Philosophie an der Universität Turin, Direktor der Abteilung Geisteswissenschaften der Akademie der Wissenschaften Turin und Herausgeber der „Rivista di filosofia". Forschungsschwerpunkte: history of ideas mit besonderer Berücksichtigung der Begriffe Frieden und

Krieg; Geschichte und Fortschritt; Freiheit; Glück und Glückseligkeit. Außerdem Autor bzw. Herausgeber verschiedener Handbücher zur Geschichte der Philosophie. Dipartimento di Filosofia e Scienze dell'educazione, Università di Torino. Via Sant'Ottavio 20, 10124 Torino, Italien.
massimo.mori@unito.it

Prof. Dr. Faustino Oncina Coves ist Professor für Philosophiegeschichte der Neuzeit und der Gegenwart am Philosophischen Institut der Universität Valencia (Spanien). Gastprofessuren in Frankfurt am Main, Mainz, Berlin. Schwerpunkte: Aufklärung, Idealismus, Hermeneutik, Beziehungen zwischen Begriffsgeschichte und Moderne.
Departamento de Filosofía, Facultad de Filosofía, Avd. Blasco Ibañez 30, 46010 Valencia, Spanien.
faustino.oncina@uv.es

Prof. Dr. Günter Zöller ist Universitätsprofessor für Philosophie an der Ludwig-Maximilians-Universität München. Gastprofessuren: Princeton University, Emory University, Seoul National University, McGill University, The Chinese University of Hong Kong, Universität Bologna und Venice International University. Schwerpunkte der Forschung: Kant, deutscher Idealismus, politische Philosophie.
Fakultät für Philosophie, Wissenschaftstheorie und Religionswissenschaft. Ludwig-Maximilians-Universität München. Geschwister-Scholl-Platz 1, 80539 München.
zoeller@lmu.de

Staat – Souveränität – Nation

Herausgegeben von Rüdiger Voigt und Samuel Salzborn

Bisher erschienen:

Oliver Eberl, David Salomon (Hrsg.)
**Perspektiven sozialer Demokratie
in der Postdemokratie**
2017. X, 253 S. 2 Abb. Br. EUR 39,99
ISBN 978-3-658-02723-0

Bettina Koch (Ed.)
State Terror, State Violence
Global Perspectives
2016. VII, 170 S. 1 Abb. Br. EUR 37,44
ISBN 978-3-658-11180-9

Aristotelis Agridopoulos,
Ilias Papagiannopoulos (Hrsg.)
**Griechenland im
europäischen Kontext**
Krise und Krisendiskurse
2016. VII, 335 S. 7 Abb. Br. EUR 39,99
ISBN 978-3-658-07239-1

Paula Diehl, Felix Steilen (Hrsg.)
**Politische Repräsentation
und das Symbolische**
Historische, politische und
soziologische Perspektiven
2016. VI, 268 S. 64 Abb. Br. EUR 39,99
ISBN 978-3-658-11185-4

Hans-Jürgen Bieling,
Martin Große Hüttmann (Hrsg.)
Europäische Staatlichkeit
Zwischen Krise und Integration
2016. VIII, 279 S. Br. EUR 34,99
ISBN 978-3-658-03789-5

Rüdiger Voigt (Hrsg.)
Legalität ohne Legitimität?
Carl Schmitts Kategorie
der Legitimität
2015. VIII, 292 S. Br. EUR 39,99
ISBN 978-3-658-06926-1

Nabila Abbas, Annette Förster,
Emanuel Richter (Hrsg.)
Supranationalität und Demokratie
Die Europäische Union in Zeiten
der Krise
2015. XII, 296 S. 2 Illus. Br. EUR 24,99
ISBN 978-3-658-05334-5

Stefanie Hammer (Hrsg.)
Wie der Staat trauert
Zivilreligionspolitik in der
Bundesrepublik Deutschland
2015. XII, 246 S. 4 Illus. Br. EUR 39,99
ISBN 978-3-658-07710-5

Stand: August 2016. Änderungen vorbehalten.
Erhältlich im Buchhandel oder beim Verlag.

Einfach bestellen:
SpringerDE-services@springer.com
tel +49 (0)6221 / 345–4301
springer-vs.de

 Springer VS

Staat – Souveränität – Nation

Herausgegeben von Rüdiger Voigt und Samuel Salzborn
Bisher erschienen:

Andreas Vasilache (Hrsg.)
**Gouvernementalität, Staat
und Weltgesellschaft**
Studien zum Regieren
im Anschluss an Foucault
2014. VIII, 258 S. 1 Illus. Br. EUR 29,99
ISBN 978-3-658-02576-2

Shida Kiani
**Wiedererfindung der Nation nach
dem Nationalsozialismus?**
Konfliktlinien und Positionen in der
westdeutschen Nachkriegspolitik
2013. XIV, 334 S. Br. EUR 52,99
ISBN 978-3-658-00324-1

Julia Schulze Wessel, Christian Volk,
Samuel Salzborn (Hrsg.)
Ambivalenzen der Ordnung
Der Staat im Denken Hannah Arendts
2013. VI 313 S. Br. EUR 29,99
ISBN 978-3-531-19828-6

Oliver Hidalgo (Hrsg.)
**Der lange Schatten des Contrat
social**
Demokratie und Volkssouveränität bei
Jean-Jacques Rousseau
2013. VI, 300 S. 1 Illus. Br. EUR 29,99
ISBN 978-3-531-18642-9

Rüdiger Voigt (Hrsg.)
Sicherheit versus Freiheit
Verteidigung der staatlichen
Ordnung um jeden Preis?
2012. XI, 228 S. 1 Illus. Br. EUR 29,99
ISBN 978-3-531-18643-6

Stand: August 2016. Änderungen vorbehalten.
Erhältlich im Buchhandel oder beim Verlag.

Einfach bestellen:
SpringerDE-services@springer.com
tel +49 (0)6221 / 345-4301
springer-vs.de

 Springer VS

The manufacturer's authorised representative in the EU is Springer
Nature Customer Service Centre GmbH, Europaplatz 3, 69115 Heidelberg,
Germany. If you have any concerns regarding our products, please
contact ProductSafety@springernature.com

Printed and bound by CPI Group (UK) Ltd, Croydon, CR0 4YY

28/04/2026

02098479-0001